ちくま学芸文庫

# バクトリア王国の興亡

## ヘレニズムと仏教の交流の原点

前田耕作



筑摩書房

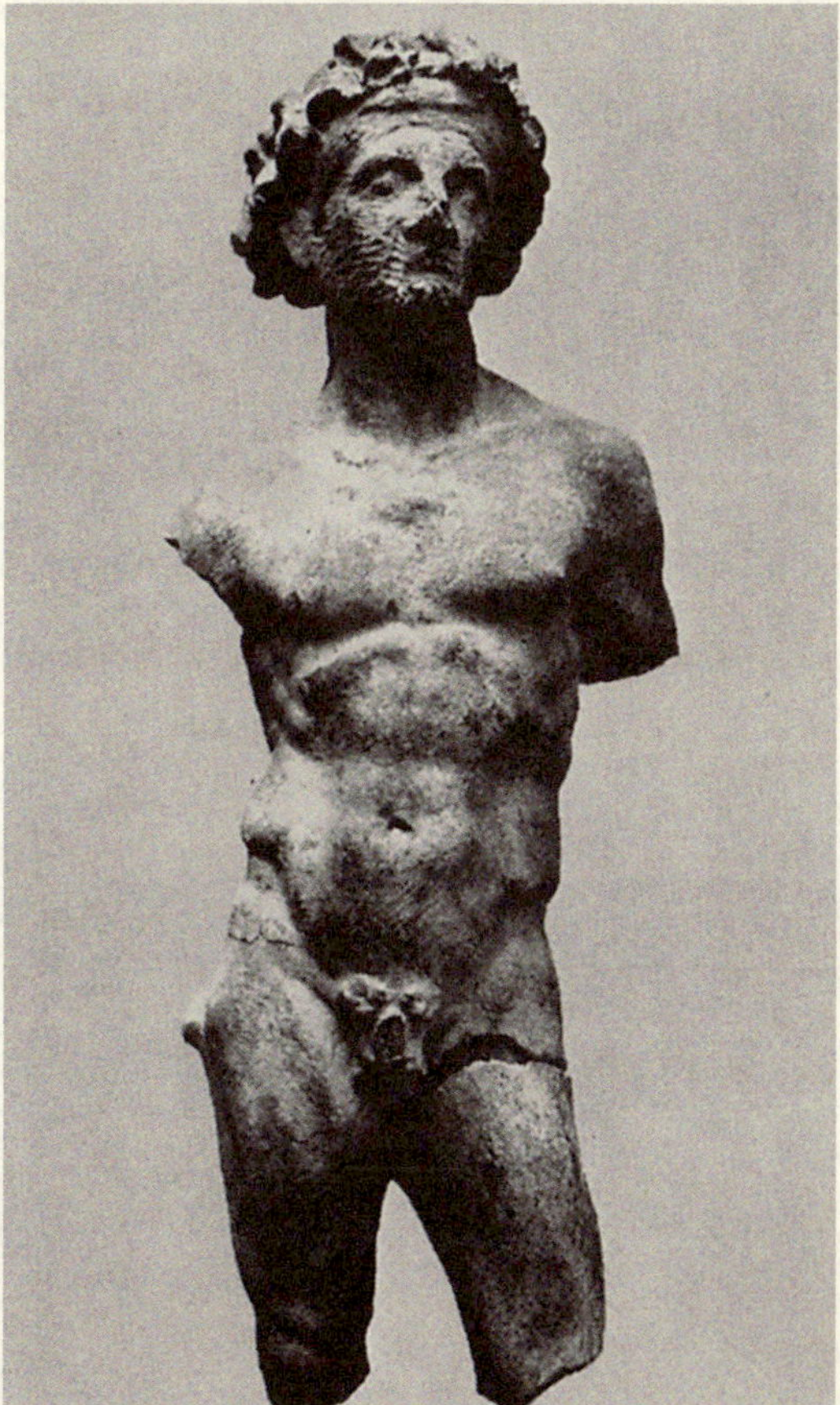

バクトリア（アイ・ハヌム）の工房で生み出された「青年《エペボス》」の像。
なぜ彫刻師は仕上げの鑿《のみ》をとどめて未完としたのであろうか。

オクソス河にのぞむアイ・ハヌム遺跡

遺跡の発掘現場——発掘された円柱と柱頭

# バクトリア王国の興亡　目次

# バクトリア王国の興亡

## ヘレニズムと仏教の交流の原点

# 一　夜明け

歴史は夢想させる――詩人ポール・ヴァレリーの言葉だが、古代バクトリアの歴史ほど夢のタテ糸、追憶のヨコ糸の織りなす綾によって人を酔わせるものはない。だからこそ多くの人びとが、その孤高にして麗わしい姿影の秘密をいちはやく解きあかそうと競い、実におびただしい言説を放った。神話と伝説に彩られたバクトリア、それは本当に存在したのであろうか、もし存在したとするならば、その存在を裏づける証拠があるにちがいない、一九世紀の富裕な考古の徒が、未知の地に憧れ、向うみずな冒険に駆り立てられた考古の徒が、その証しをまず古銭に求めた。蒐集されたギリシア文字の刻印された古銭が、はるかなる古《いにし》えへの夢をいよいよかきたてることとなった。ギリシアびとが語った「大いなるバクトリア」の物語は本当のように思われた。拾い集められた古銭によって、物語《ストーリィ》は歴史《ヒストリイ》へと姿を変えることができそうに思われた。しかし、狩猟採取の民が農耕の民にとってかわられたように、やがて古銭の採集は大地を掘りかえして原《もと》の姿を求める考古の学《アルケー》にとってかわられることとなる。すると古銭にもとづいて語られ、形づくられてきたファンタスティックな歴史の像はゆるぎ、変形しはじめた。バクトリアの世界像の地平はさら

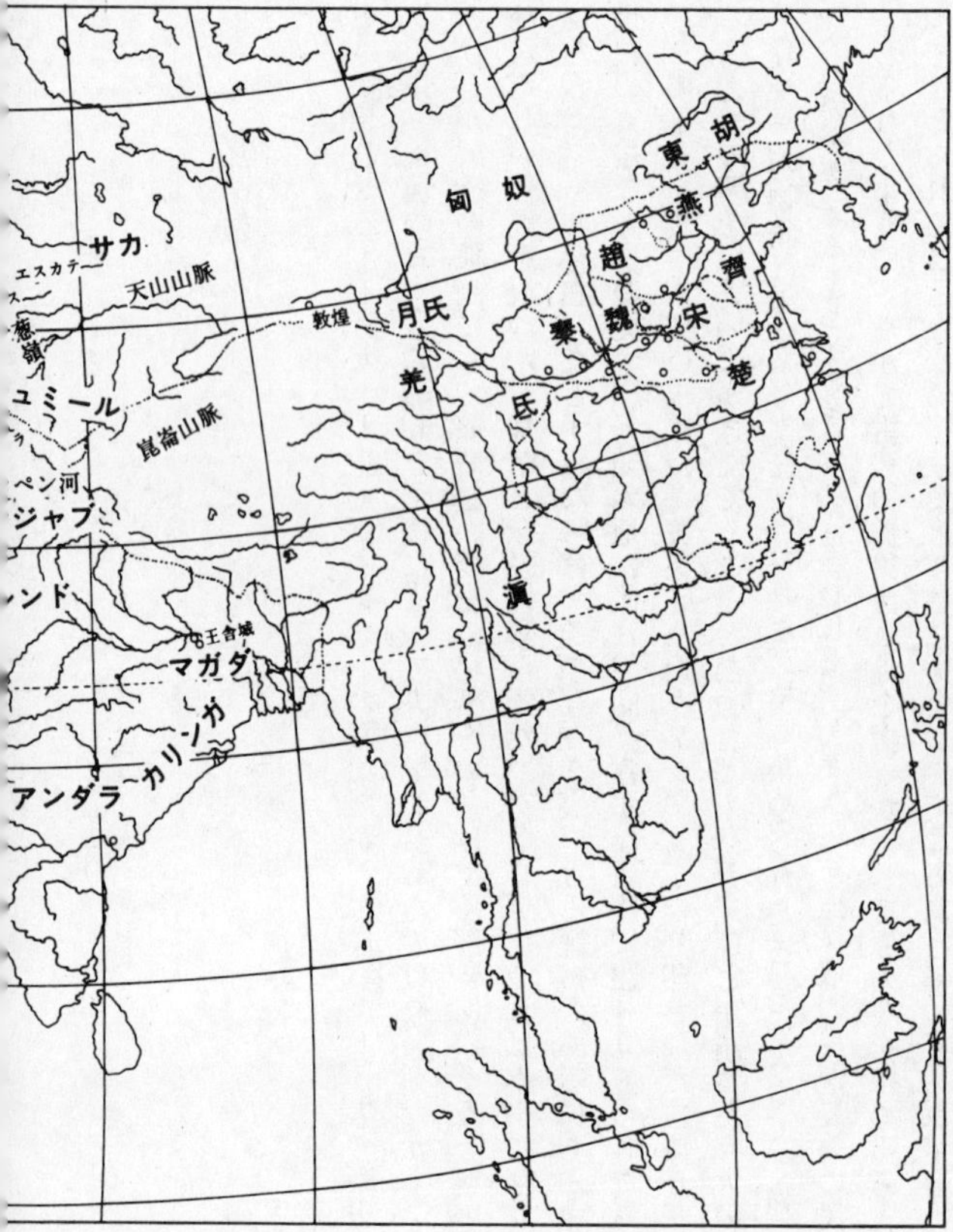

東胡
匈奴
燕
趙
齊
月氏
敦煌
宋
秦
魏
羌
楚
氐
滇
サカ
エスカテー
スー
天山山脈
葱嶺
ユミール
崑崙山脈
ペン河
ジャブ
ンド
王舎城
マガダ
カリンガ
アンダラ

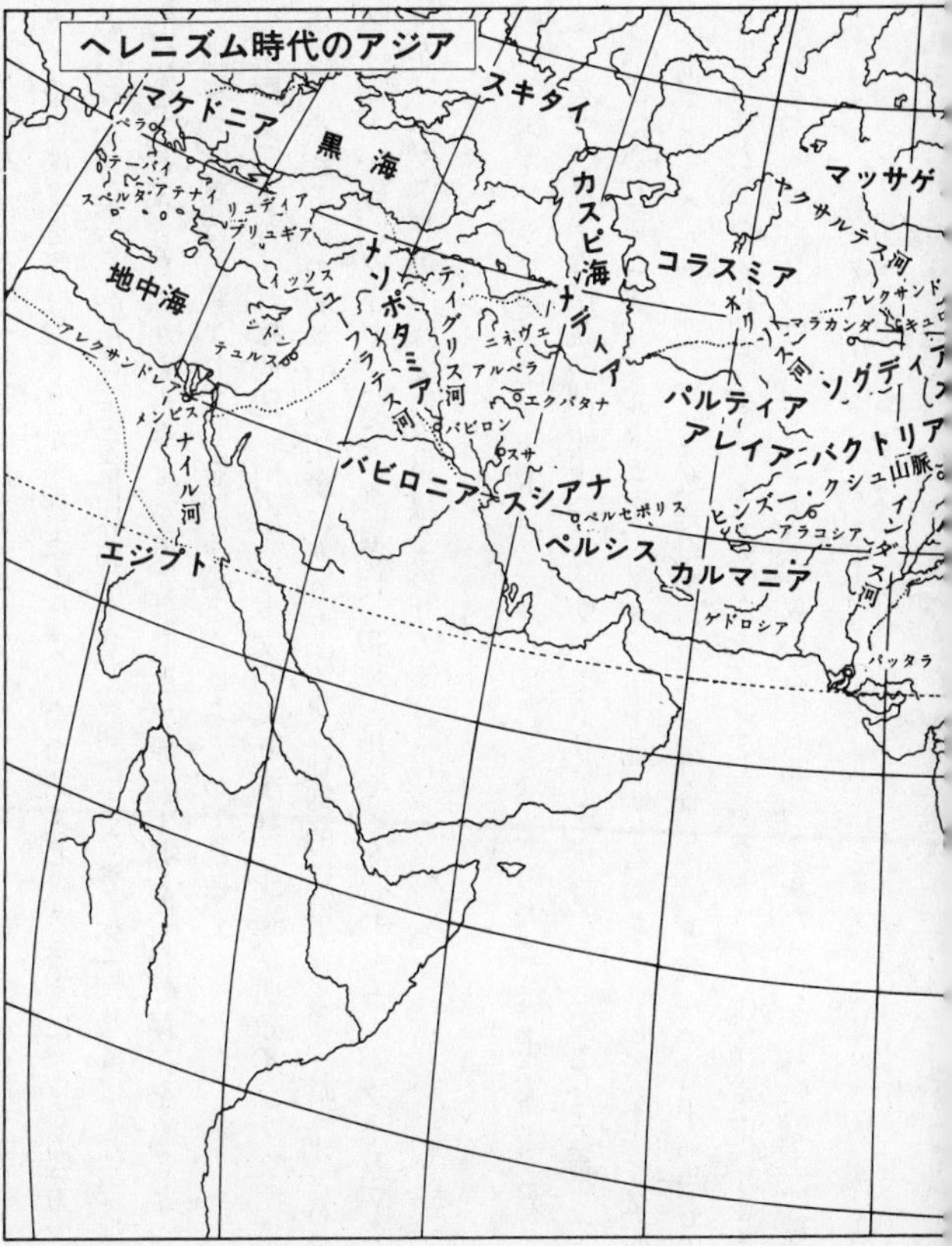

ヘレニズム時代のアジア

にひろがり、既知だったはずのものがゆらぎだし、いつのまにか未知なるものとなり、問題をはらんだ多孔の歴史が姿を現わすこととなった。

数々の証言に耳を傾け、そこから歴史の真実の声を聞きわけるまえに、まず西方マケドニアのペラから東方の敦煌に至る世界の広大な空間にまなざしを投じてほしい（地図）。平面的に書きこまれた線から海湖と水流、砂漠と草原、山塊と峻谷の存在を感じとってほしい。地勢の沈黙は言葉より多くを語ることがあるからである。

東の中国文明よりすれば西辺、南のインド文明よりすれば北辺、西のイラン文明よりすれば東辺、それぞれの大文明の辺境にありながら、地理的にはアジアの臍《へそ》（オンパロス）に位置するというバクトリアのこの特異性、辺境と中心とを合わせもつバクトリアのこの多極性が、バクトリアの歴史に不思議な彩りの深さを与えている。

シチリアのギリシア史家ディオドロス（前一世紀）は、その大著『歴史文庫』（巻二）のなかで、アッシリアの伝説の創始王ニノスがバクトリアを攻めたときのことを語っている。ニノス王はバビロニア、アルメニア、メディアを征服したのち、さらにタナイス河（現在のドン河）とナイル河とにはさまれた全アジアをも併呑したいとねがい、十七年もの間、戦いに明け暮れ、ついに望みを達したが、ただインドとバクトリアだけは掌中にすることができなかった。とりわけバクトリアは、攻めるにちかづきがたく、それに戦士の数も多く、苦戦をかさね、攻略には後日を期するほかなかった。ニノス王はいったんアッシリアに兵をひき、ひとまずエウプラテス（ユーフラテス）河畔に大都を築くべく全力を傾けた。ここでいう大都とはニネヴェであったという。その所在をディオドロスはエウプラテス河畔としているが、実際の場所は一九世紀の中ごろオーステン・レイヤードの発掘によって、ティグリス河の東岸、現在のモスルの町の対岸にあるキュンジクの土丘がそれであることが確認された。ニノス王の都がニネヴェだとすれば、ディオドロスの記述は誤りということになる。なお『創世記』はニネヴェの創建をニムロドとする。大都の造営がなると、ニノス王はふたたび軍をバクトリアに進め、激戦のすえ、ついにバクトリアを攻め落す。そしてバクトリアきっての美しき才媛《さいえん》セミラミスを手にいれ結婚する。

セミラミス、シリアびとならだれもがそれが「鳩」を意味する名であることを知っていた。そして彼らにとって、鳩はまた女神の化身でもあったがために厚い尊敬をもってあがめられた。女神デルケティスの子としての生い立ちのゆえにこの神秘な名をもつ女王は、一子ニンヤスをもうけたあとで、夫ニノス王に先立たれる。ニノス王の壮大な墓廟をニネヴェに築くとともに、夫がのこしたバビロンの都の整備にも着手し、城壁をもうけ、貯水池をつくり、橋をかけ、門をしつらえ、神殿を築いて黄金《こがね》づくりの三神の像をおさめたという。空中庭園はセミラミスの手になるものではないが、バビロニアの目抜き通りに建立された長大なオベリスクは彼女の業《わざ》であったという。

都を整えたのち、ペルシアとメディアを訪れた女王は、ペルシアのバガスターナ（現在のビストゥンと思われる。ここには有名なダレイオスの碑文がある）で碑文を磨崖に刻ませ、メディアの旧都エクバタナへの道すがらザルカイオス（ザグロス山脈のことと思われる）を切り通す「セミラミスの道」をひらき、水源をもたないエクバタナに山よりの水路を導きいれた。ディオドロスはしるす、今日《こんにち》に至るまで、かの女王がアジア全土に築き、残した遺址が数多く認められる、それらを、人よんで「セミラミスの鴻業《こうぎょう》」というと。

この偉丈夫な女王にしてもただ一つだけなしとげることのできなかったものがあった。インド征服である。インド王スタブロバテスとの間にいくたびか激烈な戦いがくりかえされたが一進一退、決着がつかなかった。最後の戦《いくさ》では軍の三分の二を失う打撃をこうむったにもかかわらず、インド王の逡巡《しゅんじゅん》に助けられ、都バクトラに無事帰還した。その後しばらくして息子ニンヤスが女王に謀反《むほん》を企てる宦官《かんがん》たちの陰謀にまきこまれるという不幸にあうが、その持ち前の才覚によってこの難事を切り抜け、息子ニンヤスに王国をゆずりわたすや、たちまち姿を消してしまった。鳩に変身し、鳥たちの群にまぎれ飛び去るのを目にした者があったという。四十二年間、女王として君臨し、六十二年の生涯であったとのことだ。年代を伝説に求めることはできないが、もし一説のようにセミラミスとアッシリアの女帝摂政サンムラマトとが同一人だとすれば、セミラミスの生きた年代は前九世紀の末より前八世紀に至るころと考えることができよう。

ディオドロスの伝えるバクトリアの女王セミラミスの話は、その多くを、彼みずからが書中にしるしているように、十七年（ダレイオスⅡ世ノソス〔前四二三～四〇四年〕のもとに十一年、アルタクセルクセスⅡ世ムネモン〔前四〇四～三五九年〕のもとに六年）もペルシアの宮廷に医師としてつかえ、のちギリシアにもどり、その見聞を二十三巻にまとめたクニドスの人クテシアスの『ペルシア史』からとられたものだが、それがアッシリアと東方アジアとの交渉の事実をいくらかなりとも反映しているとすれば、古く遠いバクトリアを歴史にたぐりよせる一つのよすがとなろう。事実、一九世紀の文献学者や歴史家たちは、アケメネス朝以前、つまり前八世紀に至るまえ、すでにバクトリアに一つの王国が存在していたことを裏づけるものとしてクテシアスとディオドロスの記述を利用したのである。しかしごらんのように彼らの言説にはあまりにも伝説的な事柄が多く、別の裏うちを必要とする。その役割は中央アジアの考古学にゆだねられることになる。今日のアムダリア（アム河）の南北にひろがる地域、南ロシア、つまり現在のタジク共和国、トルクメン共和国、ウズベク共和国とアフガニスタンの北部における発掘の成果が、その真偽を判ずるきめ手となろう。この地域で発掘にたずさわってきたソ連（当時）の考古学者の多くは、アケメネス朝以前、すくなくともバクトリアの北部では、農耕文化が存在し、手仕事による生産もかなり進んでいたと考えている。ディオドロスの伝えるところによれば、ニノス王はバクトリアで金銀の財宝をわがものにしたというが、この事実によって明かされているバクトリアの豊かさは考古学的にも、轆轤《ろくろ》を使用した土器、大量の金属工芸品の出土によって裏づけることができるという。だが、ニノス王ひきいるアッシリア軍のバクトリア攻めを立証できる考古出土品は現在のところまったくなく、ソヴィエトの考古学者も、この点にかんしては、ディオドロスの記述の史実性を疑っている。

これにたいし、ディオドロスの記述そのものを虚構だとし、その史実性に強く疑問をさしはさむ見解が最近出された。フランスの古代史家ピエール・ブリアンの見解がそれであるが、彼は、ディオドロスのテキストの仮構のからくりを問い、そこから歴史の証言をとりだそうとする考古学に批判を加えている。そもそもディオドロス自身、『歴史文庫』を構成する全四十巻のうち最初の六巻（ここで私たちが問題にしているのはその第二巻であるのだが）は、「トロイア戦争にさきだつ伝説的な出来事をおさめている」とし、さらに「トロイア戦争にさきだつ歴史の部分では、正確な年代づけをしなかったが、それは信用できる古記録がなにひとつなかったからである」（巻一）と著述の内幕をもらしているではないか。もしそうだとすれば、ディオドロスの示す年代がきわめてあいまいで大して根拠のないことは明らかであろう。それに語りの中心人物たち、たとえばニノス王や王妃セミラミスの行為にはなにか紋切り型のところがあり、どこかにその無歴史性《ア・ヒストリシティ》を漂わせているように思える。また彼らがなしとげた事業のいずれもが、アケメネス王朝の創立者キュロス大王（前五五九～五三〇年）やマケドニアのアレクサンドロス大王（前三五六～三二三年）らのそれときわめて類似しているのも偶然のこととは思われない。

アッシリア、メディア、ペルシア、マケドニアという四つの帝国を繋ぐどうやら類似した「伝説」があったのではなかろうか。そしてニノスの話はこのたがいに繋がれた四つの鎖の最初の環であったのではないだろうか。

セミラミスについては、さすがにヘロドトス（前五世紀）が早く『歴史』（I・184）のなかで、「バビロンの平野を貫く、実に驚くべき堤防を築いた女王」として言及している。しかし、エウプラテス河畔で一大土木工事をおこなったのは、バビロンの第二の女王ニトクリスの方であったといい、ヘロドトスは他にセミラミスにかんしてなにもいっていない。したがってセミラミスの東方遠征への言及もヘロドトスにはない。カスピ海の東方にひろがる「広漠として視界も及ばぬ大平原」（ヘロドトス）に駒を進めたのは実はバビロンを討ったキュロスの方であった。そして「いかなる民族もその鋭鋒《えいほう》を避けることができなかった」キュロスの軍を果敢に迎えうったのは、勇猛な遊牧の部族をしたがえるマサゲッタイの女王トミュリスであった。史上もっとも激烈な戦いのはて、キュロス大王は戦死をとげる。これがヘロドトスの伝える遠征の顚末《てんまつ》だが、セミラミスの東方遠征は、このキュロスの遠征とかさねあわされている可能性がある。さきにふれたようにディオドロスは、このセミラミスの話をクテシアスからとっているわけだが、クテシアスはアケメネス朝の宮廷医師だったから、当然王庭に伝わる「始祖の鴻業《こうぎょう》」の伝説を聞き知っていたと思われる。

そしてクテシアスはこの伝説をそっくりアッシリアの歴史のなかにはめこんだと考えれば筋は通る。そのもっとも明白な例は、さきにもふれた女王のバガスターナ（神のいますところ）での刻文の話であろう。

ゼウスにささげられた巨岩に、「百人の親衛隊に囲まれた自分の姿を彫り出させ、そこにシリア文字の碑文を刻ませた」という。バガスターナ、すなわちビストゥンに彫らせた女王の像、それは現《げん》にそこに残る千古不易《ふえき》のダレイオスの像にほかならない。女王がエクバタナの都にひいた水路とは、アケメネス朝のとき、エルブルズ山脈の山裾《やますそ》に点々とうがたれたカレーズ（地下水道）をおいてはない。こうみてくると、セミラミスのインド侵攻もなんだかその像があいまい模糊《もこ》としてくる。キュロスの中央アジア遠征、ダレイオスのインド攻めの話をモデルとしているというのがもっとも考えやすいが、大河のほとりで一進一退するところなどは、まさしくアッリアノスらが伝えるアレクサンドロスのパンジャブでの戦いにも酷似《こくじ》している。そういえば、堅固なアクロポリスを構えたバクトラの王は「オクシュアルテス」であったとクテシアスはしるしているが、なんとオクシュアルテスとはアレクサンドロスが見初めたバクトリアの美女ロクサネの父の名と同名ではないか。クテシアスの「アッシリア史」はヘレニズム時代の初期、バビロンで再編集されたものではないかという説のだされるのもむべなるかなである。そうだとすれば、ディオドロスが下敷きとしたテキストは、クテシアスのテキストのマケドニア版ということになろうか。

ディオドロスの描いたセミラミス像がペルシア・マケドニア風情であるのももっともだ。ディオドロスのいうアケメネス朝以前、アッシリア王ニノスの攻めたバクトリアはやはり虚像というほかはない、ブリアンの結論である。

アッシリア王によるバクトリア攻めの話は、虚構かもしれないが、ディオドロスが語った「バクトリアの大都バクトラ、規模からして、その城塞の不落の構えからして他にひときわ抜きんでているバクトラ」という言葉は、アケメネス朝以前に、すでにこの地方に大きな都城がいくつも存在していたことを示すものではないかと史家や考古学者の夢を誘った。事実、この地域でも最近では紀元前三千年紀の末か、二千年紀の初頭頃の青銅器時代よりの歩みを考古学的にいくらかたどれるようになり、アケメネス朝より以前、バクトリア北部にすでにかなりすすんだ文化が存在していたことがわかってきている。とはいえ、セミラミスとバクトリアを結ぶ証拠は、今日《こんにち》に至るまで、考古学的にはなにひとつない。神秘の霧が、かすかに後景をうかがい知らせる靄《もや》へとかわるのはやはりアケメネス王家の人びとの登場のあとである。

## 二　ダレイオスの影

アジアの歴史のなかで、ひときわ燦然たる光彩を放つのは、アケメネス朝ペルシアを創始したキュロス大王である。彼はメディアの王アステュアゲスの娘マンダネとペルシア人カンビュセスの子であった。メディアの王が娘をメディア人に嫁がせず、わざわざペルシア人を婿に選んだのは、王のみた夢が発端であった。それは、娘マンダネが放尿して町中に溢れ、さらにアジア全土に氾濫するというものであった。夢占いから、それはマンダネの子がやがてアジアを支配する者となる予兆だと聞いて怖れた王は、娘を支配者のメディア人と結婚させず、ペルシア人を選んだのだった。ところが、マンダネがペルシア人に嫁いだその年、王はふたたび夢をみた。こんどは娘の陰部から一本の葡萄の樹が生え、その樹がアジア全土をおおったという夢であった。僧たちの夢占いによると、こちらも彼女の生む子がやがてアステュアゲス王に代って王になる予兆であるというのである。いよいよ子どもが生れると後難を恐れる王は、忠義な家臣ハルパゴスに赤子の殺害を命ずる。ここから貴種流離にも似た幼いキュロスの数奇な運命が始まる。死出の旅路の衣裳を整えた赤子をかかえ途方にくれるハルパゴスは、妻と相談しこの赤子を王の牛飼であったミスラダテス（ミスラ神の申し子という意）とスパコ（メディア語で犬の意）という名をもつその妻とに、殺害の役を押しつける。スパコは機転によって、自分の死産した赤子とキュロスとをすりかえ、キュロスが十歳になるときまで野獣の多い山中で育てたのであった。麒麟《きりん》の資質はかくすべくもなく、子どもの遊びがきっかけで、ついに身分が明らかとなり、アステュアゲスの耳にも達したが、王は僧たちの進言もあって、キュロスをペルシアの両親の家へと旅立たせた。やがてキュロスは予言のとおり、母方の祖父アステュアゲスと戦い、メディア軍を破ってペルシアの王位についた。以上はヘロドトスが伝える話であるが、おそらく彼も伝聞した説話を書きとめたにすぎないだろう。なぜなら、この型の王権伝説は古くから西アジア全体にひろくゆきわたっているもので、その型にのっとって、ペルシアの王権伝説としてキュロスの話も伝えられたものと思われるからである。

同心円を描いて幾重にも壮麗な城壁を重ねる都城エクバタナを手中に収めたキュロスは、つぎに「金の豊かな」（ソポクレス）リュディアのクロイソス王を攻めて、小アジアの支配権をも手にした。それでもなお、キュロスの心をわずらわせたのは、バビロンの支配と、バクトリア人、サカイ人、エジプト人の討征であった。イオニア討伐は別の司令官にむかわせたが、「バクトリア人、サカイ人」などにたいしては「みずからこれらの討征に当った」（『歴史』I・153）という。バビロン攻め（前五三九年）の前のことであった。ところが、このキュロスのバクトリア攻めについてヘロドトスは、「上アジアはキュロス自身、あら

# アケメネス（ハカマニシュ）朝系図

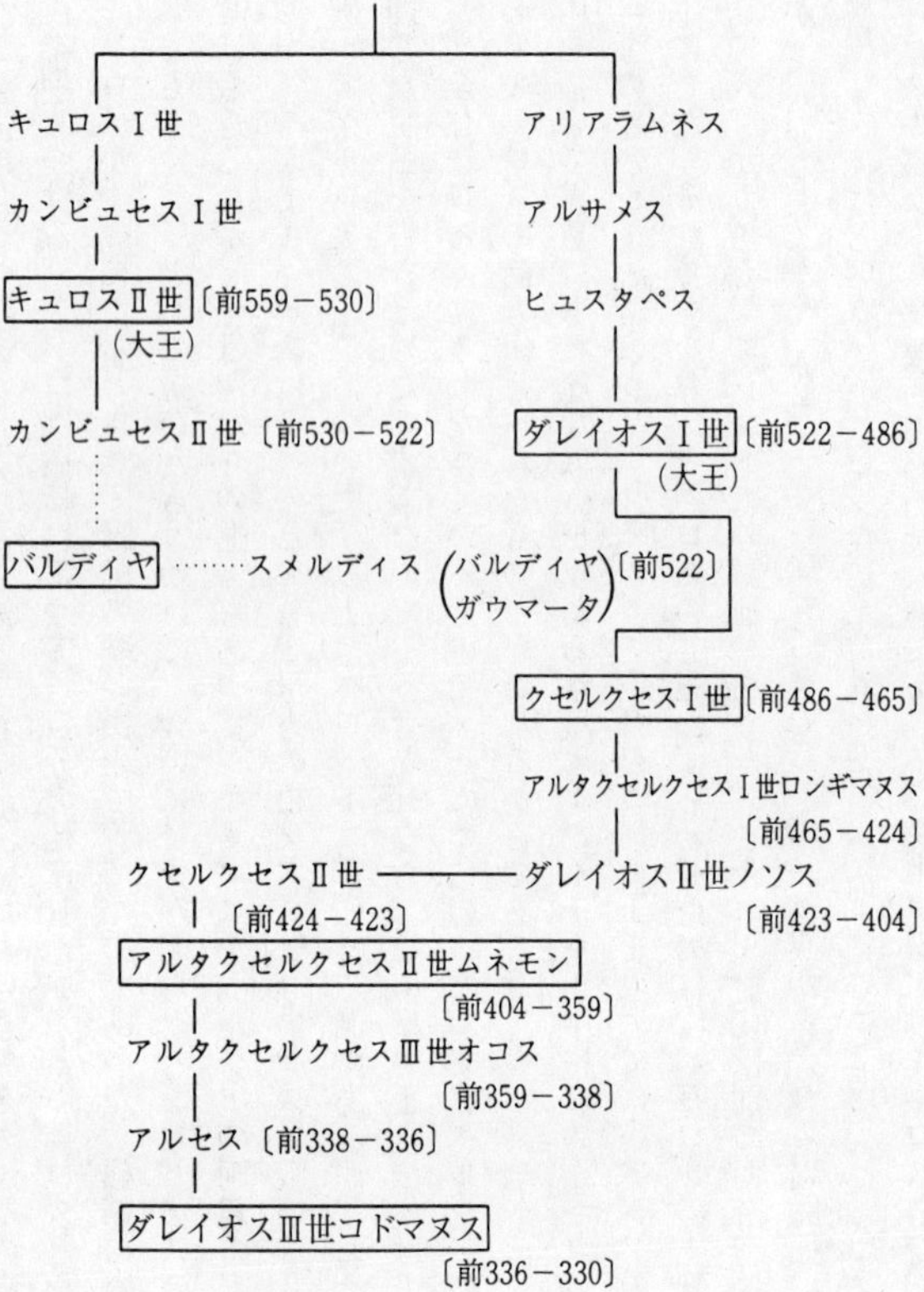


□ バクトリアと特に深い関係をもった王

ゆる民族を虱つぶしに平定していったのである」（上掲書I・177）とのみ記述して、「その大部分についてはここに省略して述べない」としているので、私たちはその詳細を知ることができない。およそ前五五〇年と五四〇年のあいだにおこなわれたとみられるキュロスの中央アジア遠征の道程は、ポティウスによって要約的に伝えられるクテシアスの『ペルシア史』をとおしてかすかに推察するほかはないが、南イランの荒れた台地をよぎり、定着農耕民のアリアスペス人がいたセイスターン、つまりヘルマンド河下流域にでて、アラコシアを通り、北に転じ、バクトリアに至ったものと思われる。キュロスはこの遠征の途次、攻め落とした軍事、交通の要衝には駐屯部隊を残し、そこを固めさせた。なかでも中央アジア遠征の最北端、ヤクサルテス河畔に建設したキュロポリス（現在のウラ・チューベ）は、後年アレクサンドロスの破壊によってその存在と名を歴史にとどめることになった。

また、クセノポンの伝えるつぎのようなキュロスの逸話も、キュロスとバクトリアの特別の結びつきを示唆するものとして興趣をそそる。かつてキュロスに仕えた歌姫の一人であったパンテアは、いまはスサのアブラダテスの妻であるが、彼女の夫が、たまたまアッシリア人の要請によって、バクトリアとアッシリアが同盟を結ぶその使節としてバクトリアに赴いていたときのことである。運悪くアッシリア方《がた》はキュロスにその陣営を奪われることになった。キュロスは夜伽《よとぎ》の女と寝所となる幕舎を求める。その任を負ったのが少年時代からの友アラスパスであった。そしてアラスパスが選んだのが美姫パンテアであったというのである（『キュロスの教育』V・1・3）。キュロスが恋に陥るこの話の顚末《てんまつ》はともあれ、ペルシアの権力をはじめてバクトリアへのばしたキュロスが、ここでも間接的ながら、バクトリアと不思議な縁《えにし》でつながれていることがわかる。

さて、中央アジアを制圧するとキュロスはこんどはバビロンの征服にむかうため、自分の末子タナオクサレス（ビストゥンの碑文にみえる「キュロスの子バルディヤ」と同一人らしい）をバクトリアの太守に据えたという。バビロンをも征服してしまうと、つぎに「東方アラクセス河のかなた」に住む、勇猛なマッサゲタイ人と戦火をまじえることとなる。これがキュロス最後の戦《いくさ》となった。アラクセス河がいずれの地を流れる河かさだかではないが、ヘロドトスによれば、スキタイ人に似たマッサゲタイ人の棲息《せいそく》するところは、カスピ海の東方の漠々たる大平原であった。ということであれば、この戦いは、そこより遠くない東方の北辺にあった王家にとって重要な意味のあった所領バクトリアを守るため、未然の防止の戦いであったのかもしれない。そしてこの戦いの中で、ついにキュロスは倒れたのであった。それは「外国人同士が戦った合戦の数あるなかで、もっとも激烈なものであった」という。在位二十九年、前五三〇年のことであった。ヘロドトスとクテシアスのおかげで、ペルシアとバクトリアの絆《きずな》が、キュロス大王のこのような行動をとおして、ようやくおぼろげながらだが、確かなものとしてみえてくる。

キュロスの没後、王位をついだのはキュロスとやはりアケメネスの血をひくカッサンダネとの子カンビュセスである。キュロスの娘、したがって実の妹アトッサをめとり、さらに実の姉をも妻としたカンビュセス（前五三〇〜五二二年）は、近親婚（フワエートワダサ）を忠実に実践した風狂の王であったが、キュロスの遺志を継ぎ、自らもエジプトに魅せられてエジプトを攻め、攻めあぐむうちに都スサで、みずから暗殺者を放ってひそかに屠《ほふ》ったはずの実弟の名をかたる者によって反乱が起きたことを知る。一刻も早くスサにもどろうと馬にとびのる。「ところが馬にとび乗った瞬間、刀の鞘《さや》の被《かぶ》せがはずれ落ち、抜身となった刀が彼の太股に突き刺さった」。それは運命の皮肉で、かつてみずから刀を振ってエジプトの聖牛アピスに切りつけたと同じ箇所であった。そしてこの手傷が致命となってシリアで生涯を閉じたのだった。彼が暗殺をはかった実弟こそ、キュロスが先にバクトリアに封じたかのバルディヤ（ヘロドトスによればスメルディス）であった。ペルシアの王位を簒奪《さんだつ》したのは、謀反《むほん》をおこしたマゴス僧で、自分の弟のバルディヤをして、王の弟と同名であったことを利用し、封じられた暗殺の秘密に乗じて弟君になりかわらせたのであった。そしてカンビュセス亡きあと、その妃アトッサをも奪い、まんまとアケメネスの王座を手に入れたのであった。王位についた偽バルディヤは、「支配下の各民族に使者を送り、三年間兵役と納税を免除する」（『歴史』Ⅲ・67）など「大いに仁慈を施した」ので、彼につく者も少なくなく、シリアの野に残されたペルシアの諸将たち、とりわけ王権の奪還を誓う側近の七人の武将たちとのあいだで、やがて激しい内戦が起きることとなる。その戦のなか首謀のマゴス僧と偽バルディヤは、七将の奇襲にあい、ついにあえない最期《さいご》をとげる。

戦いののち、七人のうちだれが王位につくかが問題となった。最初に蜂起を立案し、ペルシア人のなかで最上流に属するオタネスは辞退したので彼をのぞく六人で、もっとも公正な仕方で王位を継承する方策がねられ、「一同騎乗して城外に遠乗りをし、日の出とともに最初に嘶《いなな》いた馬の主が王位につく」（Ⅲ・84）ことがきめられた。曙《あけぼの》とともに最初に嘶いた馬に乗っていたのが、ほかならぬダレイオスであったことはいうまでもない。おそらくこの逸話は、デュメジルが指摘しているように馬とその嘶きが中心的な役割を占めるインド・イラン的な二つの即位儀礼、ヴァージァペイア（力飲祭）とアシュバメーダ（馬祀祭）を下敷きとして語りつがれてきたものであろう。王位についたあと、「ダレイオスはペルシアにあっては最高ともいうべき縁組を結び、まずキュロスの二人の娘、アトッサとアルテュストネをめとった。アトッサの方は先に自分の兄であるカンビュセスに嫁《か》し、ついでかのマゴスの妻となった女であるがアルテュストネの方は処女であった。ダレイオスはさらにキュロスの子スメルディス（カンビュセスに暗殺されたバルディヤのこと）の子で名をパルミュスという娘を妻とした」（Ⅲ・88）とヘロドトスはしるしている。そして「彼の威光は国の隅々にまで及んだのであったが、彼がまずしたことは、騎馬の人物像を彫刻した石の浮彫り像を建てたことである」（同上）と。この石の浮彫りは見つかっていないが、ケルマンシャーにちかい古道のわきに屹立《きつりつ》するバギスタノン・オロス（神々の山）――セミラミス女王が磨崖に碑文を刻ませたというバガスターナ――の岩壁にはダレイオスが刻ませた群像の浮彫りが存在する。かの名高いビストゥンの碑文のある磨崖彫刻である。王の勝利を祝福する「偉大なる神アフラ・マズダー」と左足であのマゴス僧僭主ガウマータを踏みつけ、右手挙手によって神にこたえる諸王の王ダレイオス、左手にそれぞれ弓と槍をもって王にしたがうのは近習《きんじゅう》の将、一本の綱で首をつなぎあわされて王の前に一列にならぶのは、偽王に加担してアケメネス朝に背《そむ》いた裏切りの九王たち、これらの人物の群像浮彫りの画面の中、前後、下方に刻まれた楔形文字の大群が、古代ペルシア語、エラム語、アッカド語よりなるいわゆる三ケ国語碑文である。私たちは、この碑文によって、ヘロドトスが『歴史』にしるさなかったダレイオスの働きと内乱の規模を知ることができるのである。アーシナ（エラム偽王）、ナディンタバイラ（バビロン偽王）、フラワルティ（メディア偽王）、マルティヤ（パールサ偽王）、チサンタマク（アサガルダ偽王）、ワフヤズダータ（偽王バルディヤ）、アラカ（バビロン偽王）、フラーダ（マルギアナ偽王）、サカの王スクンカ、以上が小碑文にみえるダレイオスの前に引きだされた九王とその所領である。大碑文はさらに、ウーウジャ（エラム）、アスラー（アッシリア）、ムドラーヤ（エジプト）、パルサワ（パルティア）、サタグ（サッタギュディア）の離反をしるしている。ダレイオスはこの天下大乱を乗りきって帝国を固めたのである。

しかし、叛いた者ばかりではなかった。「行けよ、余のものと称しないかの軍を討てよ」

ビストゥンの碑文

というダレイオスの命を奉じて、王のために戦った人びとも多く記録されている。そのなかで注目されるのは、マルギアナがフラーダという者を統領にしてダレイオスから離反したとき、ダレイオスの臣でバクトリアの太守ダーダルシというペルシア人を討伐軍の長として派遣したという記事が、古代ペルシア語大碑文の第三欄に刻まれていることである。ここにも、バクトリアの特殊な位置がみえる。

ビストゥン大碑文第一欄は、ダレイオスに帰属した二十三の諸国のリストをかかげている。パールサ（ペルシア本国）より始まるこの国名列挙の順は、それらの地理的布置とも無関係でなく関心をひく。バクトリアは、パルティアードランギアナーアレイアーコラスミアーバクトリアーソグディアナーガンダーラという連鎖のなかにある。ペルセポリス碑文（e）では、ダレイオスに貢物をもたらした二十三の国々として、パルティアードランギアナーアレイアーバクトリアーソグディアナーコラスミアーサッタギュディアーアラコシアの連鎖のなかにみえる。

スサ碑文（e）の場合、ダレイオスの律法にしたがう国々のなかに、パルティア—アレイア—バクトリア—ソグディアナ—コラスミア—ドランギアナ—アラコシアの連鎖がみえる。

ナクシェ・ルスタムの碑文（a）では、やはり律法の拘束をうけた国々として、パルティア—アレイア—バクトリア—ソグディアナ—コラスミア—ドランギアナ—アラコシア—サッタギュディア—ガンダーラの連鎖がみえる。

大碑文をのぞけば、アレイア—バクトリア—ソグディアナの連結が、ほぼ定型となっていることがわかろう。とくにバクトリア—ソグディアナの連なりは密接なものと認められており、ヘレニズム期の史家たちの幾人かは一体のものとして混用さえしているほどだ。いずれにせよ、バクトリアがペルシア帝国に包摂される連邦のなかで重要な位置を占める一邦《ダフュ》であったことがわかる。しかもダレイオスの陣営の一翼を担ったとあれば、その政治的位置もまた格別であったと考えられる。

また、ダレイオス大王のスサにおける王宮の建設を記録するいわゆるスサ碑文（f・z）には、王宮の造営にたいし、バクトリアとサルディス（リュディア）が金をもたらして寄与したことがしるされている。バクトリアとサルディスはペルシア帝国の東西の極にあって、政治的にも、経済的にもきわめて重要な役割を果していたのである。さらにヘロドトスは、ダレイオスが帝国支配の基礎として二十に分けた行政区《サトラペイア》、それは同時に民族別に定

## ペルシア・アケメネス朝時代

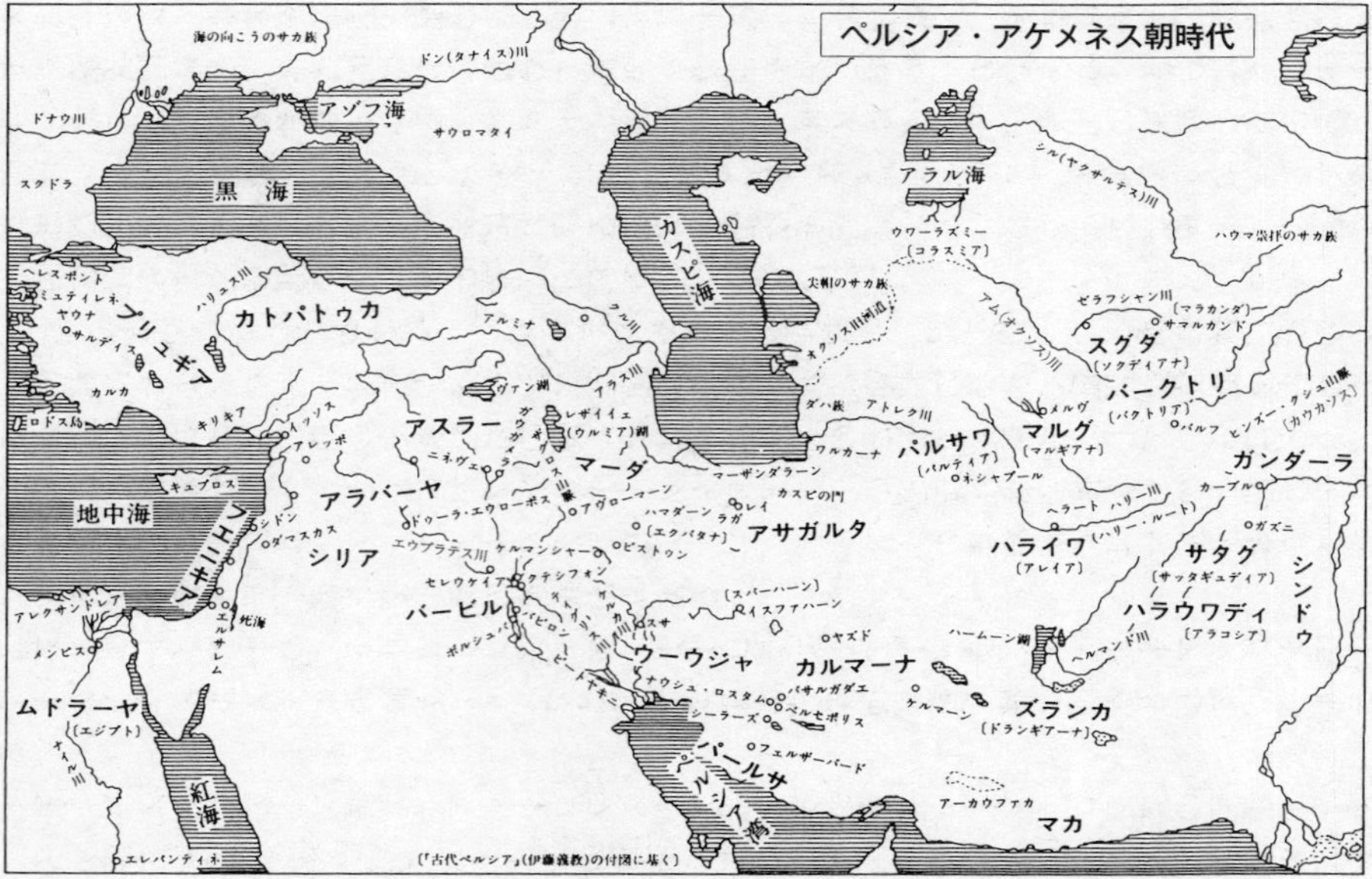

〔『古代ペルシア』(伊藤義教)の付図に基く〕

二つこぶの駱駝をひくバクトリア人（ペルセポリス）

められた納税額を徴収する徴税区《ノモス》でもあったわけだが、バクトリアはその第十二徴税区を構成し、年に三六〇タラントンを納めたと書いている。隣接する二つの徴税区、パルティア人、コラスミオイ人、ソグド人、アレイオイ人らによって構成される第十六徴税区は三〇〇タラントン、サッタギュダイ、ガンダーラの人びとによる第七徴税区は一七〇タラントンを納税しているにすぎず、バクトリアより少ない。バクトリアの経済的な豊かさはアケメネス・ペルシアにとって重要な意味を有していたにちがいない。

キュロスが自分の末子をバクトリアの王に任じたというクテシアスの伝える話は、さきにふれたが、ダレイオスの帝国におけるバクトリアの重要性を強調するためのものか、ダレイオスの父ヒュスタスペス（＝ウィシュタースパ）はもともとバクトリアの領主であったという伝説もあった。ヒュスタスペス（＝ウィシュタースパ）は、苦境にあった新教の祖ゾロアスターの教えに最初に入信し、布教を擁護した領主と同名のため、同一人とみなされもした。そこからまたゾロアスターのバクトリア始祖

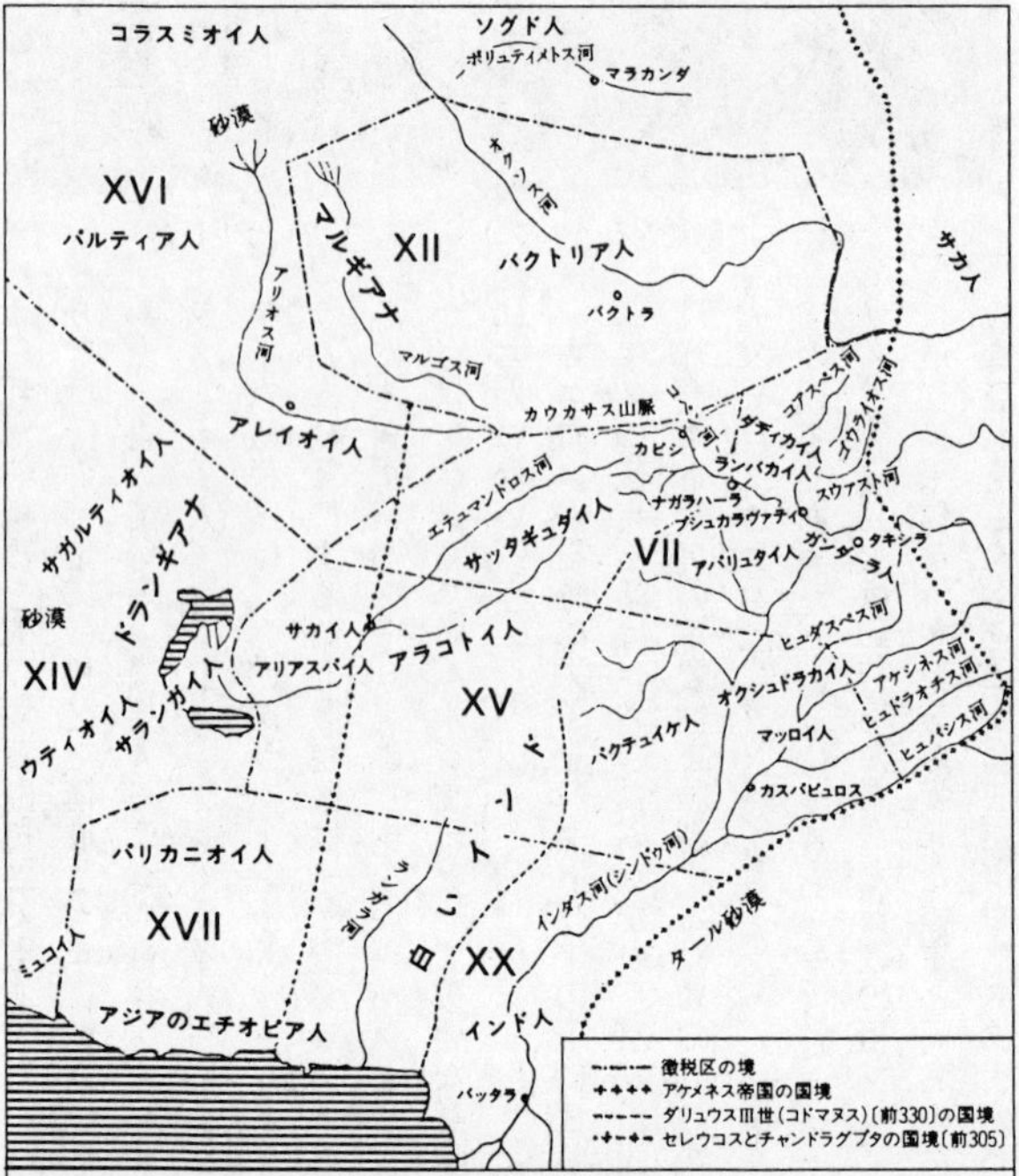

アケメネス帝国の東方の徴税区分——A・フーシェによる

説もうまれることとなる。それにしてもダレイオスの父の名にも、ゾロアスターの父（ポウルシャスパ）、その祖父（ハエーチャタスパ）の名にも、その末尾にひとしくアスパという馬の意がふくまれており（Vištāspa～Pourušaspa～Haēčataspa）、しかもともどものちにザリアスパ（Zariaspa）と呼びならわされることになるバクトリアと結びついていることが注目されよう。ダレイオスが正妃として迎えたキュロスの娘アトッサは、イラン語形ではフタオサーとなり、夫ウィシュタースパ王をゾロアスター教の入信に導きいれるきっかけをつくった王妃、ゾロアスターみずからの口をして、「善良にして高尚なるフタオサー」と『アヴェスター』（ヤシュト九・26）で讃えさせている王妃と同名であるのも興味をそそる。にもかかわらずダレイオスがゾロアスター教徒であったという確たる証拠はない。だが、ゾロアスター＝バクトリア始祖伝説は、バクトリアがその政治・経済的重要性のほかに、帝国内における宗教的地位の重要性をも有していたことを示すものではないだろうか。

ついでながらゾロアスター自身の名もまた深くバクトリアと結ばれていることをいっておこう。ゾロアスター［ゾロアストレス］は西方の人たちが呼んだ名であるが、『アヴェスター』での呼称はザラスシュトラ（Zarathuštra）である。語頭のザル（zar）の意は詳《つまびら》かでなく、ジャクソン、ボイスら学者によってその意を異《こと》にしているが、ウシュトラ（uštra）が駱駝の意であることは明らかである。祖父と父は馬《アスパ》にかかわり、ゾロアスターは駱駝《ウシュトラ》にかかわり、ともに古きバクトリアの徽標《エンブレム》であった。個名の詳細については『宗祖ゾロアスター』（ちくま学芸文庫）の一五一頁を参照していただきたい。

アケメネス王家とバクトリアの関係はいぜんとして伝説的部分が多いが、ダレイオスの帝国下では、政治と経済の両域でバクトリアが確固とした役割を果していることはもはや明瞭であろう。

# 三　アケメネス・バクトリア

スキタイ遠征ののち、ギリシアに艦船で攻め入ったダレイオスの軍隊は、アテナイを目前にしてマラトンの合戦でミルティアデスの率いる重装歩兵の活躍によって一敗地にまみれた。ダレイオスはふたたび大規模な進撃を準備しているさなかに急逝する。王位はダレイオスとアトッサとの子クセルクセスが継いだ。前四八六年のことである。彼の生涯の大半のエネルギーが、父のなしえなかったギリシア征服についやされたといっても過言ではない。ヘロドトスは九巻よりなる『歴史』のうち、ダレイオスにもっともながく四巻をささげ、ついで三巻をクセルクセスの鴻業《こうぎょう》にさいた。そして『歴史』のなかでバクトラおよびバクトリア人に言及する数は十三回におよぶが、うち八回がクセルクセスにささげられた巻七以下の個所にみえる。クセルクセスとバクトリアのいちようならざる関係を思わせる。

一大遠征軍をひきいて、ペルシアを発ったクセルクセスは、ヘレスポントスの海峡に浮舟を並べ橋を架けさせ、ついに望みこがれたヨーロッパに押し渡り、トラキアのヘブロス河畔のドリスコスに達したとき、ひさしく全軍の閲兵《えっぺい》をおこなった。ここでヘロドトスが

玉座に坐るダレイオスとその背後に立つクセルクセス

列挙している民族別の編成の順序も、さきの碑文中にみえた地名の列挙とともに、ペルシアとの関係の遠近をはかる意味できわめて重要である。

ペルシア人部隊、メディア人部隊を先頭にして、キッシア族の部隊、ヒュルカニア人部隊、アッシリア人部隊がつづき、ついでバクトリア人部隊とスキタイ系のサカイ人部隊がき、それにインド人部隊、アリオイ人、パルティア人、コラスミオイ人、ソグディア人、ガンダーラ人、ダディカイ人が行進したという。この後にはさらに三十の諸族がつづいた。そして、バクトリア人とサカイ人の部隊の指揮をとったのは、「ダレイオスを父に、キュロスの娘アトッサを母とするヒュスタスペスであった」(『歴史』Ⅶ・64)とヘロドトスは記している。これら指揮官たちをふくめた全歩兵部隊を統轄する六人の司令官のうちに、やはり「ダレイオスとアトッサの子マシステス」(Ⅶ・82)の名がみえる。彼らはしたがっていずれもクセルクセスの弟ということになる。弟たちのなかでは、司令官マシステスが年上で、ヒュスタスペスがその下ということになろうか。マシステスはのち、クセルクセスが彼の妻へ邪恋したため、悲劇的な死をとげる。クセルクセスはアテナイは落したものの、サラミスの海戦に敗れ、「トラキアの平野を通り、苦しい道を経て、かろうじてサルディスへ逃れる」（アイスキュロス『ペルシア人』）。このサルディス滞在中にクセルクセスはマシステスの妻に恋慕し、惨劇が起ったのである。ヘロドトスはマシステスの最期の模様をつぎのように伝えている。まずクセルクセスの言い寄りを拒絶した妻が謀殺された。殺された妻の無残な姿をみたマシステスは、こんどは自分と、身の危険を察知して、「息子たちをはじめその他の家来をしたがえてバクトラにむかったが、これはバクトリア地区を叛《そむ》かせ、王にできるだけ大きい被害を与えようとするためであった。思うに、もし彼が敵の機先を制してバクトリアおよびサカイ人の国に達していたならば、この計画は実現したであろう。彼はそれらの地方では人望があり、またバクトリアの太守でもあったからである」と。正統な王家の血をひく二人のクセルクセスの弟が、ともどもバクトリアと深い関係があったことがこれでわかろう。マシステス殺害ののち、クセルクセスはかわってこんどは自分の一子ヒュスタスペス（祖父のヒュスタスペス、弟のヒュスタスペス、と同名）をバクトリアの太守に任じた。だが前四六五年、ペルセポリスの王宮とハーレムの建設に熱中するクセルクセスは側近の者の手によって寝室で暗殺された。「支配する笏をもって、アジア全体を命令する栄誉をただ一身に集めた男」（アイスキュロス）のあえない最期であった。王位はそのとき十八歳であった、アルタクセルクセス（Ⅰ世・ロンギマノス）が継いだ。このときクセルクセスの子ヒュスタスペスは、王位継承が父の殺害者たちによってすすめられたことに怒り、兄弟ともどもバクトリアをあげて反乱を起した。一度は引き分けたものの、奇蹟の風に助けられた（クテシアス）アルタクセルクセスの軍についに破れ去る。

ダレイオスの父、ダレイオスの子（クセルクセスの弟）、ダレイオスの孫（クセルクセスの子）と三代にわたる王統につながるヒュスタスペスとバクトリアとの結びつきは、王家とバクトリアの特別な繋りを示すだけではなく、ホルト氏も指摘するように、直轄王領バクトリアの帝国内における半自律的な特殊な存在の仕方をも十分うかがわせるものである。

アケメネス朝の諸王のなかで、つぎにバクトリアとの深い繋がりを示したのはアルタクセルクセスⅡ世（前四〇四～三五九年）であった。クニドスのクテシアスを侍医として宮廷に招いた人だ。クセノポンが有名な『一万人の退却《アナバシス》』の記録をとどめるきっかけとなったキュロスの反乱が起ったのもこの王のときだ。この王はまた、アフラ・マズダーにのみ祈りを捧げた先王たちの慣《なら》わしを破って、アフラ・マズダーとアナーヒター女神とミスラの三神に祈った最初の王でもあった。前三世紀の初頭のバビロニアの司祭ベロッソスの書き残した『カルデア史』の第三書によって、アルタクセルクセスⅡ世が、帝国の重要な都にアナーヒター女神の像を建立したことがわかる。西よりサルディス、ダマスカス、バビロン、スサ、エクバタナ、そして東端はバクトリアであった。それらが立像であったか倚坐像であったか、いまはいずこにも姿なく判ずることができない。正統のゾロアスター教に衝撃を与えるとともに、ゾロアスター教に新しく逞しい生命を吹きこんだこの大女神の信仰が、このアルタクセルクセス・ムネモンによってバクトリアにもちこまれたことの意義は、その後のこの地方の宗教の歴史にとってはけっして小さくない。バクトリアは、アケメネス帝国内における政治的、経済的、軍事的重要さに、いまひとつさらに宗教的な重要さを加えたのである。

ダレイオスⅢ世の未完の王墓

前三三一年、ティグリス河畔ニネヴェにちかいガウガメラの戦いでアレクサンドロスに三たびの敗北をきっしたダレイオスⅢ世コドマヌスは、ペルシア帝国の黄昏を知り、王領バクトリアへと落ちのびる覚悟をした。それは側近としてアルベラの戦場以来王とともに奮戦してきたバクトリアの勇将ベッソスをたよることでもあった。急追するアレクサンドロスの軍馬の蹄《ひづめ》の音を背におびえながら、アケメネス朝の始祖キュロス大王がメディアを倒して最初に手に入れ、帝国の礎石とした都エクバタナをもゆきすぎ、はやカスピの門も越えでて漠地を奔走したが、蓋車にのれる王にもうこれ以上はとてもしたがい

オクソスの遺宝（左・祭枝バルソムをもつ供養者、右・貴族）

きれぬとみたベッソスは、騎軍の将ナバルザネスとアラコシアとドランギアナの副王バルセンテスに王を斬らせ、蓋車のなかにうち棄てて、逃《のが》れ去ったという。前三三〇年のことである。裏切りに果てた「諸王の王」を乗せた御する者のいない牛車は、漠地を走りぬけ、水場のちかくに止まっていた。知らせを聞いて駆けつけたアレクサンドロスは、ダレイオスの遺骸を手厚く扱い、遺体を美しく飾って王母シシュガムビスのもとへと送ったという。ペルセポリスの東方背後、クー・イ・ラハマト（慈悲の山）にうがたれた未完の崖墓がダレイオス三世の墓だと伝えられる。そのあと、アレクサンドロスは王弑逆《しいぎゃく》のベッソスを追って、ダレイオスの「復讐」という大義の旗をかざしてバクトリアへむけて軍をすすめる。いよいよギリシアが初めてアジアの内奥にふれようとする。ローマの史家クイントゥス・クルティウス・ルフス（後一世紀）は、アレクサンドロスの東方遠征にしたがったクレイタルコスの『アレクサンドロス伝』を底本として、『アレクサンドロス大王伝』を書いたが、そのなかで「バクトリアの地は豊かで、広大な果樹園と葡萄畑から種々の品質のよい果物ができる。水も豊富でよく灌漑されていて穀物もよくとれる。人口もまた多く、良馬を産する」としるしている。それはマケドニア人たちがわが眼でみたバクトリアの風物であったが、それはそのままアケメネス・ペルシアが育て残したものであった。これをみても、バクトリアが農業灌漑も発達し滋味豊かな所であったことをうかがわせる。スサの王宮造営の際には金を掘出したこと、そして一八七七年に発見されたという金銀細工のいわゆる「オクソスの遺宝」などは、その財宝の豊かさをあま

バクトリアの駱駝

すことなく示すものであろう。「遺宝」のなかの金の薄板に描かれた馬と駱駝は、その素材の金とともにバクトリアの豊かさの原動力の象徴であった。一九七六年、ソヴィエトの考古学者によって発掘されたタフティ・サンギン遺跡から出土した大量の奉献物からして、「オクソスの遺宝」もここの神殿に納められていたものではなかったかと考えられている。私たちは「遺宝」をとおしてアケメネス・バクトリアの貴族や神官たちの姿を目にし、バクトリア人が産みだした文化の香りをかぐことができる。ペルシア帝国の国際語《リンガ・フランカ》アラム語はここでも採用され、物の交易や人間の交流に大いに役立ったにちがいない。文書に使用されたフェニキアの子音文字の系統をひくアラム文字は、のちやがてカロシュティー文字を生みだし、中央アジアの文化に多大の影響を与えることとなる。

# 四　アレクサンドロス・アナバシス

プルタルコスが伝える話によると、アレクサンドロスの父ピリッポス（II世）は、若いころエーゲ海北方の神秘の島サモトラケに伝わる古い密儀に加わり、そこでのちアレクサンドロスの母となるオリュンピアスを見初めたという。オリュンピアスは、ひときわ信仰に熱心で、他のどの女たちよりも深く神憑《かみがか》りになり、激しい霊感をえて、ディオニュソスを祭る人びとにはよく馴れた大きな蛇をいくつもひきだし、それらは蔦《つた》や密儀に使う箕《み》からときどき鎌首をもたげたり、女たちの杖や花環に巻きついて男たちを驚かせたという。血気さかんな若者ピリッポスはこの女の野性を愛したのであろう。二人は結婚の約束をかわした。オリュンピアスは結婚式の前夜、雷鳴がとどろき、雷が自分の腹に落ち、火と燃え上り、炎となってひろがり、そして消えるという夢をみた。結婚のあとで、ピリッポスは自分が妻の腹に封をし、獅子の像が彫られている印を押す夢をみた。またふとしたとき、ピリッポスは、オリュンピアスの傍に蛇が添い寝しているのをみた。これらの不思議な兆《きざし》のあったのち、前三五六年、アレクサンドロスは生れた。オリュンピアスの感夢懐胎も蛇との添い寝も、偉人誕生の伝説の型にのっとって伝えられたものであろう。実際には母オ

ピリッポスの都ペラ

リュンピアスは、れっきとしたエペイロスの王女であった。

アレクサンドロスが十三歳になったとき、ピリッポスは息子の教育のため、当時レスボス島のミュティレネにいた哲学者アリストテレスを師にとペラへ招いた。アリストテレスはすでにマケドニアの勢力下にあった近隣の小都市スタゲイロスの出身であったが、父ニコマコスがピリッポス王の父アミンタス（Ⅱ世）の侍医であったから、幼い日々を宮廷のあったペラで過したものと思われる。アリストテレスにとっては懐しい思い出の地への帰還であった。おそらく師プラトンの学園《アカデメイア》で机を並べたとき以来、アッソス、ミュティレネと行をともにした同学の友で、植物学に通暁したテオプラストスもともなったことだろう。ピリッポス王は、彼らのために、王都を離れた樹陰深々とした閑静な地、聳《そび》え立つベルミオンの山陵の麓、古い伝説につつまれた場所に草庭をひらいた。そこは昔「ミダスの園」とよばれ、一つ一つに六十の花弁をもつ薔薇《バラ》が自生し咲き乱れ芳香を放っていた所であった。ミダス王が泉に酒をまぜてシレノスを捕えた所もここであったというマケドニア人の口碑をヘロドトスは伝えている（『歴史』Ⅷ・138）。しかも、こここそマケドニアの祖ペルディッカスが国を建てた由緒深き

(上)ピリッポスⅡ世
(右)アリストテレスの肖像

所であった。アリストテレス四十一歳、熟成した哲学者は、これより三年、マケドニアの若き獅子たちになにを説き、なにを講じたのであろうか。後年、アレクサンドロスは、「生きていることは父のお陰だが、よく生きるようになったのはアリストテレスのお陰だ」と語ったという。ここで起居をともにした学友ヘパイスティオン、プトレマイオスらは、長じてやがてアジアの奥深くまで労苦をいとわずアレクサンドロスにつきしたがうこととなる。

　十六歳のとき、宮廷によびかえされたアレクサンドロスは、このときより戦塵《せんじん》の人となった。父王にしたがってのテーバイとアテナイを相手にする戦いで彼は名をあげた。だが好事はながくつづかず、十九歳になったとき、母オリュンピアスが王妃の座を奪われ、父ピリッポスはマケドニアの貴族の娘エウリュディケを宮廷に迎えて正妃とする事件が起きた。母とともに母の祖国エペイロスに出奔した多感な青

アレクサンドロス立像

年の胸中は怒りで燃えていた。父ピリッポスが、旧都アイガイでおこなわれた娘クレオパトラの婚礼の儀式の場で刺殺されたのは翌三三六年のことであった。即刻、アレクサンドロスがマケドニアの王位を継承したことはいうまでもない。それから暫《しばら》くのあいだ、宮廷に吹き荒れた血なまぐさい粛清の顚末は語らないでおこう。ピリッポスの妃エウリュディケが生れたばかりの赤子もろとも姿を消したのはもちろんのことである。

前三三四年、ギリシアの征服を終え、マケドニアの王であると同時にコリントス同盟の盟主《ヘゲモン》となったアレクサンドロスは、北方遠征も成功のうちに終え、父の宿願でもあった東方アジアの侵攻にむけてついに軍を動かした。かつてクセルクセスがギリシアに攻め入った道を逆にたどってヘレスポントスの海峡を東に渡り、師アリストテレスに導かれて読み親しんだ『イーリアス』の舞台、スカマンドロスの野にでた。母方の祖がアキレウスと知らされてきたアレクサンドロスであれば、ひとしおの感動を覚えたのであろう、さっそく「イリオンに赴き犠牲をアテナ神に捧げ、自分の甲冑《かっちゅう》を神廟に奉納した」とアッリアノス

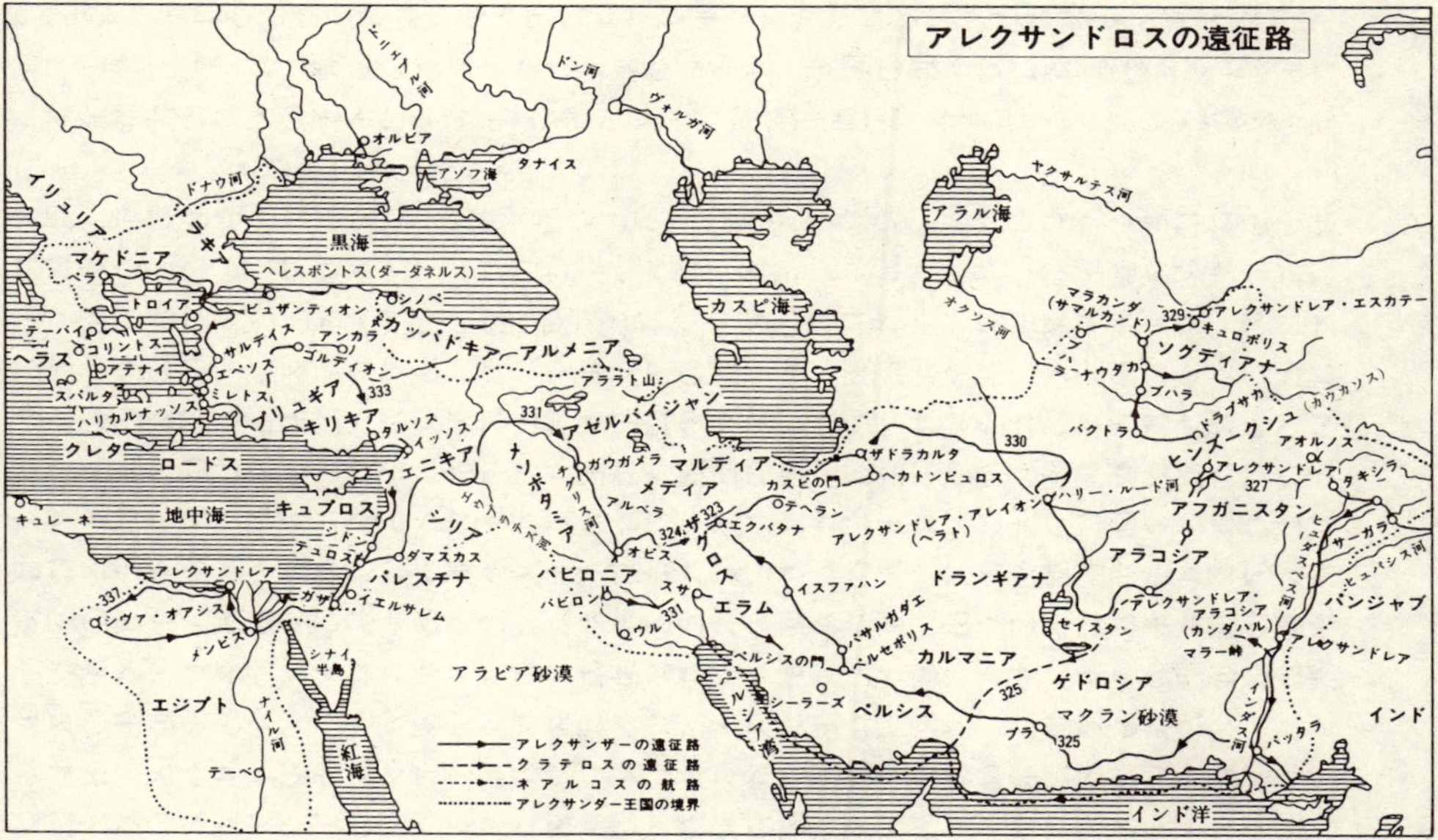

アレクサンドロスの遠征路
イリュリア
トラキア
マケドニア
ペラ
トロイア
テーバイ
コリントス
ヘラス
アテナイ
スパルタ
ハリカルナッソス
ミレトス
エペソス
サルデイス
ビュザンティオン
シノペ
アンカラ
ゴルディオン
カッパドキア
アルメニア
フリュギア
キリキア
タルソス
イッソス
333
クレタ
ロードス
地中海
キュプロス
キュレーネ
フェニキア
シドン
テュロス
ダマスカス
シリア
パレスチナ
イエルサレム
ガザ
アレクサンドレア
337
シヴァ・オアシス
メンピス
エジプト
ナイル河
テーベ
シナイ半島
紅海
アラビア砂漠
ドナウ河
黒海
ヘレスポントス（ダーダネルス）
オルビア
ドニエプル河
アゾフ海
タナイス
ドン河
ヴォルガ河
カスピ海
アララト山
331
アゼルバイジャン
ガウガメラ
メソポタミア
ティグリス河
ユーフラテス河
アルベラ
マルディア
メディア
オピス
324
ザグロス
323
エクバタナ
テヘラン
カスピの門
ザドラカルタ
ヘカトンピュロス
バビロニア
バビロン
ウル
スサ
エラム
イスファハン
パサルガダエ
ペルセポリス
ペルシスの門
ペルシア湾
シーラーズ
ペルシス
カルマニア
アラル海
ヤクサルテス河
オクソス河
マラカンダ
（サマルカンド）
329
アレクサンドレア・エスカテー
キュロポリス
ソグディアナ
ブハラ
ラ・ナウタカ
ドラプサカ
バクトラ
ヒンズークシュ
（カウカソス）
330
ハリー・ルード河
アレクサンドレア・アレイオン
（ヘラト）
ドランギアナ
アフガニスタン
アラコシア
アレクサンドレア
327
アオルノス
タキシラ
サーガラ
ヒュダスペス河
ヒュパシス河
パンジャブ
セイスタン
アレクサンドレア・
アラコシア
（カンダハル）
マラー峠
アレクサンドレア
ゲドロシア
325
マクラン砂漠
プラ
インダス河
パッタラ
インド
インド洋
アレクサンダーの遠征路
クラテロスの遠征路
ネアルコスの航路
アレクサンダー王国の境界

は伝えている。アジアの門グラニコス河畔で初戦の勝利を収め、ついでサルディスを抜き、ミレトスとハリカルナッソスを陥れた。ミレトスは、万物の原理は水だと説いた哲学者タレスの生地であり、ハリカルナッソスはヘロドトスが生れ、反逆した地であった。

やがてアレクサンドロスがリュキアの地にさしかかったとき、クサントスの附近に自然に下の方から湧出する泉があった。ふとみると水の底から流れ出たと思われる青銅の板が目にとまった。その板には古風な文字が刻まれており、ペルシアの支配権がギリシア人によって倒されて終りになると書かれていたのでアレクサンドロスは大いに励まされたとプルタルコスはしるしている。水中より王権移譲を告知する文字を刻む青銅板が流れでたというこの奇異な話も、ペルシアにおける王権の考え方からすればきわめて理にかなっているとしたのはデュメジルであった。ペルシアの諸王が「天命」を拝して玉座につくことはよく知られているところだが、「天命」とはペルシア人にとっては「フワルナフ」のことにほかならない。フワルナフ(語基フワル、ヴェーダ語スヴァル、アヴェスター語フワル)とは、太陽、光輝をさし、「天命」の感覚的なしるしと考えられた。だからこそときには鳥の形(ワーラグナ鳥)となることもあった。

黄金時代の最初の王イマ(『ヴェーダ』ではヤマ〔夜摩→閻魔〕、もとは双生の意のゆえ雙ともよばれた)は、「生れし者のなかでもっとも輝かしき者、太陽の眼もてる者」(『アヴェスター』のヤスナ)とほめたたえられたが、彼にはフワルナフがついていたとされる。しかし彼が、ペルシアの人びとが厳しく禁じた真実に反する虚偽《うそ》を喜ぶようになったとき、フワルナフは鳥の形をとって三たび彼より飛び去り（ヤシュト・19）、ついにイマは王座を追われることとなった。イマを離れたフワルナフを、善き霊と悪しき霊が果てしもなく奪い合った。決着のつかぬ争いのなかで、フワルナフはふくれあがり、神秘なるウォルカシアの湖へと至った。すると、駿馬《しゅんめ》のごときアポンム・ナパート（水の息子）がたちどころにそれを捉え、つぎのようにいう、「なんぴとも近寄ることのできぬフワルナフをわれは捉え、深きウォルカシアの湖の底、深き河々の底に納めん」と。こうしたわけで、かつてイマがすわった玉座にふたたびすわろうとする者は、どうしても水中よりこのフワルナフを探しださねばならなくなったのである。つまり天命としてのフワルナフが、権威を失ってしまった者から、新たに選ばれた者へと移しかえられるためには、いちど水中に隠されねばならなかったのである。いまアレクサンドロスのまえに、忽然と水中より姿を現わした王権移行を告知する青銅板は、アレクサンドロスをしてアジアの支配をゆだねる天命＝フワルナフであったというわけだ。天下を分けたイッソスの戦いのまえに、フワルナフはすでにダレイオスⅢ世より飛び去っていたのだ。

アレクサンドロスはイッソスの野にのぞむまえ、古いプリュギアの町ゴルディオンに兵を休めた。ゴルディオンはいにしえ、「王さまの耳は驢馬《ろば》の耳」で名高いかのミダス王の都であったという。かつてベルミニオンの山すそ、ミダスの園で学んだアレクサンドロスにとっては奇《く》しき縁《えにし》に思われたことだろう。プルタルコスによれば、アレクサンドロスはここで昔プリュギアの王であったゴルディアスのものだという評判の車をみた。この車について土族のあいだに信じられている伝えを聞くと、この車の轅《ながえ》を結わえているクラニア（みずき、山ぐみの類）の木の皮のひもの結び目を解くものには全世界の王になる運命の定めがあるということであった。いわゆる「ゴルディオンの結び目」である。それは結び目のみえない結びであったのでこれまで誰も解くことができなかった。結び目のない結びとは、呪術的結びのことだ。デュメジルのようにいえば、それは「王が保有する王権とよばれるあの神秘的な力すべての象徴なのである」（『ウラノス＝ヴァルナ』）。プルタルコスによると「アレクサンドロスはその結びを解く工夫がつかなくなり、ついに剣で結び目を断ち切った」という。それはアジアを支配する王権の力ずくの移行をあらかじめ象徴する行為であった。アレクサンドロスはやがてペルシアを征服してこの予兆を現実のものとするのであるが、そののち早すぎる死によって、たちまちアジアを失い、ゴルディオンの結び目をほどいたというのが幻想でしかなかったことがわかる。（拙論「ゴルディオスの結び目」『ディアナの森』所収を参照いただきたい）

こういうわけで、クサントスとゴルディオンでの出来事は、帝国の支配権がダレイオスからアレクサンドロスに移る予兆であった。勝敗はすでに決していたのである。しかし、神ならぬ身のダレイオス（Ⅲ世）は、みずから立って大軍をひきいエウプラテス河畔にひたよせていた。進むペルシア軍団のきらびやかな模様をクイントゥス・クルティウス・ルフスはつぎのように描写している。「まず先頭に、銀の祭壇に灯された聖なる永遠の火が運ばれ、それに聖歌を唱えるマギ僧の群れがつづく。つぎに一年の日数の数に等しい三六五人の緋色のマントをはおった若者たちがやってくる。それにつづくのは、白馬にひかれるユピテルに捧げられた駕車で、そのうしろにペルシア人が〈太陽の馬《エクウス・ソリス》〉と称する体軀堂々たる馬がしたがう。馬を御す者たちは手に金色の鞭をもち、純白の衣裳をまとっている。少し離れて、金銀細工でくまなく飾りたてられた十台の二輪馬車がくる。そのあとに文化を異にする十二ケ国の騎馬隊が武具もさまざまに登場する。それに数にしておよそ一万人、ペルシア人が〈不死部隊《イムモルタレス》〉とよぶ兵士たちがつづく。異邦の富の輝きをこれほど絢《けん》爛《らん》と身から放っている隊はない。金の首飾り、金糸を織りまぜた衣服、宝石をちりばめた長い袖のチュニック。少し間をおき、〈王の一族《コグナトス・レギス》〉とよばれる者たち一万五千、優雅な女性のそれにちかい身なりをしており、その飾られた武具もさることながら、その豪奢さのほうが目をひく。つづく一団は、王の身の廻りの世話をするいわゆる近習《きんじゅう》たちで、そのあとに王の坐すいちだんと際立つ駕車がくる。駕車の両側面は金銀打ち出しの神々の像で飾られ、軛《くびき》にはきらきら輝く宝石がちりばめられ、軛のうえには腕尺大のニネヴェとバールの神像が立ち、その両像のあいだに両翼を大きく拡げた黄金の鷲がおかれていた。王の壮麗な衣裳はひときわ目立った。白地に紫の縁どりをしたチュニック、金糸で刺繡のほどこされた王のマントには、嘴《くちばし》でたがいに襲いかかる金色《こんじき》の二羽の鷹の模様が描かれている。女性風に腰に締められた金色のベルトには、その鞘《さや》に宝石をはめこんだ三日月刀がつるされている。王はペルシア人が〈キダリス〉とよぶ冠を被っているが、それは白い斑点のある青い冠帯《リボン》で巻かれたものである。王の駕車につづくは、一万人の槍の部隊で、穂先に金をかぶせ、銀の浮彫りがほどこされている槍をもつ。王の左右には、二百人余りのもっとも身分高き側近が随行し、そのあとに三万の歩兵が王の馬四百頭をしたがえてつづく。部隊より一スタッド離れてダレイオスの母シシュガンビスが乗る駕車がき、つづいて王妃スタテイラの駕車がくる。それに女官たちが馬で随行し、つづいて王の子供たち、その乳母たち、そして一群の宦官《かんがん》たちが十五台の有蓋馬車《ハルマクサ》にそれぞれ分乗して現われた。それにつづくは、三六五人の着飾った王の側室たちであった。さらにそのあとに六百頭の驢馬《ろば》と三百頭の駱駝がつづき、つぎに弓射兵を前に護衛にたてて王の金《かね》が運ばれる。このあとに、王の側近や、友たちの妻、そして野営要員と召使たちの大群が馬に乗ってゆく。このさしもの大行列のしんがりをうけたまわるのは、軽装備の部隊とその将校たちであった」(『アレクサンドロス大王伝』)

ヘロドトスもクセルクセス王の壮大な行進を活写したけれども、これほどまでに色彩鮮やかではなかった。金色(馬車・首飾り・金糸・神像・鷲・鷹・槍の穂先)、銀色(祭壇・馬車・神像)、白(馬・御者の衣裳・王の衣裳・冠帯《リボン》)、赤(火・兵士のマント)、青(冠帯《リボン》)、紫(王の衣

イッソスの戦い（ポンペイのモザイク画）

裳）、以上六色が登場しまばゆいばかりだが、豪奢を演出した金銀をのぞけば四色、うち合成色の紫をよければ、基本的にはたしかに白赤青の三色が重要な役割を果していることがわかろう。これらがデュメジルの指摘するように、社会的、宇宙的な三つの機能を象徴する色彩なのかどうか、色彩シンボリズムの問題として大いに興趣をそそられるところだが、いまはにわかに論ずるところではない。ただここでは色彩もゆえなく選ばれているのではないとだけいっておこう。

命運の定めるところも知らず、大軍隊をひきいてエウプラテス河を押し渡り、キルキアの門をめざしたダレイオスは、すでに触れたようにイッソスの戦いで破れ去ったのである。ともないきたった王母や王妃、そして娘たちを戦野に残して。ダレイオスにとってはこれが永遠《とわ》の別れとなり、アレクサンドロスにとっては、ダレイオスの王妃とその娘バルシネとの初めての出会いでもあった。彼は九年後インダス河畔よりの帰還ののち都スサでバル

ペルセポリスの残址

シネと婚姻の儀式を挙げた。

　イッソスの戦いののち、アレクサンドロスはペルシアに攻め入らず、南下してエジプトに至った。前三三二年秋のことである。ナイル河口に新しい都市アレクサンドレアの建設に着手するいっぽう、リュビア砂漠中にアモン神殿を詣《もう》で、ふたたびアジアへの進攻の決意を新たにする。前三三一年晩春、エジプトを発ち、バビロン、スサを落してペルセポリスをめざす。

　前三三〇年はアレクサンドロスにとってひとつの転機であった。一月早々、ペルシアの祭儀の都ペルセポリスを奪い、酒宴のおり、友プトレマイオスの妾タイスの酔狂もあって贅をきわめた王宮に火を放ち炎上させてしまう。屋根を葺いたレバノンの糸杉の巨木が夜空に火を吹くさまは、ペルシア帝国の亡びの劫火《ごうか》とみえた。アレクサンドロスは「すぐに後悔した」（プルタルコス）がすでに手おくれであった。戦いによる破壊者は文化の保護者にはなれなかったが、彼の一瞬の「後悔」がアジアの融合的支配の方策への契機となった。ダレイオスの横死はそれからまもなくのことであった。アレクサンドロスがギリシアを発つまえに、コリントス同盟の会議によって委任されたペルシア討伐の目的は、ダレイオスの死によってひとまずカヴィール砂漠の北辺、ヒュルカニアの入口で達せられたことになる。しかし、アレクサンドロスは軍を止めなかった。王の弑逆者ベッソスを追討するという新たな大義をかかげて帝国の版図の果てまで軍を進めることとなった。バクトリアに帰還したベッソスは、アルタクセルクセスを僭称してペルシアの再興を期した。追うアレクサンドロスは、バクトリアへ直行せず、迂回の作戦にでた。マルギアナを経て、アレイア、ドランギアナ、つまり現在のアフガニスタンのヘラート、ファラを抜いてアラコシア、現在のカンダハルに至ったのである。

アラコシアは、豊かな流れと強固な砦によって近隣に知られた古い国柄であった。河の名は「エリュマンドロス」といい、城砦は「クフィム」とよばれ、「セミラミス創建」と伝えられるとプリニウスはしるしている。エリュマンドロスはアヴェスター語ハエトゥマントのギリシア語による音写で、現在のヘルマンド河のことである。『アヴェスター』は、この流れが「よき牧場と美しき馬、豊饒をもたらし、美と幸福、力と友愛にあふれさせる」(ヤシュト一九・67)とたたえている。ドランギアナとアラコシア二国をうるおす流れであった。この流れのもっとも大きな支流アルガンダブがアラコシアの都城を洗い、それに「力と栄光を与えた」。ストラボンが「アラコトスの流れ」(『地理誌』XI)とよんだのはこのアルガンダブのことである。都城の足下を河は洗っていたというから、古《いにし》えの都城はいまのカンダハルの町より数キロ西によったシャル・イ・ホナの古址がおそらくそれにあたる。

城砦の名「クフィム」については、さまざまな議論があって、いまでもなお憶測の域をでていないが、ポール・ベルナールの近説がもっとも注目される。彼によれば、この城砦の女王セミラミスによる創建の伝説は、歴史上実在したアッシリアの女王サンムラマトをめぐって前四世紀ごろ形成された伝説が拡大されてつくられたものにすぎないが、しかしその伝説がアラコシアの城砦に当てはめられていることは、とりもなおさずこの地の古さを裏書きするものである。古碑や古書にみえるアラコシアの「カピサ」の転音がおそらく「クフィム」であるまいか、そうだとすれば、プリニウスのいう「キュロスによって破壊されたカピサ」もまたアラコシアにほかならないというのが、ベルナールの推論である。

ヒンズー・クシュをのぞむカピサの平原

アレクサンドロスは、キュロス東征の古道をたどってアラコシアに至ったのであろう。彼はこの古い都をギリシアの町《ポリス》につくりかえ、メノンに統治をまかせて北転し軍を進めた。アラコシアはアレクサンドロポリスとして生きのびる。時流れて、やがてインド文化がこの地に流れこみ、おそらく仏教の流伝とともに、アショーカ王はここにアラム語とギリシア語によるアショーカ王二ケ国語碑文を刻ませた。

この年の秋、ついに畳々と峻峰をつらねるカウカソス、「アジアのどんな山より高い」(アッリアノス)山の南麓に陣をしいた。この山陵を北に越えればバクトリアである。アレクサンドロスはここに新しい町を建設した。「カウカソスの麓なるアレクサンドレイア」がこれである。後方の固めと、インドへの前衛の役割をみこしてのことであったろう。このアレクサンドレイアは、パンシール川とゴルバンド川の合流する地点にある古址カピサ・ベグラムであろうと思われる。カピサの名は、のちのバクトリアの王、エウクラティデスの貨幣にも、カロシュティー文字でカウィシーと刻印されてみえ、またマニキャーラ出土の碑文にもみえてこの町の古さを物語っている。サンスクリット名ではカーピシー、あるいはカーピシーヤナとみえ、この町が葡萄によって知られていたことが、パーニニやチャーナクヤの『アルタシャーストラ』などによってわかる。七世紀の中ごろ、中国の求法僧玄奘は、インドへの旅の途次、このカピシーを訪れて当時の模様を詳しく東方に伝えた。玄奘帰国ののち、弁機をしてまとめさせたその旅の一大ドキュメント『大唐西域記』は、二〇世紀のこの地における考古発掘にとってもっとも重要な基礎資料となった。

# 五　バクトリアの星

前三二九年初春、新しいアレクサンドレイアの町にはペルシア人プロエクセスを太守《サトラプ》に任じ、サチュロスの子ネイロクセノスに一部隊をつけて目付として残すことをきめ、「日頃慣《なら》わしとして供犠を行っている神々のためにここでも犠牲を捧げると」（アッリアノス）カウカソスにむかってふたたび軍を進めた。「日頃慣わしとして供犠を行っている神々」というのは、アレクサンドロスが、渡河とか山越えとか決戦とか、大きな賭に挑むときいつも行ってきた供犠を語るアッリアノスの定り文句であるが、神々にかんしては、アレクサンドロスは土着の神々を重んじ、けっして排除しなかったので一定しておらず、また名称も省略の場合が多い。しかし、彼がイストロス（ドナウ）河畔で行ったもっとも早い供犠では、ゼウスとヘラクレスと河の神に捧げられたとあることから、主としてこの二神に、ときと場所に応じ、それにふさわしい神々を加えて供犠を行ったものと思われる。ギリシアの神々では、さきの二神のほかに、アポロン、アテネ女神、ディオニュソス、ディオスクロイ双神の名をアッリアノスは挙げている。

険峻なカウカソス（アフガニスタンを東より西へよぎるヒンズー・クシュ山脈）を越えるアレ

クサンドロスの脳裏には、父方の祖ヘラクレスの伝説がうかんではいなかったか。火を人間に与え、人間を破滅より救ったその報《むく》いとして、父ゼウスにより岩角に縛られ、日ごと肝臓を鷲に食われるという無慈悲な責苦を与えられたプロメテウス、それをもてる弓と矢で飛びくる鷲を射殺して、ながい苦患より解き放ったヘラクレス、そしてこのドラマが演ぜられた場所こそほかならぬここカウカソスであったことを、アレクサンドロスは想い出していたことだろう。ベッソスの鎖につながれたバクトリアを解き放つために、いまアレクサンドロスはカウカソスの山中にあるのである。

「豪雪に苦しみ日常の不便欠乏に難渋しながら」、ついにアレクサンドロスは前方にバクトリアの野をのぞみみた。おそらくアレクサンドロスはパンシール河をさかのぼり、現在のハワク峠を越えてアンデラーブの渓谷にでたのだろう。最初に到達したバクトリアの町は、アッリアノスによればドラプサカであった。ストラボンは要した日数十五日としるしている。ドラプサカとはいまのクンドゥズのことである。アレクサンドロスは、ここで将兵たちにもしばしの休息を与えたのち、バクトリアの最大の町アオルノスとバクトラにむかって軍を進め、これらの町を「一撃のもとに攻略」した。このアオルノスは、ゼウスの子ヘラクレスでさえ落すことができなかったという不落の伝説をもち、アレクサンドロス自身も苦闘したインダス河上流域の山中にあったあの「アオルノス岩砦」のことではない。おそらく、クンドゥズよりバルフにむかう道の途上にある古い町タシュクルガンがこのア

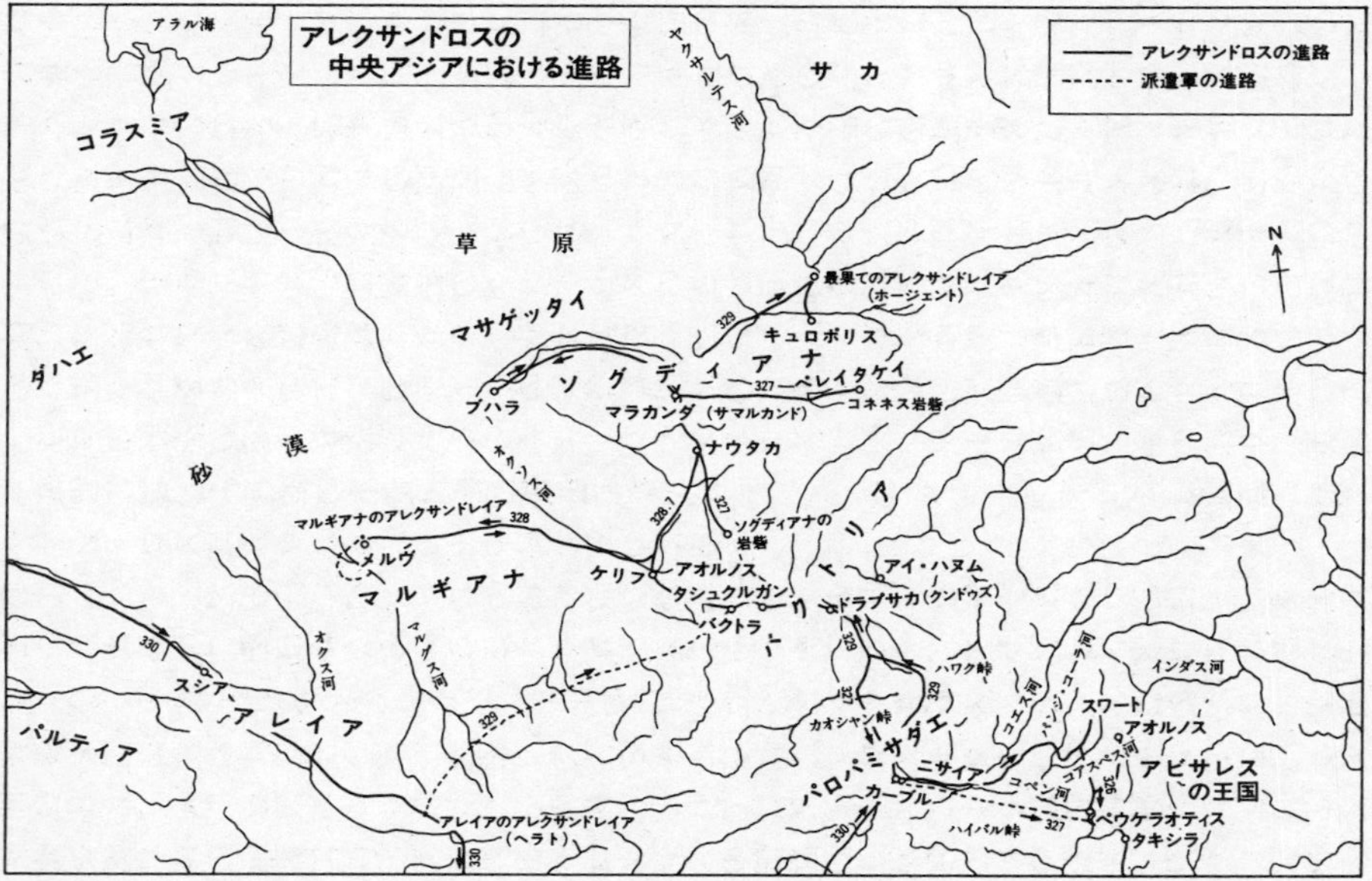
アレクサンドロスの
中央アジアにおける進路
アレクサンドロスの進路
派遣軍の進路
アラル海
コラスミア
ヤクサルテス河
サカ
草原
最果てのアレクサンドレイア
(ホージェント)
キュロポリス
マサゲッタイ
ソグディアナ
ペレイタケイ
コネネス岩砦
ブハラ
マラカンダ（サマルカンド）
ナウタカ
ダハエ
砂漠
オクソス河
ソグディアナの
岩砦
マルギアナのアレクサンドレイア
メルヴ
マルギアナ
ケリフ
アオルノス
タシュクルガン
バクトリア
ドラプサカ（クンドゥズ）
アイ・ハヌム
バクトラ
オクス河
マルグス河
ハワク峠
インダス河
スシア
アレイア
パルティア
カオシャン峠
パロパミサダエ
ニサイア
カーブル
コエス河
パンジ・コーラ河
スワート
アオルノス
コアスペス河
コペン河
アビサレス
の王国
ペウケラオティス
タキシラ
ハイバル峠
アレイアのアレクサンドレイア
（ヘラト）
330
329
328
328.7
327
326

オルノスであろうと思われる。アレクサンドロスは、ここアオルノスには警備隊とともにアンドロクレスの子アミュンタスを残し、バクトラをふくめ、降伏してきたバクトリア人の統治はペルシア人アルタバゾスを太守《サトラプ》に任命して彼にまかせた。そのとき、ベッソスはすでにオクソス河以南の地をすてて、大河の北にあった。ベッソスにつきしたがったのはバクトリアの名高い勇将スピタメネスとオクシュアルテスであった。アレクサンドロスは、さらに軍をオクソス河畔にまで押しだした。渡りの舟は、ベッソスが焼き払ってしまったので一艘《そう》もなかった。そこで皮製の天幕をことごとく集めさせ、中にわら屑をつめ、浮袋をつくり、それを兵や軍馬につけて大河を渡った。全軍渡り切るのに五日を要したという。一二二一年、チンギスカンが今度は北方よりこの河を渡ったときも、牛皮でつくった渾脱という革舟をつかったという。一九七九年、突如ソ連軍が同じく北からアフガニスタンへ侵攻したときは、この河に架けられた「友好」の大橋を渡ってであった。

オクソスを渡ったアレクサンドロスのもとに一つの情報がもたらされた。だれか指揮官一人と小部隊をスピタメネスとダタペルネスのもとによこすならベッソスを捕えて、そちらにその身柄をひき渡す用意があるというものだった。アレクサンドロスは、プトレマイオスを派遣したが、スピタメネスらの姿はなく、ただベッソスのみがわずかな手兵とともにとある村にいるだけであった。ペルシア王アルタクセルクセスを名のったベッソスだったが、バクトリアの人たちは彼を心から支持しなかったのだ。「飢え」と「虚偽」（裏切り）

と「敵」から民を守ること（ダレイオスⅠ世のペルセポリス碑文d）がダレイオス大王以来のアケメネス諸王の国是ではなかったか。ベッソスは自称とはいえ「王」としてなすべきこの大義を実行していないのだ。そのうえ、アレクサンドロスがかかげたダレイオスの弔《とむらい》合戦という旗じるしは、ながくアケメネス朝と深い関係をとりむすんできたバクトリアの人びとの魂をゆさぶるものがあった。

かくしてベッソスは、プトレマイオスとその部隊に捕えられ、裸のうえに縄うたれ、首《くび》枷《かせ》をつけられて、アレクサンドロスの前にひきだされた。それからバクトラに送られたが、処刑はさらにエクバタナに後送されてのちのことであった。アレクサンドロスの弔合戦はひとまずここで終ったことになるが、占領したバクトリアのいっそうの安全を確保するつもりか、アレクサンドロスは軍勢をさらにソグディアナの奥深くまで進め、まず王宮のあるマラカンダへ、ついでタナイス河畔へと至った。マラカンダはおそらくサマルカンドの旧都アフラシアブであろう。タナイス河はヤクサルテス、つまり現在のシル・ダリヤである。アレクサンドロスはこの河のほとりに、かつてキュロス大王がひとしくこの辺りに自分の名前を冠したキュロポリス〔キュロスの都〕を建てたように、新しい記念の都城を築こうと考えた。この河のむこうは、名高い遊牧民の雄族スキタイ・サカの地である。スキタイとソグディアナを河をへだてて分《わか》つことで、アケメネス朝以来の版図の確保とともに、彼らを軍事的に分断するという狙いもあったことだろう。この前哨都市、アレクサンドレイア・エスカテー〔最果てのアレクサンドレイア〕の建設は、土着の人びとに民族の意識をよみがえらせた。それに、まだしつような抵抗をつづけるバクトリアの将スピタメネスは、ことあるごとにスキタイの力を借りて出没し、バクトリア人に蜂起をけしかけた。アジアの内懐《うちぶところ》に入りこんだマケドニア人たちは思わぬ苦難を蒙ることとなった。

地の利をえたスピタメネスは、マケドニア軍が駐屯《ちゅうとん》する城砦マラカンダに狙いをさだめ巧みなゲリラ戦術を展開した。ソグディアナにおけるこの消耗戦に、アレクサンドロスは多くの血を流しながらも決定的な勝利をうることができず、しだいにふえる損害に焦《あせ》りを感じ、前三二九年の暮れ、いったんバクトラに軍をひきそこで冬をおくった。

明けて前三二八年の春、アレクサンドロスは、軍を分けて別動隊をつくり、多発する反乱に抗した。彼自身はバクトラよりオクソス河にそって東行し、バクトリア東境の反乱を鎮圧しつつ、当時ソグディアナの勢力下にあったと思われるコクチャ河の流域にで、アイ・ハヌムのちかくで北転、オクソス河を渡り現在のタジキスタンの南部に入った。走りきたった道の要所要所に駐屯基地を築きながらマラカンダをめざした。途中、「バクトリア人オクシュアルテス」が妻や娘ともども立てこもった難攻不落を誇る「ソグディアナの岩砦」を攻め、登攀《とうはん》の技にすぐれた者をよりすぐり、切り立つ岩壁をよじのぼらせ、守り手のど胆をぬいてついに落した。オクシュアルテス一族もアレクサンドロスの軍門にくだり、捕囚となったが、そのなかにひときわ美しさに輝く乙女があった。オクシュアルテスの「処女の娘ロクサネ」であった。兵士たちの語るところによれば、「彼らの目にしたアジア人女性のうちでダレイオスの妃についでもっとも美しい女性であった」。そしてアレクサンドロスは彼女をみるなり激しい恋におちたという。これより数年のち、バビロンで死の淵にアレクサンドロスがあったとき、彼の正嫡アレクサンドロス（Ⅳ世）を宿して見守ったのはほかならぬこのロクサネであった。ロクサネとの結婚は、この地方の豪族との縁組みによる融和統治という政略であったかもしれなかったが、バクトリアの星の輝きは、武骨の陣中にあったアレクサンドロスには、ゼウスの美しき娘へレネーの白い腕よりまぶしかったことも事実であろう。ロクサネとの結婚の物語は、イランでも語り継がれ、中世ペルシア詩篇『シカンダル・ナーマ』となって結実している。ここではロクサネはダーラー（ダレイオス）の娘ローシャナクと呼ばれている。ローシャナクとは「愛しく輝くもの」の意である。

ここからアレクサンドロスは、アルタバゾスとコイノスを西辺の遊牧民の攻撃にむかわせると、自分はソグディアナを分断するヒッサールの山陵（現在のゼラフシャン山地）を越えてマラカンダへと前進をつづけた。鉄門を通ったか、アンゾブ峠を越えたか、いずれかの道を選んだと思われる。マラカンダに達したのはこの年の夏のころであった。そしてクレイトス事件が起ったのも、この夏の終りごろのことである。

勝利なき戦いに明け暮れていた、とある日、日ごろの鬱憤《うっぷん》もあってか、酒をくみかわしているうちに、宴会は少しずつ荒れぎみとなった。はじめのうちはそれでも、その日アレクサンドロスがめずらしくおこなったディオスクロイ双神にたいする犠牲の式にかんする論議がかわされていたが、酔もまわり宴もたけなわとなったころ、唄い手がころやよしと敵に敗れた将軍たちを辱《はずか》しめ嘲る歌を歌い始めた。揶揄《やゆ》に反撥するもの、興ずるもの、はやしたてるもの、さまざまであったが、すでに深く酔っていたクレイトスは、一人憤然としてこの宴の主人アレクサンドロスに怒りの言葉を投げつけた。父ピリッポスを親と認めず、ちかごろは自分を神々の子などと称して思い上りもはなはだしい、グラニコス河畔でのペルシア軍との初戦で、危うく命を落しそうになったところを救ったのは、そもそも私のこの腕ではないか、しかもこのごろはペルシア風勢もはなはだしく、ペルシア帯や真白な上衣など身につけて、前へでるのにも、メディア人の鞭でひっぱたかれたり、ペルシア人に頼まなければならぬていたらくだ、死んでしまったものがいっそ羨ましい。クレイトスの批判にアレクサンドロスは激昂《げっこう》しておどりかかろうとしたが、かろうじて囲りの者たちが押しとどめた。しかし、クレイトスがエウリピデスの『アンドロマケ』のひと節、「ああ、なんとギリシアの掟《おきて》はひどいのだろう」と口走ったとき、アレクサンドロスはわれを忘れ、護衛兵の一人から槍を奪い、咄嗟《とっさ》にクレイトスの胸を刺しぬいた。一瞬の後、アレクサンドロスははっと正気にかえったが、すでに命の恩人でもあり、ながの友人でもあったクレイトスの息は絶えていた。

クレイトスの酔余に放った言葉は、しだいに絶対君主となり、そのかぎりでアジアの旧習をとりいれざるをえなくなるマケドニア人アレクサンドロスの変貌をにがにがしく思っている武将たちの感情を率直に表明するものであった。グレコ・マケドニアとペルシア、そしてバクトリア・ソグディアナの地域性、この三つを均衡をもって融合させるには、もっと時間が必要であった。勝利のめどもつかぬまま、模索し悩むアレクサンドロスの泣きどころを、クレイトスは思わずぐさりと突いてしまったのである。しかし、クレイトスの放った言が、プルタルコスのいうように、彼の「憤激しやすく傲慢《ごうまん》」な「天性」に発するものでなかったことは、つづいて起るカッリステネスの事件からもあきらかである。

アレクサンドロスは、いまわしい事件のあと、マラカンダにコイノスを残して南の方へと下っていった。司令部はナウタカ、現在のシャフリサブズに移したと思われる。前三二八年の冬、スピタメネスはスキタイ人やバクトリア人の支持をえてふたたび攻勢に転じた。しかし、こんどはコイノスの軍勢に打ち破られ、いちどはスキタイの草原に遁走したが、スキタイにも見放され、ついに首を刎《は》ねられてしまった。首はナウタカにあったアレクサンドロスのもとに送られてきた。

ソグディアナでの最後の戦いは、パレイタケネ山中コリエネスの岩（コー・イ・ノル）に立てこもったカタネスとアウスタネスに対するものであった。カタネスとは古代ペルシア語「カタナ」（偉大な）に淵源する名という。彼らのしつような抵抗もついにクラテロスの隊のまえに屈し、カタネスは討死し、アウスタネスは捕えられた。前三二七年初春、ソグディアナ戦争の幕は閉じられた。アレクサンドロスは兵をまとめてバクトラに帰還した。パレイタケネ人の土地で反乱軍と戦っていたクラテロスもバクトラに戻ってきた。バクトリアの首邑《しゆゆう》でようやく全軍がそろい久しぶりに軍装を解き、しばしの平和を嚙みしめた。アレクサンドロスは宴を開き、多くの人を食卓に招いて労をねぎらった。盃が廻ると、マラカンダの夜宴のときと同じように論議が始まった。それはアレクサンドロスが採用した跪拝礼《プロスキュネシス》（王の前に膝まずき、右手で投げキスの形をとる礼法）の是非をめぐるものであった。

ここでは、カッリステネスが主役であった。彼はアリストテレスの甥であり、アリストテレスがピリッポス王の要請でアレクサンドロスの帝王学の師としてマケドニアの王庭に招かれたとき、おそらくレスボス島より彼にともないきたって、ともに若き王子の前で講じたものと思われる。彼はアレクサンドロスの遠征にしたがい、側近の歴史家として王顕《けん》彰《しよう》の筆をふるったのである。

跪拝礼をたたえたアナクサルコスのつぎに立ったカッリステネスは、人間の尺度にかなうものならどんなものでも理解できるけれども、人間と神との区別をとり払うようなことは納得できないとし、跪拝はそれによって神をあがめるためのものであって、人間にはふさわしくないと断じたうえで、さらにつぎのように言い加えた。「この議論はいま、夷狄《バルバロイ》の土地でもち上っているのだから、ものの考え方も夷狄風にしなくてはならないとでもいうのならば、この私の方からは、アレクサンドロスよ、あなたにひとつギリシアのことを思い出してくださるようにお願いしたい。あなたのこの遠征は、アジアの地をギリシアのものにしようとして、まったくギリシアのためにこそ起されたのですから、実際とくとお考えになっていただきたいのです。ギリシアの地へ凱旋なされたそのあかつきに、一体あなたはそこでも、世にもっとも自由なギリシア人たちにたいして跪拝を押しつけようとなさるおつもりなのか、それともギリシア人は免除してやって、マケドニア人にばかりこの不名誉をかぶせようとなさるおつもりなのか、あるいはあなた御自身この栄誉の問題とはここで綺麗さっぱり縁をお切りになって、そのうえでギリシア人やマケドニア人から、人間として受けるにふさわしいギリシア風のやり方でもってお受けになるおつもりなのかどうかを」(アッリアノス)。

跪拝礼の拒否については、すでにヘロドトスがクセルクセスのもとに派遣されたスパルタの使者の前例をあげている。スサについたスパルタの使者ヒュダルネスは、王の護衛兵に王の前にでたら膝《ひざ》まずいて拝礼せよと指示されたが、人間に拝礼するなどということは自分らの国の慣《なら》わしにはないので、断じてそのような振舞いはできぬと拒否を貫いた(『歴史』VII・136)というのである。したがってカッリステネスの批判は、ことさら唐突なことではなかった。それに征服者であるマケドニアと被征服者であるペルシア、とりわけペルシアの支配をうけてきた属国ソグディアナやバクトリアの人びとが対等な儀礼で結ばれるということなど夷狄《バルバロイ》と自分たちとを厳密に区別してきた者たちにとってはカッリステネスの発言はきわめて自然であったとさえいえるだろう。しかし、アレクサンドロスにとっては、それはけっして小さな問題ではなかった。彼にはカッリステネスの言は、状況をわきまえぬ近視眼的なものと思えた。自分とてカッリステネスの指摘をまつまでもなく、マケドニアの先王たちが「力ずくではなく慣習の掟にしたがって不断にマケドニア人を統《す》べ治めてきた」(アッリアノス)ということを知らなかったわけではない。だからこそ慣習の更新にはことさら気をつかってきたではないか。自分がペルシア帝国の正式な王だと宣言したのは、イッソスの戦いのあと、ダレイオス・コドマヌスへの返書(前三三二年)においてであり、アジアの王を名のったのはスサ入城を果したあとであったが、それでもアケメネス朝の宮廷儀礼などとり入れたりはしなかった。想い起してもみてほしい、その儀礼の採用を思い立ったのは、ヒュルカニアにダレイオスを追い、その死を見とどけ、パルティアの地に入って(前三三一年)からのことであることを。しかも、かのベッソスがバクトリアに逃げ帰るやアルタクセルクセスを僭称《せんしょう》し、直立するキダリス冠を頭上にのせた、という知らせを聞いたそのあとであったということを。バクトリアとソグディアナにおける攻防は、ペルシアの王権の正統性をこの地でどちらが確立できるかの戦いでもあったのだ。

アレクサンドロスは、自分の深意を解せず、マケドニア人の不満をあてこみ、彼らから件への自省もあって己《おの》れを押し殺した。議論が中断し、座も静まり、もう一度アレクサンドロスが、一同の健康を祝して黄金の大酒盃をまわしたとき、一人、また一人、酒盃をうけた者たちから跪拝の礼が始まった。しかし、カッリステネスだけは酒を飲みほしただけでついに跪拝をおこなわず、口づけをしようとアレクサンドロスに近づいた。側近の一人がアレクサンドロスに「うけてはなりません」と助言したので、こんどは彼が口づけを拒否した。するとカッリステネスは大きな声で「では口づけを一つ損してゆくか」(プルタルコス、アッリアノス)といってでていったという。この最後の行為がカッリステネスの命とりとなった。その春も暮れるころ、カッリステネスはアレクサンドロス暗殺の陰謀に加担したという容疑で捕われ処刑されたのである。

マラカンダにおけるクレイトス事件、バクトラにおけるカッリステネス事件、この二つの大事件は、ペルシア帝国の最終的処理をめぐって思わず露呈した内部矛盾であった。アレクサンドロスは、ロクサネとの結婚という象徴的な行為をとおしてグレコ・マケドニアとペルシア・バクトリアの融合を強引になしとげることで、この矛盾をのりきった。土地の人びととの協力なしでは引くことも押すこともできない。すべて決着がついたとき、アレクサンドロスは、このバクトリアの地にニコラオスの子アミュンタスと騎兵三千五百騎、歩兵一万をともに残留させておいて、いよいよバクトリアを発ってインドへとむかったのである。軍中にやがてパンジャブで活躍するバクトリア人、ソグディアナ人、スキタイ人の部隊の姿があったことはもちろんのことである。前三二六年初夏、ヒンズー・クシュの山々の頂きには、ぬけるような青空のもと、白銀の雪がまぶしく輝いていた。アレクサンドロスが、ふたたび妃ロクサネの故郷へと戻ることはなかった。

## 六　インドをのぞむ

水豊かな「カウカソスの麓なるアレクサンドレイア」に兵を休めたアレクサンドロスは、秋風が立ち始めると、ニカノルにこの町の統治をまかせ、この地域一帯の太守《サトラプ》にはテュリエスピスを任じ、兵をおこしてコペン河（現在のカーブル河）にそってインドをめざした。途中、ニカイアの町で、タキシラの首長タキシレスの来訪をうけ、兵を二手に分けて自分はよりけわしい北よりの道を進んだ。苦戦につぐ苦戦の行軍であったが、とどまることはなかった。なかでもインダス上流域の峻険《しゅんけん》な岩砦アオルノスでの攻防は遠征史に残るものであった。後世の史家たちは、この岩砦の位置をめぐってさまざまな推論をかわしたが、当時中央アジアの探検で盛名を馳せていたオーレル・スタインが一九二六年、「アレクサンドロスのインド征服へむけての進軍によって、ほんの束の間、流星の光にも似た輝きを放ったこの地方」に、彼らが印した道すじを実地に辿りなおし、ピール・サルをその岩砦のあった所とした。スタインの探索によって明らかにされた遠征軍の道程とアオルノス岩砦の所在をピール・サルと推断するに至った根拠などの詳細については、いまはスタインの熱気ほとばしる筆致で記述される「インダスに至るアレクサンドロスの道」（『アレクサンドロス古道』所収）にゆずるほかはない。

インダス河畔に達する前に、アレクサンドロスはニュサという町にさしかかった。この町はディオニュソスによって創設されたという言い伝えがあった。ゼウスの愛をうけてディオニュソスを宿したセメレは、嫉妬に狂うヘラにあざむかれて愛する人ゼウスの火にかかって世を去った。六ケ月で火中に流産された胎児を哀れに思い、ゼウスは胎児を自分の太腿《ふともも》の中に縫いこんで隠した。折をみて縫目を解き、ディオニュソスを世にだしたゼウスは、ヘルメスにどこか育てる者を探してほしいと依頼した。「策を弄する」ヘルメスは、ゼウスがヘラの怒りを恐れて、仔鹿に変えたディオニュソスを「アシアのニュサに住むニムフ達の所へ」（アポッロドロス）とつれてきた。そしていま、アレクサンドロスが目の前にしているニュサの町こそ、この「アシアのニュサ」だというのである。しかも彼を表敬のため訪れたこの町の代表アクピスは「この町がディオニュソスの創建になるという証拠に、ここには他の土地ではみられない木蔦《きづた》が繁茂しています」といった。そして住民に導かれてその山にいったところ、その山は事実、木蔦や月桂樹でみちあふれていたのだった。国をでてから久しくそれらの樹々をみていなかったマケドニア人たちは、大喜びをし、さっそく蔦葉で冠を編み、それを頭にいただいて、ディオニュソス賛歌さえ歌い始めるさわぎであった。そこでアレクサンドロスもその場でディオニュソスのために犠牲をささげ、みなで祝宴をはったという。「アレクサンドロスの」と名づけられたあの大盃（プルタルコス「アレクサンドロス大王の飲酒について」、『食卓歓談集』所収）も幾度か廻されたにちがいない。ディオニュソスの酒宴によって、荒ぶる戦士の魂は熱狂的忘我のなかで神を投射して浄化されたことだろう。そして、インドとの戦いを前に、いまいちど「魂の集団化」（エウリピデス）を確かなものとしたのである。

インダス河畔についたとき、先に派遣したヘパイスティオンらの別動隊によって、河を渡る舟橋もすでにできあがっていた。河を渡るに先だって、渡河の吉凶を占う供犠をおこない、吉兆をみさだめてついに「アジア最大の河」（アッリアノス）を渡った。渡しは、現在鉄橋のかかっているアトックよりもう少し上流のオヒンドあたりであったと思われる。アレクサンドロスは、十年におよぶ戦いの末、いま初めてアケメネスの版図の東端に至りえたのであった。そしてまず「インダス河とヒュダスペス河との間にある最大の町タキシラ」に入ったのである。タキシラは当時、「東方はガンジス河から、西はエウプラテス河からやってきた隊商たちのたまり場であり、さらにまた、アーリアの全地域から青年たちがつどいより、高尚な芸能を身につけるために遊学する大学の町でもあった。ギリシア人たちは、アジア的な贅沢さと華麗さとが、あまりにもしばしば誇示せられるのをすでにみてきてはいたが、いまタキシラ王の鹵簿《ろぼ》を目のあたりにして眩惑せられんばかりであった」（シルヴァン・レヴィ『インド文化史』）。彼らはまた、ペルシアとは異なった神々を拝する人びとや、不思議な「裸の哲学者たち《ギュムノソピスタイ》」に驚きのまなこをみはったであろう。

タキシラは、タッカシラーあるいはサンスクリット語でいうタクシャシラーのギリシア読みの名称である。「截石の町」の意である。『マハーバーラタ』に、この町はむかし、大蛇の供犠で知られるかのジャナメジャヤ王によって征服されたとあることからしても、タキシラは、かなり古くから知られていたのである。またタキシラがアケメネス朝ペルシアの強い影響下にあったことが、タキシラ第二都市址であるシルカップの遺跡からアラム語碑文が出土したことからもわかる。アラム語は初めセム系の遊牧の民アラム族の言葉であったが、アケメネス朝のときアラム人を官吏として登用し、彼らの言語と文字がやがてペルシア帝国の公用語となった。そしてこのアラム文字から、前三世紀より北西インドに広くゆきわたったカロシュティー文字が派生したのである。このアラム語碑文がタキシラにおいて出土をみたことは、タキシラがカロシュティー文字を生みだす母胎であったことをうかがわせるだけではなく、それはペルシア帝国の公用語がこの地において通用していた証拠であり、したがって、ダレイオスの碑文にみえるヒンドゥに、タキシラがふくまれていたことをも示している。帝国の版図は、イ

タキシラのシルカップ遺跡

アレクサンドロスと愛馬ブケパラス

ンダスを越え、パンジャブにまでもひろがっていたのである。

タキシラの王タキシレスは、そもそも父系の姓アムビでその名を知られていた。タキシレスとはタキシラの人びとが彼をよんだ尊称である。彼は当時、北方のアビサレス、東方のポロス、西南のソピテスとパンジャブの覇を競《きそ》っていた。アレクサンドロスの軍と最初に遭遇するのはタキシレスであった。彼はアムビ朝の存続を考えてアレクサンドロスとことを構えず、マケドニアの軍をタキシラに迎え入れたのである。アレクサンドロスは、タキシラが居心地よかったのであろう、「裸の哲学者たち《ギュムノソピスタイ》」や、名声ひときわ高かったカラーノスやダンダミスといった哲学者をよび対話を楽しんだ。それはギリシアとインドの最初の対話であった。またたく間に一ケ月が過ぎた。

アレクサンドロスは、「この地域のインド人を統治する太守《サトラプ》にマカタスの子ピリッポスを任命し、守備隊をタキシラに残留させるほか、将兵のうち病気のため戦闘に堪ええない者たちをここに残し」、ヒュダスペス河（現在のジェラム河）へと軍勢を進めた。アレクサンドロスが対した敵の中で最強の、そして最高に気位高いポロス王との戦いがヒュダスペス河畔に始まったのである。戦象の群列に本格的に対峙《たいじ》したアレクサンドロスの部将たちは、その威力の物凄《ものすご》さを脳裏にたたきこんだにちがいない。激闘の末、かろうじて勝利を手中にしたのであった。アレクサンドロスは、この戦いでマケドニアの都より幾多の苦難をともにしてきた愛馬ブケパラス（牛の頭をした馬の意）を失った。彼は心を痛めて、その記念としてヒュダスペス河畔に一つの町を設け、その町を「ブケパラ」（ブケパラスの町）と名づけた。また合戦がおこなわれた場所にも町を創設し、勝利《ニケ》より名をとって「ニカイア」と名づけた。カニンガムはブケパラを現在のディラーワル、ニカイアをモングに比定しているが確証はない。『根本説一切有部毘奈耶薬事』にしるされた〈賢馬衆落〉とはこのブケパラのことであるという。敗れたポロスを「王者として扱う」ことを約束したアレクサンドロスは、この地方の統治をポロスにゆだね、タキシレスとの和解も命じたうえで、さらにアケシネス河（現在のチェナブ河）めざして軍を進めた。アケシネス河を渡り、ついでヒュドラオテス河（現在のラヴィ河）をも越えてサンガラを攻めた。

サンガラは、カニンガムによればブラーフマナ文献にみえるサーカラと同じ場所を指す呼称で、現在のサーングラワーラ・ティバ（サンガラの丘）のことであるという。もしそうだとすれば、七世紀中ごろ、玄奘が訪れた「奢羯羅《シャーカラ》」（『大唐西域記』至那僕底《チーナブクティ》国の条）がこれに当るが、サーカラ＝奢羯羅《シャーカラ》とサンガラとは別の町で、前者は現在のシアルコトを指すという見解もあって、その位置は今日に至るもかならずしも確定しているとはいいがたい。

サンガラを落城させたアレクサンドロスは、いよいよパンジャブ第四河ヒュパシス河（現在のベアス河）へとむかった。ヒュパシスの河畔に至ったとき、マケドニアの兵士たちはもうこれ以上東へと進む意志のないことをアレクサンドロスに伝えた。「もうひと息の辛抱だ。輝かしい大業はまさしく艱難辛苦し危険を冒す者たちの手によってこそ成就《じょうじゅ》するものだ。武勇に生き不滅の誉《ほま》れを後の世に遺《のこ》して死ぬことこそ、欣《よろこ》ぶべきことではないか」（アッリアノス）と熱弁をふるって説いたが、翻意《ほんい》させることはできなかった。アレクサンドロスは自分の幕舎に姿をかくしたまま沈黙をまもり、兵士たちの心変りにかすかな期待をかけたが、翼のはえた里心《さとごころ》をくつがえすことはできなかった。

アレクサンドロスは意を決して「帰還」を告げた。「すると彼らは雑多な群衆の歓声にみられるような歓呼の声をあげ、大半の者が涙を流した。彼らの一部の者はまた王の幕舎に馳せより、アレクサンドロスのために幸《さち》多かれと祝福の祈りを捧げたりもした」（同上）。撤収《てっしゅう》にあたってアレクサンドロスは、彼らの辛苦の遠征を後世に伝えるべき記念碑《モニュメント》として河畔に巨大な十二の祭壇を築くよう命じた。祭壇が完成するとアレクサンドロスはその壇上で慣例どおりの供犠をおこない、そのあとで体育と馬術の競技を催した。そしてこのヒュパシス河までの地域をポロスに加贈《かぞう》し、軍をひきいて反転しヒュドラオテス河への退路を辿った。前三二六年夏のことである。

この十二の祭壇がヒュパシス河畔のどこに築かれたかをめぐっても多くの議論がある。プリニウスをのぞいては、ほとんどの人が右岸、つまり河を渡らない西岸にあるとしている。近代になってこの祭壇を実地に探し求めたマッソンたちはガッラ河畔であると推定したが確証はない。新ピュタゴラス学派の修辞学者フラウィウス・フィロストラトスが、三世紀の初めごろセプティミウス・セヴェルス帝(一九三〜二一一年)の未亡人、――というよりカラカラとゲタの母といった方がわかりやすい――ユリア・ドムナの依頼によって編纂したと伝えられる『ティヤナのアポロニウスの生涯』の中でこの祭壇のことに言及しているが、それによると祭壇はヒュパシス河から十二スタディオン、約半キロほどの所にあったという。そして祭壇には銘文が刻まれており、「わが父アモンに、わが兄ヘラクレスに、先見のアテナに、オリュンポスのゼウスに、サモトラケのカベイロスたちに、インドのヘリオスに、デルポイのアポロンに」としるされており、さらに中央に銅板がはめこまれていて「アレクサンドロスここに留まる」と書かれていたと伝えている。プルタルコスもまた、「今日《こんにち》でもこの祭壇にプライシオイ族の諸王が河を渡って参詣し、ギリシア風の犠牲の式をあげている」と伝えている。プルタルコスの言及が事実だとすればアレクサンドロス東征の極限の記念碑は、後三世紀ごろにはまだ実在していたわけである。

プルタルコスはこの祭壇にかんする件《くだ》りにつづいて「サンドロコットスはそのころまだ少年で、アレクサンドロスの姿をみている」と書き加えている。王家の血筋をひくこの私生の若者は、アレクサンドロスになにをみたのであろうか。それより六年ほどのち、この若者はナンダ朝を覆滅《ふくめつ》して、インドの大地に新たにマウリヤ朝をうち立てた。サンドロコットスとは、マウリヤ朝の創始王、アショーカ王の祖父チャンドラ・グプタ（月護王）その人にほかならない。

パンジャブ第一河、ヒュダスペス（ジェラム）河に戻ったアレクサンドロスは河を下って帰還することにした。乗船に先立って、ヒュダスペス、途中合流するアケシネス（チェナム）、インダスの三つの河のために犠牲を捧げ、黄金の盃から河中に酒をそそぐ灌奠《かんてん》の儀式をおこない、さらにヘラクレスとアモン、「日ごろ祀るのを慣わしにしている神々」にも灌奠の儀式をとりおこなった。

ときには河辺の諸族と戦いながらラッパの音《ね》で出発の合図がされると、船団は整然と動きはじめる。インダス下りの始まりである。土地の者たちが鄙歌《ひなうた》をうたいながら岸辺を走る。インダス河口にまで下ったアレクサンドロスは、眼前にひろがる大海原（アラビア海）にむかい、海神ポセイドンのために牡牛の供犠と灌奠の儀式をおこない、黄金の鉢と黄金の盃を海中に投じ、ここより別れてエウプラテス、ティグリス両河の河口まで航海するネアルコスたちの前途の無事を祈願した。そしてアレクサンドロスは、ふたたびパッタラ（現在のハイデラバード）にとってかえし、そこより炎熱の砂漠ゲドロシア（バローチスターン西部)を抜けてカルマニアへと進んだ。その途上、アレクサンドロスは、さきにタキシラを中心とする地方の太守《サトラプ》に任命してきたマカタスの子ピリッポスが、「傭兵隊に陰謀を仕組まれて暗殺された」という知らせをうけとった。アレクサンドロスは代理としてエウダモスとタキシレスにその管理の任に当らせた。

アレクサンドロスが懐《なつか》しのスサの都に帰りついたのは、パッタラを発《た》ってから半年ののちの、前三二四年初頭であった。留守の間のペルシアの統治は乱れに乱れていたが、それらを立て直し、夏には戦勝のしめくくりとして、盛大な集団結婚の祝宴がとりおこなわれた。アレクサンドロスは、すでにバクトリアからつれともなったロクサネのほかに、ダレイオスの長女バルシネ(プルタルコスによればスタティラ)とアルタクセルクセスⅢ世の末娘パリユサティスをめとった。畏友ヘパイスティオンはバルシネの妹ドリユペティス、クラテロスはダレイオスの兄弟オクシュアトレスの娘アマストリネ、ペルディッカスはメディアの太守アトロパテスの娘、プトレマイオスはアルタバゾスの娘アルタカマ、エウメネスは同じくアルタバゾスの娘アルトニス、そしてセレウコスはバクトリア人スピタメネスの娘アパメをめとったのである。そのほかマケドニア人でアジアの女性と結婚した者すべてをふくめると一万人以上の数にのぼったという。

この集団結婚は、ドロイセンのいうようにマケドニア・ギリシアとペルシアの民族融合という大義のもとでおこなわれたのだろうか。オクシュアルテス、アルタバゾス、アトロ

スサの都

獅子体のグリフィン（スサ）

パテス、スピタメネス、いずれをとっても、ペルシア帝国の名だたる太守たちであり、彼らの娘をめとったことは、やがてマケドニアの新夫たちが、彼らにかわって新しいアレクサンドロス帝国の後継者となることの宣言であるかに思える。婚儀のあとで論功行賞と下賜金の分配がなされたことをみると、戦利品の分け前の一つであったとさえ思えてくる。しかし、この結婚によって、アジア、とりわけ中央アジアの歴史に大きな意味を投げかけることになるものが一つあった。ソグディアナの戦いでアレクサンドロスを泥沼のゲリラ戦にひきこんだあのスピタメネスの娘（アパメ）とセレウコスの結婚である。

　スサからエクバタナに赴き、親しき友へパイスティオンの死に逢って落魄《らくはく》したが、翌三二三年の初めアレクサンドロスはようやくバビロンに帰還した。アレクサンドロスは、そこでアラビア遠征の見果てぬ夢を抱いたが、六月一〇日、高熱に冒《おか》され十日ほど苦しみ、諸将たちの神への祈りもむなしく、ついに不帰の人となった。第一一四回オリュンピア祭の年であった。春秋三十二年と八ケ月、王位にあること十二年と八ケ月であった。枕頭で涙するロクサネはこのときアレクサンドロスの子をみごもっていた。

## 七　アレクサンドロスの後継者たち《ディアドコイ》

王位継承がたちまち大きな問題となった。アレクサンドロスの血縁の者が三人おり、それぞれ思惑《おもわく》によって支持者を異にした。アレクサンドロスの異母兄、ピリッポスの息子アッリダイオスを歩兵が推し、王の没後数ケ月して産声をあげたアレクサンドロスとロクサネの子を騎兵とペルディッカスが推し、ペルシア王アルタクセルクセスⅡ世の重臣アルタバゾスの娘で「アレクサンドロスがアジアで最初に知った女」（プルタルコス）バルシネとの子ヘラクレスをネアルコスが推した。ヘラクレスは正嫡《せいちゃく》ではなかったので、ロクサネの子アレクサンドロス（Ⅳ世）とピリッポス・アッリダイオスが王として並立され、ペルディッカスが摂政《キリアルコス》として補佐するというバビロン暫定体制ができあがった。しかし空位の王座をめぐる諸将の野望と思惑が入り乱れ、軋轢は大きくなるばかりであった。かつての王の師アリストテレスは、死にのぞんで（前三二二年）帝国の分裂を目のあたりにし、どのような感慨であっただろう。前三二一年、覇権にもっともちかかったペルディッカスがエジプトで暗殺されてしまう。この暗殺の首謀者は、後にのべるバクトリア反乱鎮圧の将ピトンとセレウコスであったという。ペルディッカスの死は、それまでペルディッカスと歩みをともにしてきたセレウコスが歴史の表舞台に躍りでる機会ともなった。

ペルディッカスの急死後の混乱を避けようと、アレクサンドロスからマケドニアの留守を預かったアンティパトロスと同じくアレクサンドロス麾下《きか》の将軍《ストラテゴス》の一人であったアンティゴノスの提唱によって、シリアのオロントス河畔トリパラディソスに諸将軍が集まり、太守領《サトラッピィ》の再分配がおこなわれた。東方の重要性を見抜いていたピトンはメディアを求め、セレウコスはバビロンを手中にし、パルティアはピリッポスのものとなり、アレイアとドランギアナはキプロスのスタサンドロスの手に、バクトリアとソグディアナはソリ（キルキアの海港）のスタサノルの手に帰した。ロクサネの父オクシュアルテスの所領パロパミサダエ、タキシレスとポロスの所領はそのままとなった。束の間の見せかけの合意であった。

セレウコス像

アレクサンドロスの帝国の覇権をめぐる激しい抗争は、まず、カルディアのエウメネスと片眼《モノプタルモス》の梟雄《きょうゆう》アンティゴノスのアジアの主導権を争う戦い（前三二一～三一六年）でふたたび幕が切って落とされた。

バビロンの太守であったセレウコスは、アンティゴノスに加担した。戦いがながびくと、しばしの平和を楽しんでいた東方も穏《おだ》やかではなくなった。パンジャブの支配をアレクサンドロスにまかされたポロスは、前三一八年、アンティゴノスの側に加担しているのではないかとエウデモスに疑われて暗殺された。インダス東方の地域の統治をタキシレスとともに委《ゆだ》ねられたエウデモスは、インダス西方を統治するアゲノルの子ピトンと対立していたのである。ピトンはアンティゴノスを支持していたからである。彼らは決着のつかぬまま、エウデモスはエウメネスの陣営に加わるべく、ピトンはアンティゴノスの旗下に参ずるべく、前三一七年、いずれもインダス流域を去ったと考えられる。アレクサンドロス帝国の極東のアジアは、もぬけの殻《から》同然であった。ガンジス中流域でナンダ朝を打ち倒しマウリヤ朝を創立した(前三一七年)チャンドラ・グプタが、主のなくなったポロスとタキシラの旧領を難なく征服したのは当然のことである。

エウメネスは敗れ、東方にのがれ、バクトリアに落ちのびるべくスサからペルセポリスにむかう途上で裏切りにあい、アンティゴノスの手に落ちた。エウメネスに加担したエウデモスがアンティゴノスによって殺されたことはいうまでもない。前三一六年のことである。しかし、血で血を洗う凄惨な抗争は、王家をも捲きこんで祖国マケドニアでも起っていた。それは、ロクサネとその幼き子アレクサンドロスをマケドニアへともない帰った後楯のアンティパトロスが死に、ポリュペルコンがその後任となったのがきっかけとなった。ポリュペルコンは、アンティパトロスの子カッサンドロスとの対立から、幼きアレクサンドロスを自分の権力の保持の名目に利用しようとした。彼は、当時エペイロスにいた年老いたアレクサンドロスの母オリュンピアスを、幼き孫のアレクサンドロスの後見にマケドニアにくるよう招いた。オリュンピアスは用心深く情勢をはかったのちマケドニアにやってきた。オリュンピアスは、ポリュペルコンを説いて、カッサンドロスの推すピリッポス・アッリダイオスとその妃エウリュディケを幼き孫の対立者の位置より蹴落すべく戦わせ、エヴィアにこれを破って二人を死に追いやった。カッサンドロスが急ぎペロポンネソスから軍を率いてやってきたので、オリュンピアスは幼きアレクサンドロスⅣ世とロクサネをつれてピュドナに逃れた。そのとき、オリュンピアスが孫アレクサンドロスの未来の妃にとエペイロスの王女たちの中より選んだ幼きデイマニアもいっしょであったという。前三一七年の冬から翌年の春にかけてのピュドナにおける激しい攻防ののち、老オリュンピアスは援軍の望みも空しくついにカッサンドロスの軍門に下り、処刑されて果てた。ロクサネと幼き王アレクサンドロスは捕われてアムピポリスに数年とどめ置かれたが、王座につくのに手のとどきそうな年齢に達したという風聞が漂い始めると、カッサンドロスは落ちつかず、意を決してこの母子を殺害したのであった。前三一一年、アレクサンドロスはまだ十二歳であった。その短い生涯の大半をマケドニアに過した幼いアレクサンドロスは母の国アジアを知らぬまま生を閉じたのだった。アジアとマケドニア・ギリシアの混血の遺児の悲しい死であった。翌年（前三一〇年）にはバルシネの子ヘラクレスも殺され、

プトレマイオス像

セレウコス像

さらにアレクサンドロスの妹クレオパトラもアンティゴノスによって殺害されて（前三〇九年）、ここにマケドニア王朝の王統は政争の渦中で完全に絶えることとなった。リュシマコスもプトレマイオスもアンティゴノスもアレクサンドロスの理想の結晶の死滅を、それぞれ王権への野望のゆえに冷然と黙視したのであった。

この間、アジアの覇権をめぐってアンティゴノス、プトレマイオス、セレウコスらは、それぞれの野望を胸に、ときには手を握り、ときにはいちど握った手を振りほどきながら、おのれのよって立つ根拠地を求めた。前三一二年春、ガザの戦いが一つの転機であった。プトレマイオスとセレウコスは互いに結びアンティゴノスの子デメトリオスとの激しい戦いに勝った。プトレマイオスはシリアを手中に収め、セレウコスはバビロンをふたたび手中におさめた。バビロンはかつてみずからの手で治めたことのあるところであった。セレウコスは新たな帝国を築く根拠地をこことさだめた。前三一二年一〇月一日、バビロン凱旋《がいせん》のこの日が新しいもう一つの時代、セレウコス王朝の出発となった。セレウコスは、バビロンとペルシアにおけるアンティゴノスの勢力の一掃にとりかかり、ティグリス河畔におけるニカノルとの戦いに勝利してバビロンの安全を確かなものとした。ニカノルは、いわば高所アジアにおけるアンティゴノスの代理者であったからである。アンティゴノスに対する決定的勝利は、これより十年ほど先のこととなるが、数年の抗争の末、後継者《ディアドコイ》たちは前三〇六年、それぞれに「王」を名のることとなった。異邦の人にとっては「バビロンの太守」、ギリシア人にとっては「高所アジアの将軍」セレウコスは、ついで近隣地域を制圧すると東方における版図を、アレクサンドロスが制圧した線にまで回復すべく、前三〇五年、インダスめざして兵をおこした。途次、おそらく妻アパメの故郷でもあり、アケメネス朝以来の王領バクトリアとの関係を修復すべく手をうったものと思われる。

ところで前三二七年初夏、アレクサンドロスがアミュンタスに兵をあずけて、この地を去って以来、私たちは久しくバクトリアの動静を知らない。アレクサンドロスがヒュダスペス河を下ったとき、アケシネス河との合流地点で船をおり、マッロイ人とオクシュドラカイ（シュドラカイ人）と戦い瀕死《ひんし》の重傷を負《お》ったとき、バクトリアの地には「アレクサンドロス死す」と伝わった。すると太守アミュンタスのもとにやむなくとどめられたギリシア傭兵たちは、望郷の念おさえがたく帰国を迫り、乱を起した。しかし、「テュケ女神の手中にあった」（プルタルコス）アレクサンドロスは、奇蹟的に回復する。反乱を起した傭兵たちは、処罰への恐怖も加わり、いよいよ行方のしれぬ反乱へとかりたてられていった。もっとも大胆な集団は、手うすなバクトラになだれこみこれを奪った。クルティウスによれば、首領はアテノドロスといい、バクトラを掌中におさめると王号を名のったという。だが彼はまた、その栄達を妬んだ同郷の仲間ビトンのわなにかかりバクトリア人ボクソスなる男に殺害された。ビトンは捕えられるが、救出され仲間たちとともにこの地を逃れ、祖国に帰ることができたという。アミュンタスの消息が前三二三年で切れているところからみると、彼はおそらくこの反乱のときに殺されたものと思われる。前三二五年のピリッポスの殺害、そしてこのアミュンタスの死亡、アレクサンドロスの存命中に、はや東方は不気味なうねりをみせていたのである。

　アレクサンドロスは、バクトリアにおける反乱に適切に対応する時をえぬまま世を去ってしまったのである。バクトリアにたいするマケドニアの宗主権は風前の灯であった。アレクサンドロスの後、暫定的な後継者《ディアドコス》となったペルディッカスは、ピトンを急遽《きゅうきょ》バクトリアに派遣して反乱の制圧にあたらせた。ピトンはバクトリアで三千人を殺して鎮圧に成功した。ペルディッカスは、ピトンが反乱者を自分の部隊に吸収して軍力を増すことを恐れて、反乱者の皆殺しを命じたが、ピトンは三千人を殺すことでその命令を実行したあかしとしたという。後継者たちの覇権争いのはざまで翻弄されたバクトリアの悲しい歴史のひと齣《こま》である。

ペルディッカスが疑いの眼《まなこ》をさしむけたように、ピトンにはバクトリアをふくめた東方の覇権を手中にしようという秘めた野心があったことは、のちペルディッカスを裏切り、さきにもふれたようにエジプトにおいて彼を死に追いやったことからも明らかである。そのピトンの野望のおかげで、バクトリアにおける反乱の中核となったギリシア植民者たちはかろうじて皆殺しをまぬがれたのである。しかし、ピトンの東方への野望も、メディアより東へと延びることなく、「アジアの盟主」と呼び迎えられたアンティゴノスによって歴史から消し去られてしまうのであった。エウメネスを倒し、セレウコスに先立ってアジアの覇権を一時に手中にしたアンティゴノスは、さきのトリパラディソスの会議につづき、論功行賞的な太守領の再配分をするが、このときセレウコスと意合わず、セレウコスはエジプトにプトレマイオスを頼ってバビロンから落ちのびる。かわってバビロンの太守の位についたのは、これまでオクシュアルテスとタキシレスの所領の間にはさまれたインドを治めていたアゲノルの子のピトンであった。先のピトンとは同名異人である。さきの会議でアレイア・ドランギアナの太守に任命されたスタサンドロスはエウアゴラスに交替し、エウメネスと敵対してアラコシアから追われたシビュルティウスは当然のことながら復位した。バクトリア・ソグディアナの太守スタサノルとパロパミサダエの太守オクシュアルテスはアンティゴノスを支持しなかったにもかかわらずそのまま旧領にとどめ置かれた。所領の統治に落度がなかっただけではなく、絶えず独立を求めるこの地方の政治がいかにむずかしいかをだれもが知りぬいていたのであろう。娘ロクサネも孫アレクサンドロスもこの地に、父・祖父オクシュアルテスのもとにとどまっていたならば、中央アジアとマケドニアとの関係の歴史もまたまったく異なった姿をとったかもしれない。

前三〇五年、マケドニアの「攻城者《ポリオルケテス》」デメトリオスが、プトレマイオスのエジプトと結んだロドス島を包囲し、後継者《ディアドコイ》たちの眼がいっせいにこの小アジアの西南の海域に注がれていたとき、ひとりセレウコスは、バビロンを中心とする自分の王国の東辺の安定を求めて兵を東方へさしむけた。それはアレクサンドロスの「遠征《アナバシス》」の再現であった。しかし、軍をともなってはいたが、おそらくセレウコスは武力よりも融合策でのぞんだと思われる。バクトリアの征服もむずかしくはなかったろう。王妃アパメ、つまりかつてのバクトリア貴族スピタメネスの娘アパメの助力が大いにものをいったはずである。アレクサンドロスのすすめにしたがって多くの武将たちはアジアの貴族の女と結婚をしたが、そのほとんどはのち政治的思惑から彼女たちを離別したけれども、セレウコスだけがアジア出自の妃を離縁しなかった唯一人のマケドニアの武将であった。それどころか彼はアパメの名を冠した都市（アパメイア）をいくつも創設したのである。セレウコスがバクトリアへ赴いたとき、そこを統治していた者の名は伝わらずわかっていない。いぜんとしてスタサノルであったか、それともソピュテスであったのかさだかではない。義父の地で兵を休め、

## セレウコス朝系図

アンティオコス——①セレウコスⅠ世〔ニカトル〕——②アンティオコスⅠ世
＋　＋　(306～281)　＋
ラオディケ　アパメ　ニュサ(?)
チャンドラ・グプタの娘(?)　ストラトニケ
ストラトニケ

〔ソテル〕(281～261)——③アンティオコスⅡ世〔テオス〕
＋　(261～246)
ラオディケ
ベレニケ

④セレウコスⅡ世〔カリニコス〕(246～226)
— ⑤セレウコスⅢ世〔ソテル〕(226～223)
— ⑥アンティオコスⅢ世〔大王〕(223～187)

⑦セレウコスⅣ世〔ピロパトル〕(175～164)——⑩デメトリオスⅠ世〔ソテル〕(162～150)
⑧アンティオコスⅣ世〔エピパネス〕(175～164)
— ⑨アンティオコスⅤ世〔エウパトル〕(164～162)
— ⑪アレクサンドロスⅠ世〔バラ〕(150～145)

⑫アンティオコスⅥ世〔ディオニュソス〕(145～142)
アレクサンドロスⅡ世〔ゼビナ〕(125～123)

⑫′⑭デメトリオスⅡ世〔ニカトル〕(146～125)
— セレウコスⅤ世(125)
— アンティオコスⅧ世〔グリュポス〕(125～96)
⑬アンティオコスⅦ世〔シデテス〕(138～129)
— アンティオコスⅨ世〔クュジケネ〕(116～95)
— アンティオコスⅩ世〔エウセベス〕(94～83)
— アンティオコスⅩⅢ世(69～65)

— セレウコスⅥ世(96～95)
— ピリッポスⅠ世(92～83)——ピリッポスⅡ世(?)
— アンティオコスⅩⅠ世(92)
— デメトリオスⅢ世(95～88)
— アンティオコスⅩⅡ世(89～84)

(年代はすべて紀元前)

オクシュアルテスのパロパミサダエを通り、インダス河畔へでたものと考えられる。アッピアノスによれば、彼はインダス河も渡ったという。アレクサンドロスにしたがったときのように懐しいヒュダスペス河を渡り、ブケパラ、ニカイアというポロスとの戦いの勝利を記念して建設されたアレクサンドロス想い出の町々を通り、ヒュパシス河（現在のビアス河）まですすみでたのであろうか。それとも、アルタイムのいうようにヤムナ河上流域にまでいったのであろうか。戦いの記録はなにひとつない。しかし、セレウコスは北インドの野で、「六十万の歩兵、三万の騎兵、九千の戦象」を配置する新興マウリヤの雄チャンドラ・グプタと対峙したはずである。西方における最大のライバルであるアンティゴノスの動静が気がかりであったセレウコスは、東方安定の策を考えぬいた末、アレクサンドロスとポロスの前例にならって、チャンドラ・グプタとの和平の協定に踏みきったものと思われる。ヒンズー・クシュ（パロパミサダエ）以東の領土の割譲は痛手であったが、絶えず反乱に悩まされてきた東方地域が、強勢な、しかもマケドニア・ギリシアに好感を示すチャンドラ・グプタの手によって統治されるならばよしとしなければならぬ。セレウコスは彼との絆を強めるために友好（ピリア）と婚姻（エピガミア）による条約の締結を決断したのであった。「マウリヤの閨房にギリシアの一王女が入る」とともに、セレウコスも、アパメーのほかにもう一人のアジアの女を王家に加えることとなった。そして領土とひきかえに五百頭の戦象をえたのであった。アンティゴノスとの戦いをにらんでのことであったろう。大使の派遣もこのとき決せられたものと思われる。初代大使は、セレウコスが譲渡をきめたアラコシアから太守シビュルティオス配下のメガステネスなる者が選ばれた。赴任の時期は明らかでないが、ローリンソンは前三〇二年ごろであったろうといっている。そしておそらくチャンドラ・グプタが死に至る前二九七年ごろまで、メガステネスは王都パータリプトラにとどまり、「まだほとんど知られていなかった未知の国の内部にあって、眺め、観察し、理解し、誌した」（シルヴァン・レヴィ）のである。彼の貴重な記録『インド誌』は散佚してしまったが、のちストラボンやプリニウスやアッリアノスの著作に引用されてその概要を知ることができる。「インドと西方世界との間に続いて起った五百年の間の関係事項については、彼の記述に匹敵するものもなく、それを継ぐ者も見出されない」とレヴィは評している。メガステネスがどのような道筋を辿ってガンジス中流域のパータリプトラに赴いたかは興味深いところだが、はっきりとはわからない。アレクサンドロスとセレウコスが歩いた道を踏んだのであろうか。ペウケラオティス（現在のチャルサダ）、ここはかつてヘパイスティオンが攻め落したこの地方の首都であり、のち法顕や玄奘が訪れた仏都でもあるが、この古都よりパータリプトラまでは王道が通じていたという。ペウケラオティスからインダス河を渡ってタキシラへ、タキシラからヒュダスペス河、アケシネス河、ヒュドラオテス河、ヒュパシス河を越えてヤムナ河上流にで、そこからハスティナープラを経てガンジス上流に至り、さらにそこよりロードパを通りカノージにゆき、ガンジス河とヤムナ河の合流点プラヤーガの大都を過ぎてパータリプトラに至ったと思われる。だが残念なことに、アラコシアからペウケラオティスに至る道筋は、セレウコスの足どりとともに不明である。アラコシアからパロパミサダエ、そしてそこよりヘパイステイオンの進軍路と同じコッペン河（カーブル河）沿いにペウケラオティスという道筋がメガステネスの道程としてはもっとも考えられうるものであろう。しかし、アラコシアの位置からすれば、インドへゆくにはホジャック峠とボラン峠を越えてインダス河流域にでる道筋、つまりクラテロスの退路とアレクサンドロスの退路を逆に辿る道もなお捨てがたい。

　東方の不安がなくなったセレウコスは、ふたたび西方における「諸王の綱引き」のレースに加わる。カッサンドロス、デメトリオス、アンティゴノス、リュシマコス、プトレマイオスらと離合の末、ついに地中海沿岸アジアの帰趨を決する戦いがちかづく。前三〇一年春、リュシマコスとセレウコスの連合軍とアンティゴノスとデメトリオスの軍勢とが、アナトリアの中央、シュンナダのプリュギアの町のちかく、イプソスで激突する。勢力は互角であったが、セレウコスが戦場に投じた五百頭の戦象が勝敗をきめた。「王たちの戦い」にセレウコスは勝ち残ったのである。デメトリオスはかろうじて逃れたが、かの片眼の猛将アンティゴノスはついに戦場の露と消えた。「ピリッポスの子、片眼《モノプタルモス》のアンティゴノス、マケドニア人の王でありながら、プリュギアのちかくでセレウコスとリュシマコスと遭遇、戦いの中で傷だらけとなり、八十一歳の生涯を終える。彼にともなえしヒエロニュモスの記せしことなり」。

# 八　混血の王

イプソスの戦いののち、アンティゴノスの旧領は、勝利者たちによって「大きな屍体のように切断」（プルタルコス）されて分有された。リュシマコスは小アジアの中央と西部をえ、セレウコスは北部シリアを手中に収めて、ここに初めて地中海とバビロンを繫ぐことができた。アレクサンドロスの築いた「うたかたの帝国」は分割の浮目をみたけれども、小アジアの北辺をのぞいた全アジアを手にしたセレウコスは、時を移さずこの新たな王国にふさわしい首府を建設し、王国安定の基礎固めを試みた。

ゼウスの神にうかがいを立てたり、熟慮の果て、彼は首府の地をオロントス河の左岸にひろがる平原に選んだ。都市の建設が着手されたのは、前三〇〇年五月二二日のことであったという。その日夜明けとともに、供犠をともなう儀式が挙行された。アイマテアという名の処女が、大司祭アムピオンの手によって人身御供として神に捧げられた。この都の名は父アンティオコスに因《ちな》んでアンティオケイアと名づけられた。建設された新しい都に、周辺の住民を移り住ませるとともに、グレコ・マケドニア人の徴募によって人口の増加をはかった。都には神殿も建てられ、神像も安置されて彩りをそえた。とりわけ、リュシッポスの弟子エウティリデスの手になる青銅のテュケ像と、ダプネの神殿に納められたブリュアクシスのつくったアポロンの像が、ひときわ評判となった。この神殿の境内には、アポロンに追われたニュンペ（ニンフ）が姿を変えたものと伝えられる月桂樹の聖樹があったという。アンティオキアは、セレウコスの王国の新しい首都であったばかりでなく、巡礼と遊覧の地としても近隣に名を馳せたのであった。セレウコスは、始祖の名セレウコス・ピエリアの名に因んだセレウキア、母の名に因んだラオディケイア（今のラタキア）、妻の名に因んだアパメイア、自分の生地の名に因んだエウロペ、とつぎつぎに都市を建設した。なかでもティグリス河畔に築いたオリエントにおける最大のヘレノ・マケドニアの都セレウキアは、ユダヤ人の植民も積極的にすすめ、地中海と内奥アジアとを結ぶ商業と文化の交流の中心となり、ヘレニズムの東流に大きな役割を果すこととなった。また、アレクサンドロスがダレイオス（I世）から受け継いだ行政区《サトラペイア》をさらに七十二の行政区《エパルキア》に分割再編成し、王国統一の基礎を固めた。セレウコスはさらに、黒海とアゾフ海とカスピ海をつなぐ大運河計画をもっていたという。イプソスの戦いよりほぼ二十年、諸王たちはそれぞれの王国の建設と内政の充実に力を注いだのであろう。前二八三年、プトレマイオスI世と攻城王デメトリオスが相ついで世を去り、前二八一年にリュシマコスも死ぬと、旧王の中ではセレウコスのみが生き残ることとなった。しかし、マケドニアへ進軍の途上、ヘレスポントスの海峡を渡ってリュシマコスがカルディアの近くに築いた新都リュシマケイアに入ったとき、ともないきたったプトレマイオス・ケラウノスの兇刃に倒れた。リュシマコスの死後わずか七ケ月、齢《よわい》およそ七十五であった。遺骸はペルガモンのピエタイロスに引き取られ、シリアに運ばれ、オロントス河畔のセレウキアにあった墓廟、ニカトレイオンに葬られた。息子のアンティオコスは、父を「バビロンの王にしてかつマケドニアの王」と呼んだという。

王位を継承するのは長子アンティオコスであるが、彼がセレウコスとバクトリアの女アパメとの子、マケドニアとアジアの混血の子であることはすでに先にもふれた。彼がおそらく三十歳ぐらいのときであろう、道ならぬ恋の激情におそわれ、苦悩した世にも有名な物語にここでふれないわけにはゆくまい。イプソスの戦いのあと前二九九年、諸王たちの間で改めて婚姻同盟が結ばれたとき、当時五十代の後半にあったと思われるセレウコスは、デメトリオスのうら若き娘ストラトニケをめとった。父王の宮廷でいくたびもこの美しい娘の姿を目にしたアンティオコスは、いつしか父のこの若い妃に激しい、しかし秘めねばならぬ恋心を抱くようになった。壮年に達したばかりのアンティオコスにはむりからぬことであった。この恋物語は、ウァレリウス・マクシムス、プルタルコス、ルキアノス、アッピアノスらローマの著作家たちの筆に書きとめられ、ながく世に語り継がれることとなった。おそらくそのころまで、この恋物語をめぐる古い伝承資料が残っていたのであろう。ここではプルタルコスがその『英雄伝』中、「デメトリオス」の章にしるしている一節をひいておこう。

アンティオコスは、すでにセレウコスの子供を生んだだけでなお若いストラトニケに恋慕《れんぼ》して大いに煩悶《はんもん》し、いろいろ手をつくして感情とたたかったが、思ってはならない人を思い、なおらない病を患い、理性とのたたかいに負けた自分自身に絶望し、とうとう生命を断つ工夫を求めて、病気を口実に身体をかまわず、食物を拒んで次第に体を弱らせていった。医者のエラシストラトスはアンティオコスが恋愛をしていることは難なく見抜いたけれども、その相手が誰だか推察することができなかったので、それを突止めようとして絶えずその部屋にとどまり、年頃の少年や女が入ってくると、アンティオコスの顔を診察して特に欲求をもつ心と共感するようになっている体の部分や運動を観察した。ところで、他の人々が入ってきても異状はなかったが、ストラトニケがひとりで、あるいはセレウコスと一緒にでも見舞にくると、アンティオコスの身にはしばしばあのサッポーの歌にある通り、声がつまり、火のように赤くなり、目がくらみ、急に汗が流れ、脈が乱れ、しまいに心がへとへとになって途方に暮れ、ぼっとし青ざめてくるので、これらの徴候を考え合わせて推察したエラシストラトスは、他の女を思っているならば王子は死ぬまで黙り通そうとはしないであろうと考え、そういうことを口に出していうのはむずかしかったが、しかしセレウコスが息子に対して抱いている好意を頼りに、ある時危険を冒《おか》して、この青年の悩みは恋、しかもとげられないなおすことのできない恋だと言上した。セレウコスが驚いて、どうしてなおせないのかときくと、エラシストラトスは「実は私の妻をしたっておいでなのです」といった。そこでセレウコスは「しかし、君は私の息子の友人だし、知っての通りわれわれ一家はあの子だけを頼りにして時勢の波に乗っているのだから、結婚を許してやってくれないか」というのに答えて、「たとい王様でも、王子アンティオコスがストラトニケをしたっておいでになるとすれば、まさかそうなさりはしますまい」といった。するとセレウコスは「それですむなら、神にしろ人間にしろすぐにもあの悩みをなおしてもらいたい。アンティオコスが助かってくれれば、私は王国を手離《てばな》しても満足だ」といった。セレウコスが激しく心を動かし涙を流してこういうと、エラシストラトスは王の右手を握って、何も私にお頼みになるにはおよばないと告げ、父であり夫であり王である御自身が、同時に一家でいちばん優《すぐ》れた医者だということを知らせた。そこでセレウコスは全国民を招集して、アンティオコスを奥地全体の王に、ストラトニケを女王に任命して、一緒に住まわせることに決めたが、息子は何事についてもいつも従順に承服するから、この結婚にも不承知は唱えないと思うけれども、妻がこの慣例にない処置を不満だというならば、友人たちに頼むから、妻に説きさとして王が国のためを思って決めたことを立派な正しいことと考えるようにさせてくれといった。つまりアンティオコスとストラトニケとの結婚はこういう口実の下に成立したのだといわれている。

この恋物語は、ルネッサンス期、ペトラルカの詩句のうちに蘇り、コルネイユの劇想をそそり、アングルの絵筆をさそうところとなった。またルキアノスの筆によって書きしるされたこのストラトニケ（『シリアの女神について』）をめぐるある逸話は、やがてなんと中央アジアのかなた、西域北道のクチャのオアシスに伝わる説話ともつながることとなるのである（私の小論「アナレクタ・イラニカ」をみていただきたい）。

アンティオコスⅠ世

かくてアンティオコスが義母ストラトニケと結婚したのは、前二九三年のことであった。アンティオコスは「奥地全体の王」つまりホラサン地方の王に任ぜられたので、ストラトニケもこの結婚ののち「アジア奥地の女王」と呼ばれるようになった。アンティオコスが統治をまかされたこの地方の領地に、おそらく母の故郷バクトリアがふくまれていたことであろう。ストラボンは、彼がマルギアナのオアシスに、遊牧民からの攻撃を防ぐための全長一五〇〇スタディア（およそ三〇〇キロ）の長壁をめぐらして町を築き、それにアンティオキアの名を与えたと伝え、さらに彼はソグディアナとバクトリアに二つのアレクサンドレイアを再建したというから、それらの地がいずれも所領ホラサンにふくまれていたことは明らかである。近年ウズベキスタンの南西ギッサール山脈の支脈にある渓谷ウズンダラで要塞遺跡が発見され、セレウコス朝の貨幣(四十二枚)とグレコ・バクトリアの貨幣(一一四枚)が出土したという。この要塞の創建もアンティオコスによるものにちがいない。

プリニウスが伝えるミレトスの人デモダマス将軍がヤクサルテス河(今のシルダリア、プリニウスによるとスキタイ人はシリスと呼んでいたというが、シル・アプ、つまり「豊かなる水」の意からきているのであろう)を渡ったのもこのころかと思われる。デモダマスは河を渡り、その彼方にブランキダイのアポロンの祭壇を築いたという。また海将パトクレスがカスピ海を巡航してインド洋とのつながりを観察したのもこのころであろうか。結局、彼はカスピ海がインド洋に通じていると誤認してしまったが、この誤りの訂正は、これより四世紀ものち、地理学者プトレマイオスの登場をまたねばならなかった。

楔形文書の記録によると、セレウコス治世第二十三年よりセレウコスとアンティオコス(シルクとアンティゥクス)の名が併記されてくることから、そのころ、つまり、セレウコス紀元をセレウコスのバビロン帰還の年、前三一二年とすれば、その第二十三年目、前二八九/八年から、アンティオコスはすでに全王朝の副王であったと考えられる。アンティオコスが正式に王位についたのは、セレウコスが暗殺された翌年、前二八〇年のことであった。エジプトではすでにプトレマイオスⅡ世ピラデルポスの時代が明けており、マケドニアではまもなくデメトリオスの子アンティゴノス・ゴナタスの時代が始まろうとしており、それぞれに二世の時代がやってきたのである。アンティオコスは、これより在位二十一年、父セレウコスの鴻業をアジアの大地に根づかせる仕事にうちこんだ。彼は主力をもっぱら西方の動静に注がねばならなかったけれども、さすがにかつての東方の王らしく、マウリヤ王朝への気配りも失っていない。大使デイマコスを、同じくマウリヤ朝二代目の王ビンドゥサーラのもとへ派遣して、メガステネスを召還した。プトレマイオスも機を移さずディオニシオスをパータリプトラへ派遣してよしみを通じた。こうした人びとこそ、ヘレニズムという動脈をアジアの奥深く沈める先駆の仕事をなした者たちであった。

プトレマイオスⅡ世

セレウコスを受け継いでアンティオコスがさらに押しすすめた移民策は、広大な王国を支配統治するための重要な方策の一つであったが、これがまた同時に、共通語としてのギリシア語の普及に大いに貢献をした。アッティカ重量単位を採用した通貨の統一もセレウコスからの続業であった。長子セレウコスを自分に対する謀《む》反《ほん》の疑い

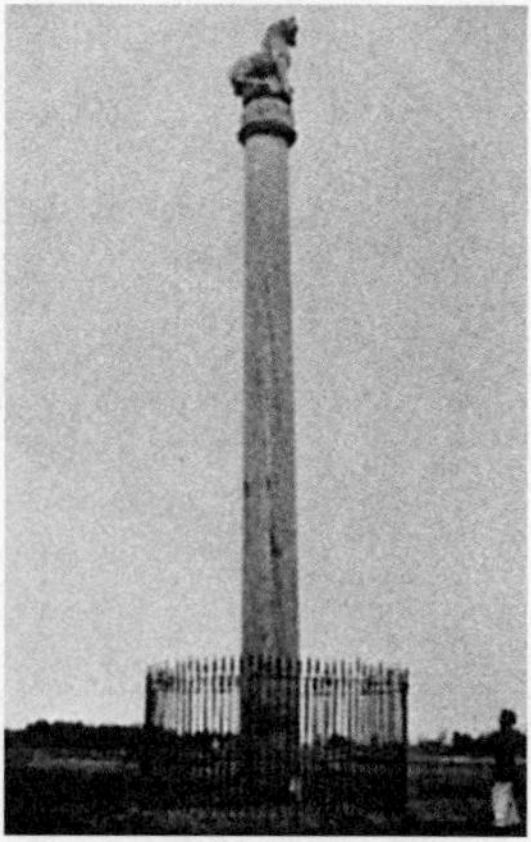

アショーカ王柱

で死に追いやる不幸（前二六七年）をのぞけば、救世者《ソテル》の別称をもつアンティオコスⅠ世の生涯は、まことに「至福のうちに王座で年老いた」（プルタルコス）稀有の王の一人であった。前二六一年、彼は小アジアの美しい都エペソスで六十四歳の生涯を終えた。つぎに王位に立ったのは、ストラトニケとの間に生れた第二子アンティオコスであった。東方より荒々しい歴史の息吹が聞こえ始めるのはこの王の時代からである。

アンティオコス（Ⅱ世）が王位に登ったのは、父王逝去の年、前二六一年であり、治政はそれより十五年間つづき、前二四六年に世を去るが、この王の時代より広大なセレウコス王朝の崩壊が少しずつ始まる。彼もまたトラキアの遠征、プトレマイオスⅡ世とのコイレ・シリア（「低地のシリア」という意だが、古くより北はビュブロスから南はエジプトとの国ざかい、つまりガザの南あたりにまで至るシリア・パレスティナ南部をさす地域名とされてきた）をめぐる抗争など西方での紛争処理に明け暮れたが、なによりも王国を大きくゆるがした事件は、前二五〇年、バクトリアの太守であったディオドトスなる者が、独立を求めて立ち上ったことであった。かつてのバクトリア太守スタサノルからいかなる経緯でディオドトスへと太守の交替がおこなわれたかはさだかではないが、ディオドトスもまたベヴァンの指摘するようにおそらくスタサノルと同じく非マケドニア人で、新しいギリシア移民の指導者であったと思われる。彼は、アンティオコスⅡ世が西方での確執に明け暮れて、東方への無策の虚をついて、セレウコス朝の支配を拒絶してバクトリアの独立を宣言したのであろう。インド・マウリヤ朝はすでにアショーカ王の時代であった。アショーカ王碑文「十四章磨崖法勅」中、第二章と第十三章に「アンティヨーカと名づくるヨーナ王」とあるのは、アショーカとアンティヨーカ、すなわちアンティオコスⅡ世との間に、あるつながりがあったことの証拠であろう。なお第十三章には、アンティヨーカのほか、ヨーナ王として「トゥラマヤ、アンティキニ、マガー、アリカスダラと名づくる四王」が列記されている。トゥラマヤはプトレマイオスⅡ世ピラデルポスであり、アンティキニはアンティゴノス・ゴナタスであり、マガーとはキュレネ王マガス、アリカスダラとはエペイロス王アレクサンドロスⅡ世で、それぞれ同時代の王であったと思われる。インドのマウリヤ王朝と西方へレニズム諸国の交流の広がりを示すものとしてもきわめて興味深い。

## 九　独立への模索

アンティオコスⅡ世とプトレマイオスⅡ世との間でおこなわれたコイレ・シリアの去就をめぐるしつようなく戦いは、セレウコス帝国の力をもっぱら地中海沿岸に釘づけにしたわけだが、したがって東方の奥地アジアの統治はもっぱら太守たちの自主的な力量にまかさざるをえなかった。地方の行政をゆだねるだけではなく、ながびく戦いの戦費を地方の租税に頼らざるをえなくなった王家は、彼らにその拠出を強制しただろう。自力による統治とかかわりない戦いへの金品の提供という矛盾に辺境の太守たちは独自の活路を見いだそうと心をくだいたにちがいない。アケメネス朝以来の古いペルシアの人びとも心おだやかではない。それに北方の遊牧民の新たな胎動もひしひしと伝わってくる。もはや地方にとってはなんの利点もないセレウコス王家にいつまでも頼っているわけにはゆかぬ、それが太守たちの偽らざる心情であったろう。およそ前二五〇年ごろ、ディオドトスはバクトリアの独立をかざしてついに立った。ポンペイウス・トログスはしるしている、「バクトリアの一千の都市の統治者たるテオドトス（ディオドトス）は反逆した。そして王を名のった。すると東方の他の国ぐにも彼にしたがいマケドニアの支配から離脱した」（ユスティヌス抄録『ピリッポス伝』第41巻・4）と。パルティア地域の総督アンドラゴラスが独立を宣したのもこのときであったろう。東方でのこのどよめきが、やがてアジアの歴史に決定的な転機をよぶ引き金となることに、セレウコス朝の人びとは気がつかなかった。しかし、残念ながら私たちも、この重大な出来事を裏づける資料をほとんどもち合わせていない。わずかに日のめをみた当時のコインによって歴史の断片を仮説的に、想像的につぎ合わせるほかはないのである。

セレウコス朝のパルティア総督アンドラゴラスにかんしては、この地方から「アンドラゴラスの」（ΑΝΔΡΑΓΟΡΟΥ）という自分の銘を刻んだコインが出土していることから、彼が自らのコインを発行したことがわかる。これは彼がセレウコスの帝国より離脱し、自ら王と名のった一つの証しとなろう。ユスティヌスは、このアンドラゴラスがやがてパルティアに侵攻する出自不明のアルサケスなるものに率いられる軍団に打ち破られ、殺害されたことを書きしるしている。束の間の独立であり、はかなき王者のうたかたの栄光であった。

バクトリアの太守ディオドトスの場合は、いささか事情が複雑である。ディオドトスは独立を求めて兵をおこしたが、アンティオコスのバクトリアに対する宗主権をいっきに消そうとはしなかった。事実としての独立をかちとれば、それが新しい展開への重要な契機になることを十二分に見抜いていたのであろう。ディオドトスがバクトリアの主権を握っ

ディオドトスⅠ世の銀貨（A）

ディオドトスⅠ世の銀貨（B）

てから発行した最初のコインが、この時期のバクトリアとセレウコス帝国との関係をあざやかに映し出している。フスマンによれば、ディオドトスのコインは、その発展にそくしてつぎの三つの型に分けることができる。もっとも古いと思われるコイン（A）には、彼がアンティオコスの支配をふりほどいたのにもかかわらず、コインに自分の名を刻まず、また、王号も表示していない。表にはディオドトス自身のものと思われる若い男の右向きの肖像、あるいはもっと年のいった男の肖像が表わされているが、裏にはいずれも雷霆を投げんとするゼウスの立像と「バシレウス・アンティオコス王の」（ΒΑΣΙΛΕΩΣ ΑΝΤΙΟΧΟΥ）という銘文が表わされている。つぎのコイン（B）は、表にディオドトスの壮年の肖像を表わし、裏に同じように雷霆を投げんとするゼウスの立像を表わしながら、銘文は「救済者ディオドトスの」（ΔΙΟΔΟΤΟΥ ΣΩΤΗΡΟΣ）と表わしている。もう一つのコイン（C）は、最初のものと同じくディオドトスの若い肖像、あるいは熟年の肖像を表に表わし、裏には先の二つのものと同じように雷霆を投ぜんとするゼウスの立像を表わしながら、銘文は「ディオドトス王の」（ΒΑΣΙΛΕΩΣ ΔΙΟΔΟΤΟΥ）と刻んで異にしている。ここにあげたそれぞれ銘文を異にした三つの型のコイン、A、B、Cは、フスマンのようにいえば、そのままディオドトスの王権への段階を示しているといえる。しかし、ターンはかつて「ディオドトスが段階的に独立をかちとっていった道筋をセレウコス朝のコインによってあとづけられている」ことを指摘しながら、いまいっぽうで「ディオドトスが王号を名のったという直接の証拠はコインではえられない」ともいっている。それゆえ、ここで王号を刻んでいるディオドトスなるものは、ディオドトスの息子、ディオドトスⅡ世のことにほかならないと主張するマクドナルドのような人もいる。歴史的にはきわめて薄明なバクトリアの独立時における二人のディオドトスの存在は、いっそう問題を複雑にしている。年老いた肖像を父ディオドトス、若き肖像をその子ディオドトスとする説、二つとも父ディオドトスの手になるもので、子ディオドトスは、それをたんに踏襲するにすぎないとする説、いずれも考えうるけれども、先にあげたフスマンのように段階的なコインの読み方をすれば、後者のように考えるのがより妥当の

ディオドトスⅠ世の銀貨（C）

ようにみえる。ユスティヌスは「バクトリアの千の町を治める者テオドトス（ディオドトスのこと）は反逆し、王を名のった」といっているから、マクドナルドのように王を名のったのはディオドトスII世であるということはできない。やはり初代ディオドトスがまずバクトリアのセレウコス帝国からの分離独立をコインの示すように慎重な手順で押しすすめたと考えるべきだろう。このバクトリアの動きに熱いまなざしを注いでいた民族がいた。アルサケス、ティリダテス両兄弟に率いられた遊牧民、パルニの民であった。この民族の独立については次章でふたたびとりあげるが、前二四七年、バクトリアの独立にさしたる圧力を加えることのできなかったセレウコス朝の柔弱につけこんで、ついにこの民族もセレウコス帝国の一角を奪いとって独立を果す。ディオドトスはこの異民族の独立に脅威を感じ、ふたたびセレウコスとのつながりの強化をはかった。この企ては、アンティオコスII世の死（前二四六年）と第三次シリア戦争の危機という二重の難局に直面していたセレウコスII世にも、東方の安定をもっとも必要としていた時期でもあったので、すぐさま新たな婚姻同盟というかたちで実現をみた。ディオドトスのもとに輿《こし》入れしたのはセレウコスII世の娘であったという。セレウコスII世自身は、父アンティオコスII世が王妃ラオディケをしりぞけて、プトレマイオスII世の娘ベレニケを迎え、そのあいだに生れた問題の子であった。彼がまっさきにたたかわねばならなかったのは父王の先妃ラオディケであった。内憂外患、東方アジアの抑えをバクトリアにゆだねたのもむりからぬことであった。

アルサケスの率いる新しい隣国と宗主セレウコス朝の動静とをにらみつつ、生れてたばかりの王国の手綱《たづな》をさばくことは、ディオドトスにとっても難題であり、事態の機微を見抜くすぐれた能力がなければ独立を維持することは不可能であったろう。ディオドトスの死がいつであったかはさだかではないが、前二四〇年前後ではなかったかと思われる。

ディオドトスⅠ世の後を継いだのは、いわゆるディオドトスⅡ世で、彼は父のセレウコス朝よりの政策を棄て、パルニ族のティリダテスと結んだという。ディオドトスⅡ世は、父王とセレウコス家の娘との子ではなかったと思われるからやはり後継をめぐるいさかいから、父王とは対立していた異族の隣国と手を結ぶことで王権の強化をはかったのであろうか。故王の妃セレウコスⅡ世の娘は、ディオドトスⅠ世との間にもうけた娘を、故王の太守《サトラプ》の一人であったエウテュデモスに与えて反撃の機会をまった。エウテュデモスをソグディアナの太守という人もあれば、マルギアナとアレイアの太守であったという人もいるが、いずれにせよバクトリアと隣接する地の権力者であったことにちがいはない。やがてこのエウテュデモスがディオドトスⅡ世を殺害して王位を簒奪《さんだつ》するのである。ポリュビオスがエウテュデモス自身の言葉として伝えるところによると、「彼が王位を手にしたのは、別の者が王に反乱をおこしたあとのことであり、その反乱者たちを打ち亡ぼしてからのことであった」という。ディオドトスⅡ世が死んだのはおそらく前二三〇年前後であったと思われる。二人のディオドトス、彼らこそグレコ・バクトリア王国の礎石を築いた人といえる。先にもふれたように両王は、それぞれのコインの裏に雷霆を投ぜんとするゼウスの逞しい立像を刻ませているが、ディオドトスとは、そもそも「ゼウスより贈られしもの」の意であり、名そのものがゼウスをゆかりとしていたこともあろうが、同時に、ナラインがトレヴァーの推論として引いているように、セレウコス帝国からの離脱に際し、ディオドトスは神のなかの神ゼウスにその加護を願ってのことであったのかもしれない。雷霆をかざす守護神ゼウスの姿は、また敵を畏服させようとしたものでもあったろう。雷霆をもつゼウスの姿像（エイコン）はギリシアでは前六世紀ごろに始まり、コインの裏面の意匠としては前五世紀の中ごろオリュンピアのスタテール貨に現われるから、深くながい伝統をもつものであった。ディオドトスのコインには、ほかにゼウスの頭部のプロフィルを表わすものも発見されている。そのコインは表面に月桂樹をいただくゼウスの右向きの頭像を表わし、裏面に両手で長い松明《たいまつ》をもって右方に駆けるアルテミスの像を描いている。アルテミス女神は膝までの短い衣裳《キトニコス》を着、小さい靴《エンバデス》をはき、右肩に箙《えびら》をつけた姿で表わされている。その両側に縦書きに「ディオドトス王の」（ΒΑΣΙΛΕΩΣ ΔΙΟΔΟΤΟΥ）と銘が記されている。この他に平たいカウシア帽をかぶった王の肖像を表わすもの、ペタソス帽をかぶったヘルメスの肖像を表わすもの、翼をひろげた鷲を表わすものなど、バクトリア貨の意匠は変化に富んでいる。ゼウス、アルテミス、ヘルメスといったギリシアの神々の像は、ディオドトスをはじめ、バクトリアの諸王たちがセレウコス朝の伝統を継承していることを示しているだけではなく、アレクサンドロスが発したアジアのヘレニズム化という理念を改めてバクトリアがシンボルとしてかかげたことをも示すものと考えることもできよう。

ここで、ディオドトス両王との駆け引きのなかで強力な独立国家を築きあげ、バクトリアの興亡の一つの鏡となった西の隣国パルティアの歴史の歩みをふりかえってみることにしよう。

# 十　イラン・ルネッサンス

## 1　パルティア

バクトリアにおけるディオドトスの独立の胎動をまぢかに感じながら、崩れ去ったペルシアの廃土のなかから新しい世界が生れでようとしていた。その原動力となったのは、アルサケスとティリダテスという兄弟を首長とあおぐ遊牧の民パルニ族であった。パルニ族は、カスピ海とアラル海の間にひろがる草原《ステップ》の遊牧民で、ストラボンによれば、スキタイ系ダハエ族の一支族であった。彼らは南下してパルティアに侵入し、そこに定住し、土地の言語パルティア語を採りいれたものと考えられる。パルニ族がこの地にやってくるまえから、ここパルティアは古くよりパルサワの名で知られていた。アケメネス朝初期、ダレイオスI世がバガスターナ、すなわち「神々のいますところ」と呼ばれた聖なる岩山に刻ませた碑文、かの有名なビストゥンの碑文中にすでにパルサワの名がみえる。

碑文はアケメネス家の王譜を記すとともに、ダレイオス大王が「アフラ・マズダーの御意によって」支配した国二十三邦《ダフユ》の名を列挙しているが、その中にパルサワとそれに近接する諸国の名を、「パルサワ、ズランカ、ハライワ、ウワーラズミ、バークトリ、スグダ……」の順にみることができる。このパルサワの名は、さらにダレイオスの「スーシャー碑文」、ナクシェ・ロスタムの王墓の碑文中にもみえ、パルサワがアケメネス王朝の重要な属州の一つであったことがわかる。後者の両碑文では「パルサワ、ハライワ、バークトリ、スグダ、ウワーラズミ、ズランカ」の順に列記され、ズランカの位置を下げていて、地理的にはより正確になっている。そしてヘロドトスによれば、パルサワ（パルティア人）、ウワーラズミ（コラスミオイ人）、スグダ（ソグド人）、ハライワ（アレイオイ人）の四つの地域が、ダレイオスの設定した二十の徴税区のうちの第十六徴税区を形成していたという（『歴史』Ⅲ・93）。また、ダレイオスの子クセルクセスがギリシア攻めの軍団を西に進めたとき、その軍中に、「パルティア人、コラスミオイ人、ソグディアナ人、ガンダーラ人、ダディカイ人」からなる諸族連合の軍があったとやはりヘロドトスが伝えている。彼によれば、このとき、パルティア人とコラスミオイ人を指揮したのは「パルナケスの子アルタバゾス」であったというから、おそらくこのアルタバゾスがパルサワ・ウワーラズミ地域の太守であったと考えられる。こうして碑文や文書のおかげで私たちは、前六世紀の末から前五世紀の中ごろにかけてのパルサワの情況をうかがい知ることができるのである。

前四世紀からは、アジアを横断するアレクサンドロス大王の記録が、パルサワの消息を伝えてくれる。アッリアノスの『アレクサンドロス遠征記』によると、マケドニアとペルシアが最後の雌雄を決すべくガウガメラに対峙したとき、ダレイオスⅢ世の陣営に、サカ

## パルティア／アルサケス朝系図

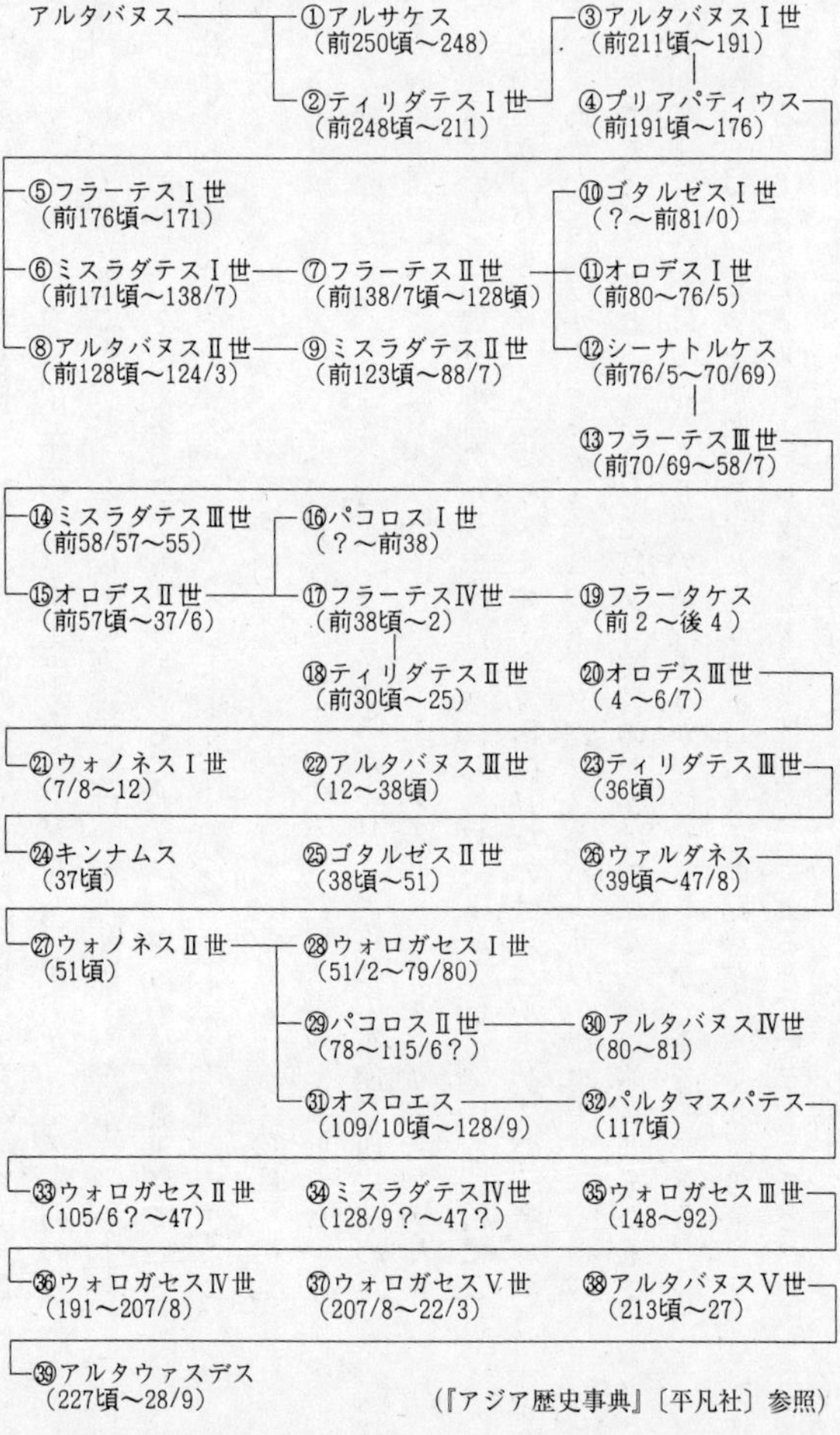

アルタバヌス
①アルサケス（前250頃～248）
②ティリダテスⅠ世（前248頃～211）
③アルタバヌスⅠ世（前211頃～191）
④プリアパティウス（前191頃～176）
⑤フラーテスⅠ世（前176頃～171）
⑥ミスラダテスⅠ世（前171頃～138/7）
⑦フラーテスⅡ世（前138/7頃～128頃）
⑧アルタバヌスⅡ世（前128頃～124/3）
⑨ミスラダテスⅡ世（前123頃～88/7）
⑩ゴタルゼスⅠ世（？～前81/0）
⑪オロデスⅠ世（前80～76/5）
⑫シーナトルケス（前76/5～70/69）
⑬フラーテスⅢ世（前70/69～58/7）
⑭ミスラダテスⅢ世（前58/57～55）
⑮オロデスⅡ世（前57頃～37/6）
⑯パコロスⅠ世（？～前38）
⑰フラーテスⅣ世（前38頃～2）
⑱ティリダテスⅡ世（前30頃～25）
⑲フラータケス（前２～後４）
⑳オロデスⅢ世（４～6/7）
㉑ウォノネスⅠ世（7/8～12）
㉒アルタバヌスⅢ世（12～38頃）
㉓ティリダテスⅢ世（36頃）
㉔キンナムス（37頃）
㉕ゴタルゼスⅡ世（38頃～51）
㉖ウァルダネス（39頃～47/8）
㉗ウォノネスⅡ世（51頃）
㉘ウォロガセスⅠ世（51/2～79/80）
㉙パコロスⅡ世（78～115/6？）
㉚アルタバヌスⅣ世（80～81）
㉛オスロエス（109/10頃～128/9）
㉜パルタマスパテス（117頃）
㉝ウォロガセスⅡ世（105/6？～47）
㉞ミスラダテスⅣ世（128/9？～47？）
㉟ウォロガセスⅢ世（148～92）
㊱ウォロガセスⅣ世（191～207/8）
㊲ウォロガセスⅤ世（207/8～22/3）
㊳アルタバヌスⅤ世（213頃～27）
㊴アルタウァスデス（227頃～28/9）

（『アジア歴史事典』〔平凡社〕参照）

イ人と組んだパルティア人の軍団があった。ダレイオスが敗れてヒュルカニアの野に倒れたのち、彼らは主君ダレイオスを裏切り弑逆《しいぎゃく》したバクトリアのベッソスによって太守に任ぜられたブラザネスの指揮下にはいり、ついでマケドニアの支配を受けることになるが、アレクサンドロスはパルティア人の統治を同じ血の流れるパルティア人のアンミナペスにまかせた。しかしアンミナペスによる統治は短く、パルティア太守はペルシア人プラタペルネスにとってかわられた。アッリアノスもこのあたりの経緯をつまびらかにしておらず、また記述にもいささか混乱があったりして、私たちはアンミナペスからプラタペルネスへの太守交替の事情をとりおさえることができない。

アレクサンドロスがまだヒュダスペス河畔にいたとき、「パルティアとヒュルカニアの太守プラタペルネスが、彼の手許に残されていたトラキア人たちをひきいてアレクサンドロスのもとにやってきた」(『アレクサンドロス遠征記』V・7)というから、彼は前任のアンミナペス同様、ヒュルカニアをも統治していたのである。彼が文献に姿を現わすのは、アレクサンドロスが帰路、ゲドロシアの首邑プラに兵を休めたとき、おそらく太守権をゆずった息子パリスマネスをアレクサンドロスに引見させるべくこの地に訪れたときをもって最後とする。アレクサンドロスの死後、後継者争いの嵐はここにもおよび、パリスマネスが太守であった時期はきわめて短かったと思われる。それ以後はピリッポス、ピトン、スタサノルとセレウコス朝の人びとによる太守争奪劇があいつぎ、古くよりペルシア人を太

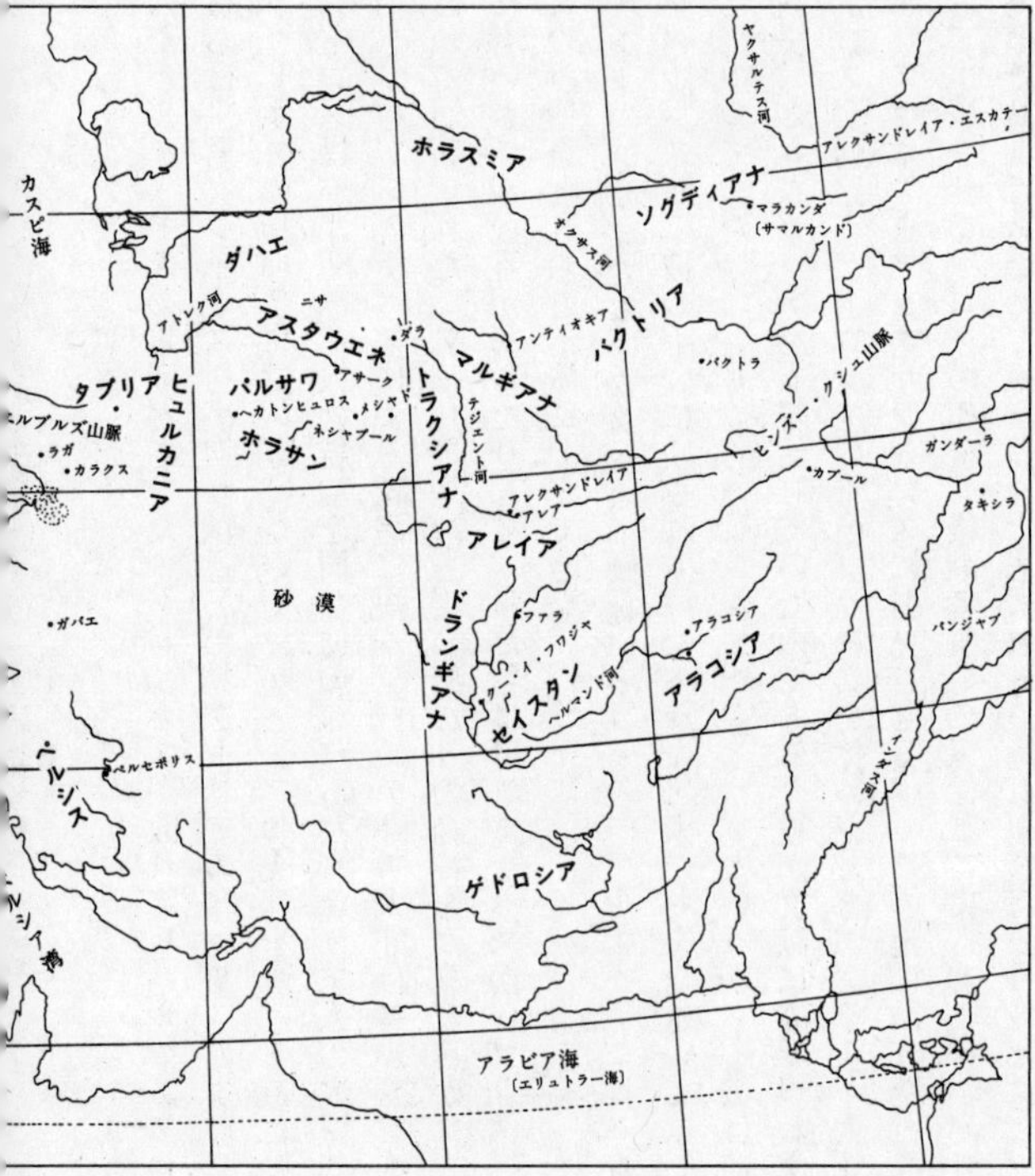

カスピ海
ホラスミア
ヤクサルテス河
アレクサンドレイア・エスカテー
ソグディアナ
マラカンダ
〔サマルカンド〕
オクサス河
ダハエ
ニサ
アトレク河
アスタウエネ
ダラ
アンティオキア
バクトリア
バクトラ
マルギアナ
タプリア
ヒュルカニア
エルブルズ山脈
ラガ
カラクス
パルサワ
アサーク
ヘカトンピュロス
メシャド
ネシャプール
ホラサン
トラクシアナ
テジェント河
ヒンズー・クシュ山脈
ガンダーラ
カブール
タキシラ
アレクサンドレイア
アレイア
アレイア
砂漠
ガバエ
ドランギアナ
ファラ
クー・イ・フワジャ
セイスタン
ヘルマンド河
アラコシア
アラコシア
パンジャブ
インダス河
ペルシス
ペルセポリス
ペルシア湾
ゲドロシア
アラビア海
〔エリュトラー海〕

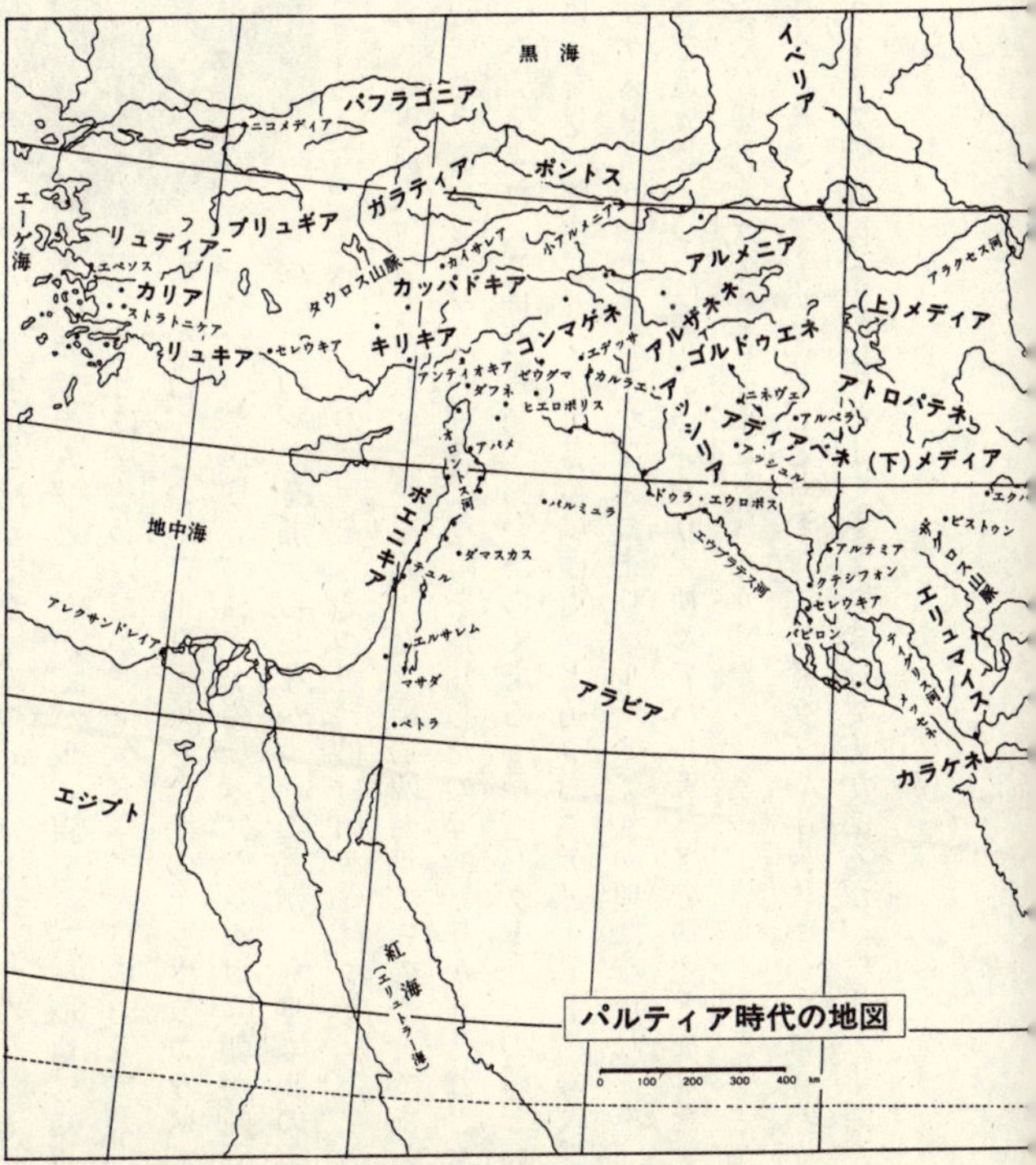
黒 海
パフラゴニア
イベリア
ニコメディア
ポントス
ガラティア
エーゲ海
プリュギア
リュディア
小アルメニア
アルメニア
アラクセス河
カイサレア
タウロス山脈
カッパドキア
エペソス
カリア
ストラトニケア
コンマゲネ
アルザネネ
ゴルドゥエネ
(上)メディア
リュキア
セレウキア
キリキア
エデッサ
アンティオキア
ゼウグマ
カルラエ
ダフネ
ヒエロポリス
ニネヴェ
アルベラ
アトロパテネ
アッシリア
アディアベネ
アッシュル
(下)メディア
アパメ
オロンテス河
ポエニキア
パルミュラ
ドゥラ・エウロポス
エクバ
ビストゥン
地中海
ダマスカス
エウフラテス河
アルテミア
クテシフォン
ザグロス山脈
テュル
セレウキア
エリュマイス
アレクサンドレイア
エルサレム
バビロン
ティグリス河
マサダ
アラビア
ペトラ
カラケネ
エジプト
紅 海 (エリュトラー海)
0 100 200 300 400 km

パルティア時代の地図

アルサケス

守にいただいてきたパルサワの人びとは、マケドニア人の権力争いを冷ややかにみつめていたことだろう。そして、パルサワの人びとはやがてパルニ族をここパルサワに迎え入れることになるわけだが、マケドニア人パルティア太守の最後の人は、この地で王を僭称したかのアンドラゴラスであった。

バクトリアの独立への歩みにセレウコス朝が断固とした阻止の圧力を加えられなかったことが、パルニ族の首領アルサケスの蜂起をさそった。彼は弟ティリダテスとともに軍をひきいてテジェント河上流域を占領し足場を固めた。前二四七年ごろのことである。バクトリアの西辺におけるアルサケスの動きに危険を察知したのであろうか、それとも独立を許した宗主アンティオコスII世の要請があったのであろうか、バクトリアの新しい盟主ディオドトスは兵を送ってアルサケスをさらに西方へと追った。ディオドトスの攻撃からのがれたアルサケスは、かつてのパルサワ、つまりパルティア人の地になだれこみ、太守アンドラゴラスを追放し、ついに死に追いやり、初めてパルティアの盟主となった。以後、この地でふたたび異邦人が太守となることはなかった。

パルニ族をひきいた二人の兄弟、とりわけアルサケスの出自については、バクトリア人説からアケメネス朝の後裔説に至るまでさまざまな見方があるが、いずれもさだかではない。またアッリアノスは「二人の兄弟」は「アルサケスの息子であったピリアピテスの裔であった」（『パルティア誌』）といっているが、古きパルティアの故地の一つニサで一九六〇年に発見された陶片《オストラコン》（一七六〇番）には「一五七年、アルシャク、王にしてフリヤパータクの孫、アルシャクの甥の息子」とあることから、アッリアノスの「アルサケス」は「二人兄弟」のアルサケスではなく、初代アルサケスの「甥の息子」との混同であることがわかる。いずれにせよ、パルティア名で「英雄」を意味するアルサケスが歴史のなかで確実に存在したことはまちがいない。ドゥベボワーズはその名著『パルティア政治史』のなかで、アイスキュロスは『ペルシアの人びと』で、クセルクセスにしたがいギリシアに散った武将の一人に「騎馬の王」アルサケスなる者の名を挙げており、「この名こそのち、パルティア諸王の王号となったものである」と語っているが、もしそうだとすればわがアルサケスがこの「騎馬の王」の後裔ではないかと想いを馳せたくもなるが、この名がテキストの示すまま「アルサメス」ならば、ドゥベボワーズの思い過しということになろう。

カスピ海沿岸

アルサケスはアンドラゴラスを倒してのち、みずから王位についた。即位の儀はアスタウエネのアサークでおこなわれたものと思われる。それはパルティア王国独立の実質的な宣言でもあった。セレウコス王朝はアンティオコスⅡ世にかわって、セレウコスⅡ世の時代を迎えていた。反マケドニアの旗じるしをかかげ、アルサケスは新興の王国の基礎を固めるための戦いに明け暮れ、二年ほどのち戦場に果てた。建国のなかばで倒れたアルサケスの王位は、弟ティリダテスが継いだ。ティリダテスとは神テュルによって与えられし者の意である。彼は即位の地アサークを王国の首府とさだめた。現在のクシャンに近いこの地をアサークとしたのは王国の創始者アルサケスの名に因んでのことだろう。ティリダテスは王国のさらなる拡大をはかり、ヒュルカニアに攻め入り、ついにカスピ海沿岸の地域を手中に収めた。アルサケスとティリダテスを脅かしつづけたバクトリアのディオドトスⅠ世が没し、パルティアとの同盟を求めたディオドトスⅡ世が王位にあったこともティリダテスに西遷の機をあたえた。

セレウコスⅡ世カリニコスは、王位についたものの第三次シリア戦争、弟アンティオコス・ヒエラクスとの争いと苦難の内政に全力を注がねばならなかった。ティリダテスのヒュルカニア侵攻の報《しら》せにも動くことができなかったが、前二三五年ごろ、弟アンティオコスの軍にアンキュラ（アンカラ）で決定的な敗北を喫すると、これを機に目を東方に転じ、バビロンに兵を集めて、軍を東へと動かした。ヒュルカニアを抑え、メディアをうかがっ

ティリダテスⅠ世の銀貨

ていたティリダテスは、戦力の消耗をさけ、遊牧民特有のゲリラ戦法をとり、カスピ海沿岸の草原へと撤退した。しかし、恵まれないセレウコスⅡ世は大した勝利もえないうちに、伯母ストラトニケ（デメトリオスⅡ世に嫁し、のち離婚したアンティオコスⅡ世の妹）がアンティオキアで反乱を起し、それに呼応して弟アンティオコス・ヒエラクスがメソポタミアに攻めこんだという報せをうけて、シリアに兵を引きあげた。ティリダテスはこの機をとらえ、ふたたびヒュルカニアを奪いかえし、新たに首都をダラとヘカトンピュロスに構えてパルティア王国の核を築いたのである。ティリダテスの耳にはすでに東方インドの雄アショーカ王死去（前二三一年）の報がとどいていたことだろう。

セレウコス王朝はいぜんとして不安定であった。セレウコスⅡ世にとってつねに災いの種であった弟アンティオコス・ヒエラクスが小アジアをさまよったすえ、トラキアに死んでまもなく、セレウコスⅡ世も世を去った。前二二六年のことである。王位は彼の長子セレウコス（Ⅲ世ソテル）が継いだが、即位後わずか三年、プリュギアで暗殺されてしまった。王位は弟のアンティオコス（Ⅲ世）が継いだ。彼は即位まもなくメディアの

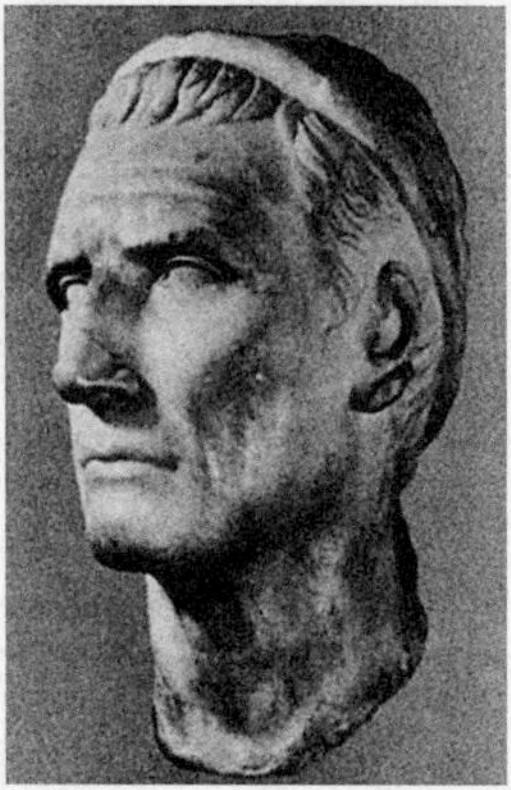

アンティオコスⅢ世

軍司令官《ストラテゴス》モロンとパールスの軍司令官《ストラテゴス》アレクサンドロスがセレウコス帝国から離脱したという報せを聞いた。事実、アンティオコスⅢ世が、ポントスのミスラダテスⅡ世の娘ラオディケと結婚したその年、モロンはメディアで王を名のったのである。モロンらの分離独立にはティリダテスの影を感じるが、それを裏づける証拠はない。

前二二〇年、ついにアンティオコスは東方遠征にたった。エウプラテス河を渡りミュグドニアのアンティオキア、つまりメソポタミアのニシビスに至り冬を過す。春の訪れとともにティグリス河を渡ったアンティオコスは、バビロンに兵を進めたモロンを初戦で打ち破った。かろうじて逃げのびたモロンはみずから命を断った。アンティオコスは彼の遺骸を十字架にかけザグロスへの狭路の入口にさらさせたという。恐れた共謀者アレクサンドロスもモロンの後を追った。アンティオコスはメディアの太守に改めてディオゲネスを任じ、スシアーナをアポッロドロスに与えて、この地方を再編したのち、軍を由緒ゆかしいメディア・アトロパテネ（カスピ海の西岸域）に進めた。アトロパテネの首領、老いたるアルタバザネスは抵抗なくアンティオコスを迎え入れたため、アンティオコスはこの地域における宗主権の確認だけでことたれりとして、それ以上兵を進めることはなかった。いまティリダテスとことを構えることは得策でないという読みもあったのであろう。アンティオコスは時機をまった。

前二一一年、治政三十七年のすえ、ティリダテスは静かに息をひきとった。彼の激烈な生涯は、グレコ・マケドニアが力で抑えこんだアジアの大地に、ふたたびイラニズムを蘇らせる根拠地を確保する戦いに終始した。彼の築いたいずれの都で没したのかは明らかでない。

ティリダテスの死の報せを聞くと、アンティオコスⅢ世は、たちまち兵を集め、その年の暮れはやくも軍を東方エクバタナに進めた。かつてヘロドトス（『歴史』Ⅰ・98）がその壮大さと美しさをほめ讃えたこのメディアの古都は、のちペルシア諸王の夏宮となりいよいよ栄えた。その後、アレクサンドロス、アンティゴノス、そしてセレウコス・ニカトルらマケドニア人による再三の略奪を蒙りながらも、まだかすかに往昔の華麗さをとどめていたとポリュビオスはしるしている。「アンティオコスが宮殿に到着したとき、アイネスの神殿だけにはまだ金箔の円柱が残り、神殿のなかにはたくさんの銀の瓦が積み上げられていた」。アンティオコスはこれらをすべて集めさせて、自分の肖像を刻んだコインをつくらせたという。その総額はほぼ「四千タレント」に達した。ここでポリュビオスのいう「アイネスの神殿」とは、アナーヒター女神を祀る神殿のことであろう。おそらくアルタクセルクセスII世の創建によるかの高名な神殿がこれであろう。彼が愛妾アスパシアをして余生を純潔に過させるべく女司祭に任命したとプルタルコスの伝える神殿も、この神殿にほかならない。

前二〇九年、アンティオコスはさらに軍を東へ進めた。ヘカトンピュロスを奪い返し、ヒュルカニアへ攻め入り、タムブラクス、ついでシュリンクスを落した。父ティリダテスの後を継いだアルタバヌスI世は、伝統の戦術を守って、ときには激しい戦いを挑みながら、給水の井戸や水路を破壊しつつ撤退をつづけた。アルタバヌスI世とセレウコス朝とのその後の関係は明らかではないが、おそらく一時カスピ海の東方に退き、再起の時機をまったものと思われる。アンティオコスも深追いせず、セレウコス朝の宗主権を認めさせるだけで和を結んだのであろう。しかしアルタバヌスにはついにその死に至るまでふたたび兵を挙げる機会はめぐってこなかった。アルタバヌスI世の死は、前一九一年とされているが、その年はアンティオコスがギリシアのテルモピュライでローマの執政官アキリウス・グラブリオに破れた年でパルティア再起の絶好の機であったのだがアルタバヌスは無念にもそれを生かすことができなかった。

前二〇八年、アンティオコスはバクトリアへ攻め入った。彼を国境に近いアリウス河（ハリー・ルード）畔に迎えうったのは、すでにそのときディオドトスII世にとってかわっていたエウテュデモスであった。この王位の交替についてはのちにふたたびとりあげることとしよう。ここでもアンティオコスは、エウテュデモスと和睦にこぎつけるまでにほぼ二年にわたる戦いを余儀なくされた。

前二〇六年、アンティオコスはインドに向うべくパロパミサダエ（ヒンズー・クシュ）を越えた。そしてカーブル河渓谷に入ったとき、彼はマウリヤ朝のこの地の王ソパガセノスと出会うこととなる。ポリュビオスによるとアンティオコスは「インド人の王と親交をふたたび温めた」というから、友好的な出迎えをうけたものと思われる。ソパガセノスは、ターラナータによると「アショーカ王の子ヴィーラセーナ」（『インド仏教史』）と同一人であるという。残念なことに、私たちはこの出会いについては、アンティオコスが象と食糧の供与を受けたこと以外ほとんどなにも知らない。前三〇五年、セレウコス・ニカトールがチャンドラ・グプタと盟約を結んでから九十九年ののちの両朝の再会であった。

アンティオコスはついでカーブル渓谷より、アラコシア、ドランギアナ、カルマニアを経てペルシア湾沿岸に至り、ようやく兵を休めた。アンティオコスは、とポリュビオスはいう、「高所アジアの太守たちを服従させただけではなく、タウロスの彼方の諸王朝をも服させた。彼はその豪胆さとその粘り強さを従臣たちにしっかりと心に刻ませ、それにたいする称讃によって王権を確固たるものにしたのである。この遠征によって、彼ははじめてアジアのみならずヨーロッパの民衆の王となったのである」と。ギリシア人にとっては「大」王となり、アジア人にとっては「勝利《ニカトル》」王となったのである。しかし、それはセレウコス朝が東方アジアにその威光を及ぼす最後となった。

アルタバヌスI世の後を襲ったのはプリアパティウスであった。アンティオコスⅢ世がローマ軍に敗れ、彼の第二子アンティオコス（のちのⅣ世）がローマに人質としてとられたりし、さしもの強勢を誇ったアンティオコスに落日が訪れると、機至れりとプリアパティウスは、「カスピ海南部地方」（ギルシュマン）をふたたび占領した。機を同じくしてメディア・アトロパネ、エリュマイス、ペルシス、カラケネとセレウコス帝国の東方地域は四分五裂の独立の嵐にまきこまれた。アンティオコスは東方の威信を取りもどすべく急ぎ兵を東へめぐらすが、時すでにおそく、エリュマイスのベル神殿を略奪し軍資金をえようとしてついに命を失った。後はセレウコスⅣ世が継いだが、やがて内輪もめで暗殺されてしまう。パルティア王プリアパティウスも、その治政十五年に及んだが、さしたる領土の拡大もできぬまま、セレウコスⅣ世が暗殺された同じ年、前一七六年に世を去った。二人の息子が残されたが、長子フラーテスがまず王位についた。ユスティヌスによると、フラーテスはカスピ海の南岸、エルブルーズ山脈に抱かれるマルディ族の地に侵入し、マルディ族を祖地より離し、カスピの門の近傍、カラクスに入植させたという。しかしフラーテスは治政わずか五年で王位を弟ミスラダテスに譲ることになる。おそらく出征の途中で急死したと思われる。

前一七一年、ミスラダテスが王位を継ぐ。フラーテスにはすでに適齢に達していた息子が数人いたが、弟ミスラダテスに特別の意をもちいていたという。異例の王位継承者にふさわしく、やがてミスラダテスはパルティア王朝の栄華をきわめる時代を築くのである。ちょうどその時、隣国バクトリアではエウクラティデスによる王位簒奪の事件が起きた。バクトリアの内紛に慧敏な反応を示したのはほかならぬこのミスラダテスⅠ世であった。彼は機を逸せずタプリア、ついでトラクシアナ（トゥリヴァ）を侵略し、アレイアの一部もかすめとった。

東方の不穏を知ったアンティオコスⅣ世は、パレスティナにいた軍をまとめ、北転し、エウプラテス河を渡り、アルメニアを抑え、つぎに東方に転じてメディアのエクバタナをめざした。エクバタナより南下してペルセポリスを攻め、ついでエリュマイスに入った。

ミスラダテスⅠ世

しかしアンティオコスⅣ世は武運に恵まれず、前一六四年、ガバエ（イスファハン）に倒れた。ミスラダテスは、東方へ領土を拡大し、守りを固めると、矛先《ほこさき》を西方メディアに転じた。迎え撃つメディアの王はティマルコスであった。戦いの火ぶたは、前一六一年に切られた。前一五五年までメディアとの戦いは一進一退であったが、ついにミスラダテスは勝利を収め、幕将バカシスにその統治を命じた。ミスラダテスはすでにつぎなる目標メソポタミアをにらんでいた。前一四一年夏、セレウコス朝の東の王都、ティグリス右岸のセレウキアを攻め落したとき、彼の目標は達せられたのである。漢の武帝即位の前年のことであった。「前一六〇年から前一四〇年の間に、ミスラダテスⅠ世は力ずくで西はメディア、エリュマイス、ペルシス、カラケネ、バビロニア、アッシリアを、東ではゲドロシア、アレイアとシースターンを併合した」（ギルシュマン）のである。東はパロパミサダエ（ヒンズー・クシュ）より西はエウプラテス河まで、ミスラダテスが築きあげたパルティアの版図は壮大であった。

大アンティオコス（Ⅲ世）の曾孫、セレウコスⅣ世の孫、デメトリオスⅠ世ソテルの子、デメトリオスⅡ世ニカトルは、ミスラダテスに果敢に挑戦しメディアに軍を進めた。パルティアの東辺を遊牧のサカ族が脅かし、ミスラダテスがその対策にヒュルカニアへ赴かねばならない事態が生じたことと、征服されたばかりの西方諸国のギリシア人たちがひそかな支援を申し出たこともあずかっての出兵であったと思われる。バクトリアのヘリオクレスがデメトリオスⅡ世とパルティアの挟撃をはかったことも十分考えられる。「しかしながら、運命の女神はパルティア人にほほえみつづけた」（ギルシュマン）。デメトリオスⅡ世は戦いに敗れ、捕えられ、ヒュルカニアへ送られた。前一四〇年ごろのことである。ミスラダテスは彼を王者として扱い、そのうえ自分の娘ロドグネを彼と娶《めあわ》せた。王国を失った王に娘を与えたのは、やがてエウプラテス河の彼方に攻め入ってシリアを手中に収めたとき、その地の統治を娘とその夫デメトリオスにゆだねようとの目論見からであったろう。

ミスラダテスの構想はみのらなかった。前一三八年、デメトリオスに勝利してからわずか一年のち、彼はパルティアを世界を動かす国にまで育てあげてこの世を去った。ミスラダテスとは、ミスラの神より与えられし者、つまりミスラ神の「申し子」という意味である。ミスラの神の名に因んだ王名を有するのはパルティアでは彼をもってはじめとする。ポントスの諸王とコンマゲネの諸王に、ミスラダテスを名のる者が多く、彼らは明らかにミスラ祭儀と深く結びついており、ミスラ神を王朝の守護神としていた。とりわけ、アルメニアではミスラ崇拝が盛んで、バガヤリシュ（エウプラテス河の上流域）にはミスラを祀る壮大な神殿があったという。やがて小アジアを席捲したミスラの信仰は、ローマの兵士たちの魂をつかみ、ローマへともたらされ、初期ローマ帝国のもっとも重要な宗教の一つとなるのである。パルティアのミスラダテスI世がミスラ神の深い信仰を有していたかどうかは、すでに小アジアには前例のある王名のみから判ずることはできないが、アヴェスター語のテキスト「ウィーデーウ・ダート」（除魔書）の第一章ファルガルドで世界の最良の国ぐになるものが列記されているが、その列記は明らかにミスラダテスI世のもとで再編成された地域割を反映しているというバンヴェニストの指摘

デメトリオスII世

から、ドゥブボワーズは、この『ヴェンディダード』のなかにみえる第一〇ヤシュト、つまりミスラの神に捧げられた「ミフル・ヤシュト」もミスラダテスI世のときにつくられたものにちがいないと推定している。もしそうだとすれば、ミスラダテスがゾロアスター教史で占める位置は小さくない。

遊牧の民パルニ族が初めからゾロアスター教徒であったとは思われない。彼らは、パルティアを自分たちの新しい本貫の地とさだめたときから、アケメネス朝以来の古い土地の信仰とむきあわなくてはならなくなっただろう。

そして、彼らの支配圏が東から西へと拡がるにつれ、彼らはいよいよ広くゾロアスター信仰の地をかかえこんでいくことになった。それに新しいとはいえ強力なグレコ・マケドニアの支配をくつがえしてゆくには、ふたたび古いペルシアの土壌を掘りかえし、伝統ある思想を蘇らす必要があったにちがいない。

## 2 古き都

パルティア王朝の創始王アルサケスがアスタウエネ（中世にはウスタワーと呼ばれた）のアサークで即位の儀をおこなったことはすでにのべた。アサークはクシャンに近いアトレク川の上流域にあったとされているが、まだ十分な調査がおこなわれていない。アサークとは、より正確にいえば、アルシャククキルト、つまり「アルサケスにより造られしもの」の

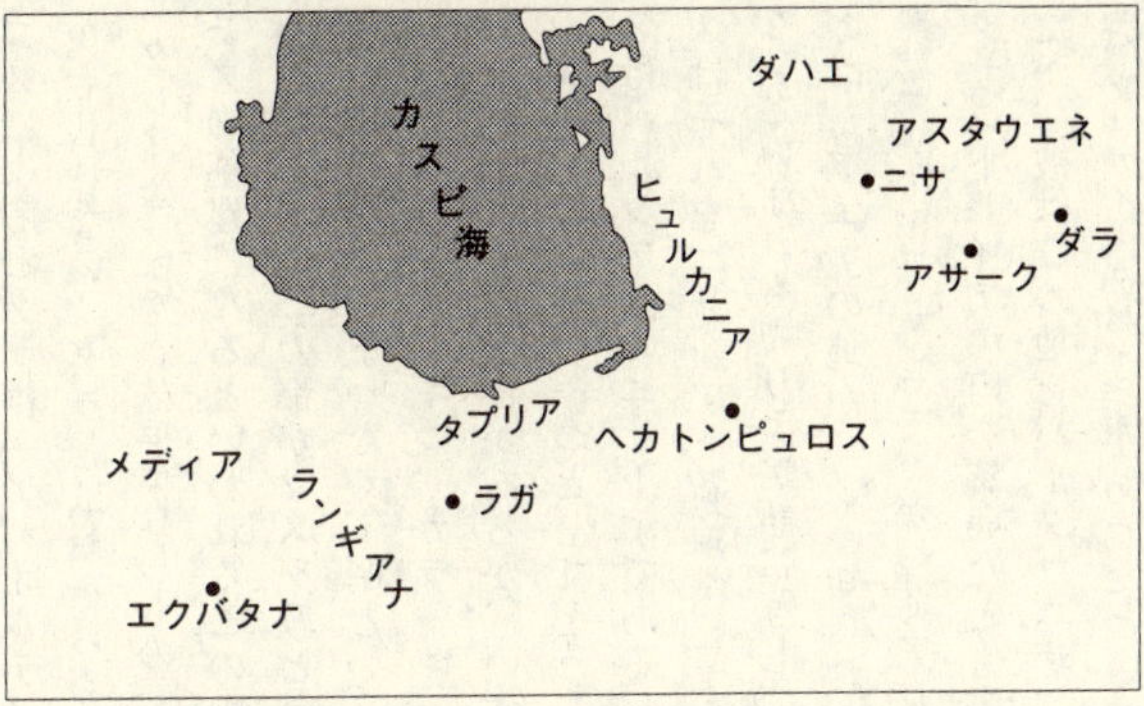


パルティアの古都

意味であり、アルサケスの創建にかかるものであることは明らかだが、なおそれが最初の「首府」であったとは必ずしも断定できないとショモンの意見は慎重である。しかし、即位の儀式がここでおこなわれたことは、アサークが初期パルティア王国できわめて重要な祭祀的役割を果した所であったことを裏書きしている。前一世紀の末、つまりアルサケス即位よりほぼ二二〇年ほどのちここを訪れたカラックスのイシドロスは書いている、「アルサケスが初めて王《バシレウス》を名のったこのアサークの町には、不滅の火（ピュル・アタナトン）が燃えている」（『パルティア駅停』）と。アルサケスは、アケメネス朝の戴冠式を意識してこの火の燃える神殿で、聖火を前にして儀式をおこなったことだろう。その意味で、王朝の祭式にはすくなくともマズダ教をとりいれたものと思われる。

アサークにならぶ古都にダラがある。ユスティヌスによるとダラは「アパオルテノン山の頂きに立っていた」というから山城であったのかもしれない。ダラとはおそらく、ショモンの指摘のように、ダーラブギルト、つまり「ダレイオスにより造られしもの」の意の略称であろう。アルサケス、あるいはティリダテスの創建になるといわれるこの山上の古都も、やはりアケメネス朝のゆかりの名をとったのである。この都がマズダ教といかなる関係があったかは、その所在地も確定されていない現在では、まったく不明というほかはない。この都の位置をグルガン渓谷、アスタラーバードの東八十キロ、カラ・マラとする説と、キラーティ・ナディールの渓谷にある岩陵地域とする説などがあるが、いずれも確証はない。

同時期の古都の一つとしてどうしても欠くことのできないのはニサであろう。ニサの古名はペルシア語のニサーヤである。ニサーヤとは「定住の地」の意である。プトレマイオスはそれをニサイア（『地理学』Ⅵ・40・4）と、ストラボンはネサイア（『地理誌』Ⅻ・7・2）といずれもギリシア語に写している。プリニウスはニシアエアとラテン語に写し、このニシアエアの地が「よく知られたパルチュアネス」にほかならないと記している（『自然誌』Ⅵ・113）。そして、かつてアレクサンドロス大王が、ここニシアエア＝ニサに、アレクサンドレイアの町を築いたとも書いている。カラックスのイシドロスもまたここを訪れたが、彼はこの地をパルタウニサ、つまり「パルティア人のニサ」と呼び、ここには王陵（バシリカイ・タパイ）があったといっている。

ニサの考古学的発掘は、一九三〇年に始まったが、本格的な発掘の着手は、一九四六年に南トルクメニスタン考古学総合調査隊が組織されてからのことである。トルクメン共和国の首都アシュハバードの西一八キロメートルのところにあるバギルという村の近くにニサの旧跡はある。ニサの旧都は二つの地域よりなり、パルティア王の宮殿、廟、神殿、宝蔵などをようする地域を旧ニサといい、多数の望楼を備えた城壁に囲まれた都城、その中に貴族や庶民の住居、穀物倉、役場などを配した地域を新ニサといい、南北に並んでいる。ニサの発掘によってパルティア文字が墨書された土器片《オストラコン》が多数発見されて、パルティア史の解明にきわめて重要な寄与をなすことになった。

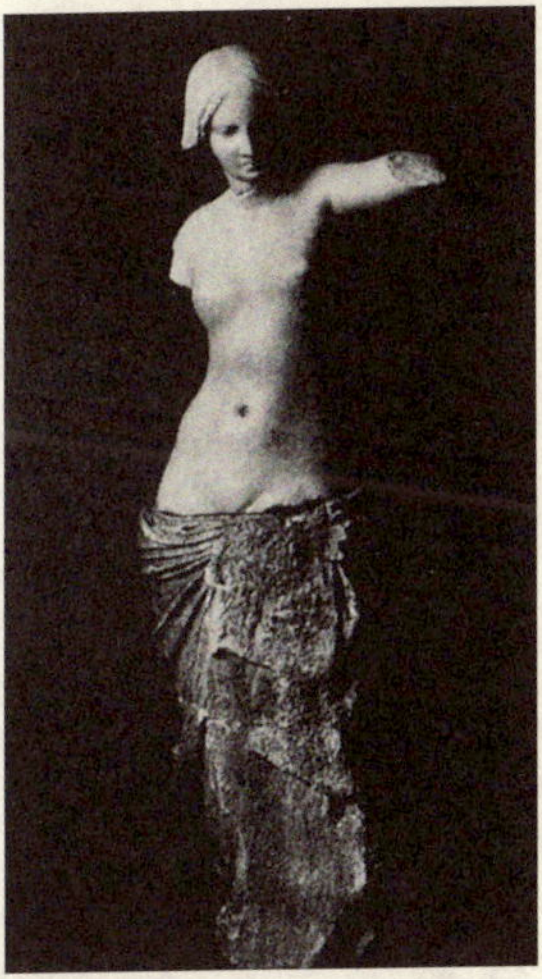
ニサのヴィーナス像

古ニサは、コペト・ダグの山並みを背景にした小高い自然の丘の上に築かれた五稜の城塞であった。王の居城、神殿をようするこの城は、アルサケスの弟ティリダテスの創建になるものという。ここより発見された土器片記録（オストラコン）と発掘された神殿と宝蔵の遺品によって、パルティアの信仰の中味をのぞき見ることができる。土器片記録によって、ここでは「ゾロアスター教暦」が用いられていたこと、そしてしるされた王宮に出入りする人びとの名前の中にゾロアスター教の神々の名にちなんだものがいくつもあることが明らかになった。また発掘された神殿は二基あり、その一基は「方堂」と称せられるものであり、もう一基は直径約一七メートルの円形の神殿であった。それらの廃墟の中から、大理石と粘土の彫像が出てきたことから、メアリー・ボイスはここで「フラワシの祭儀」(死者の魂を礼拝する儀式)がおこなわれたものと推測している(『ゾロアスター教』)。旧ソ連の考古学者たちは、円形神殿の境内の中央には「聖火が燃えていた可能性もある」と考えた。以上のようなことから、「ゾロアスター教は、パルティアでは支配的な宗教であった」とマッソン(『埋もれたシルクロード』)は結論する。これに対し、ギルシュマンは「パルティア人はアケメネス人ほどゾロアスター教を信仰していなかった」(『イラン』)という。この二つの相反する意見は、パルティアがアケメネスの古い王朝の宗教に依拠しつつも、なおそれを国家の中心的なイデオロギーにするまでには至っておらず、彼らが複数の宗教の共生に「寛容」であったということから自然と生じたものであろう。宝蔵からの出土品はさらに異文化との共生の事実をはっきりと裏づけてくれる。銀製の有翼のスフィンクス、銀製の有翼のエロス像、グリフィンの像、「ニサのヴィーナス」と呼ばれる女神像、「アテナ」と呼ばれる女神像、そしてヘレニズムとイラニズムの結合を示す大量の象牙製リュトンなどがそれである。

最後にもう一つの歴史的な古都ヘカトンピュロスにふれておこう。ヘカトンピュロスはアケメネス朝時代すでにカスピの海港とホラサン地方とを結ぶ幹線路上の重要な駅停であった。かつてアレクサンドロス大王が、バクトリアのベッソスを追ってヒュルカニアに軍を進めたおり、進軍三日目にヘカトンピュロスの近くで宿営したという。「ここは歓楽に金銭糸目をつけぬ豊かな町であった。アレクサンドロスはそこで軍を数日休ませることにした。彼はこの町を三〇キロほど先にいったところにある巨岩の近くを宿営の地と定めた。この岩のもとに大きな洞穴があり、そこよりスティボエテス川が滔々と流れでていた」(ディオドロス)。クイントゥス・クルティウスによれば、「この高名な町ヘカトンピュロスはギリシア人によって創建されたものである」(『アレクサンドロス大王伝』VI・2)という。ギリシア人とはおそらくセレウコス・ニカトルであろう。パルティア史のなかでこのヘカトンピュロスが初めて姿を現わすのは、前二一一年アンティオコスIII世の東方遠征のおりであり、それを書きとめたのは、前二世紀のヘレニズムの歴史家ポリュビオスである。アンティオコスIII世は、エクバタナを落し、さらに兵を東方に進め、「砂漠を抜けて、当時パルティアの中心にあったヘカトンピュロスと呼ばれる町に至った。この町の名は、周辺地域に通ずるすべての道がここに集まってきていることからヘカトンピュロスとつけられているのである」(『歴史』I・28)と。ギリシア語のヘカトン(百)とペルシア語のプール(橋)の音写であるピュロスの合成語であるヘカトンピュロスは、文字通りここに集中する道に通ずる「百の門をもてる」町の意であったのである。ポリュビオスの記したアンティオコスⅢ世の遠征の記録は、ヘカトンピュロスが早くからパルティアの手にあった事実に光をあてたが、それがいつごろパルティアの首邑の一つになったのか、正確な日付はわかっていない。ニサが繁栄の頂点にあった時期よりかなり後のことであったろうとショモンは推察している。『漢書』にみえる安息国の「番兜城《ばんと》」がニサを指し、『後漢書』の記す「和櫝城《わとく》」がヘカトンピュロスを示すとすれば、武帝の使者を迎えたミスラダテスⅡ世以降のいずれかの時期に、王城は「番兜城」より「和櫝城」に移されたものと思う。ヘカトンピュロスのあった場所も、今日に至るも未詳である。多くの学者たちは、それはカスピの門より一二六〇スタディオンの距離にあり、ダムガーンとフラートの間、つまりダムガーンの古邑シャハレ・クンミスがそれに当たると推論しているが考古学的な確実な裏づけはない。一九三七年、シュミットは空中から、カスピの門の東方にひろがるダムガーン平原に「百門の町」ヘカトンピュロスを求めたが、発見には至らなかった。古都ヘカトンピュロスはまだダムガーン南方のいずれかの砂丘に埋もれたままなのであろう。

## 3　東方のざわめき

ミスラダテスⅠ世の後を継いだのは、若き王子フラーテス（Ⅱ世）であった。前一三八年ごろのことである。彼は父王の版図の維持と反撃をもくろむセレウコス朝シリアの対策に多くのエネルギーを注がねばならなかった。とりわけこの若い王を悩ませたのは捕囚デメトリオスの扱いであった。ヒュルカニアに憂愁の日々を送っていたデメトリオスは再三の逃亡を企てるが、そのつど捕えられ、妻子のもとに送りかえされた。フラーテスは、気晴らし用にと一対の「黄金の骰子《サイコロ》」をデメトリオスに贈ったという。それは当てのない賭《かけ》はおやめなさいという皮肉なメッセージであったとも考えられる。

パルティアの圧力をはねかえし、東方の失地の回復にむかって果敢に戦いを挑んだのは、アンティオコスⅦ世シデテスであった。つぎつぎと城邑を落し、ついにメディアのエクバタナに入った。フラーテスは、捕囚デメトリオスをパルティア騎馬兵の先頭に立ててアンティオコスにむかわせ、セレウコスの軍勢を押し戻す方策をとったが効果はなかった。そこでフラーテスは、パルティア伝統の攻めるとみせかけて引く戦法によって敵を消耗させ、機をみて打ってでてついにアンティオコスをメディアに屠《ほふ》った。アンティオコスの若い息子セレウコスとその姪であるデメトリオスの娘もこのとき捕えられたのであった。アンティオコスの遺体は、王者にふさわしい取り扱いをうけ、銀製の棺に納められてシリアへと送られたという。

アンティオコスに勝利したフラーテスⅡ世は、ふたたび逃げ去ったデメトリオスの追及もあってシリアへの進軍を企てたが、そのころ、パルティアの東方の辺境地帯がサカ族の西遷によってにわかに脅威にさらされることになった。フラーテスは急いで軍を東方へと転戦させ、サカ族の動きを封じようとした。しかし、東方の戦線に投じたギリシア傭兵の裏切りにあい、前一二八年、みずから命を失うこととなった。彼の後の王位は、フラーテスの叔父、プリアパティオスの息子アルタバノス（Ⅱ世）によって継がれたが、フラーテスの死のわずか四年後、彼もまたトハラ族との戦いで毒矢をうけて倒れたのである。東方でのパルティア王の相つぐ戦死は、ひたよせる遊牧の民の蹄《ひづめ》の音にかきけされたバクトリアの地の激変と関係があるのだが、それらについては改めて語ることにしよう。

アルタバノスの後継者は息子のミスラダテス（Ⅱ世）であった。彼は前一二三年、王位につくと東方の遊牧民サカをまず撃ち、バクトリアをしずめるなどパルティアの失われた領土の奪回にのりだし、その殆んどを回復した。そして、さらに北方深くアルメニアの地に力を伸ばしていった。アルメニア王アルタヴァスデスは、自分の長子ティグラネスを人質にさし出してミスラダテスと和睦した。このときから、アルメニアはパルティアにとっておのれの興亡の帰趨をきめる要《かなめ》の場となったのである。東の間の平和の時期、パルティアは東方からの使節を迎え入れた。漢の武帝はかねてから西南夷（西南の異民族）との通交をのぞんでいたが、費用も多くかかり、道も通じていなかったのでこれまでできないでいた。しかし、張騫が大月氏の大夏より帰国して武帝に「大夏に通じることができる」と報告したので、武帝はついに意を決して西南夷に使節を送ったと『史記』の大宛伝はしるしている。元狩元年（前一二二年）のことである。ミスラダテス即位の二年目にあたるこのときは、漢使はまだパルティアにとどいていない。張騫が武帝に烏孫との同盟を献策して認められ、みずから正使として従者三百人を引きつれて烏孫の地めざしてふたたび西域に旅立ったのは元狩四年（前一一九年）のことである。烏孫王昆莫《こんばく》にまみえた張騫は、この地よりさらに副使を近傍の諸国にむけて、烏孫の案内人と通訳をつけて分遣したのであった。近傍の諸国のなかに大宛、康居、大月氏、大夏とならんで安息（パルティア）の名がみえる。漢使はこのとき初めてパルティアに至ったのである。張騫が長安の都に帰ったのは元鼎二年（前一一五年）のことであるから、漢使のパルティア到達は、元狩四年（前一一九年）と元鼎二年（前一一五年）の間ということになろう。いずれにしてもミスラダテスII世の治政の初期、張騫の尽力によって漢とパルティアはついに通ずることになったのである。破天荒な壮大な旅によって東アジアと西アジアをつないだ張騫は、帰国の翌年、元鼎三年（前一一四年）に卒したという。張騫が大月氏、大夏を訪れた際おそらく入手したと思われる隣国パルティアの消息を『史記』はつぎのように書きとめている。

「安息（パルティア）は大月氏の西およそ数千里ほどの所にある。その風俗は土着で、田を耕し、稲と麦を作り、蒲《ぶ》陶《どう》酒がある。城邑は大宛のようで、その属城は大小数百あ

ミスラダテスII世

ミスラダテスⅠ世のドラクマ銀貨

り、国の広さは数千里あり、もっとも大国である。媯《ぎ》水《すい》（オクソス河）にのぞんでおり、市があり、民は商売をし、車や船を用いて数千里も離れた他国へゆきもする。銀で通貨をつくり、その銭の表に王の肖像を表わしている。王が死ぬと通貨を改めて鋳《い》り、新王の像を表わす。文字は革に横書きにし、それをもって書としている」

地誌もさることながら、通貨と文字・書法にかんしてはきわめて正確である。残存するパルティア貨から銀貨が主流であったことが裏づけられている。銀貨はいずれも例外なくセレウコス朝が採用したアッティカ重量基準にしたがっている。そして銀貨の表面には、張騫の報告どおり、王面が刻まれている。ミスラダテスⅠ世のドラクマ銀貨をみてみよう。表面には耳覆いがついた王冠をかぶった左向きの王の肖像が刻まれ、裏面には弓をもつ始祖アルサケスⅠ世の倚像とギリシア語銘文が刻出されている。銘は「諸王の王、栄光に輝く偉大なるアルサケスの」とある。ミスラダテスⅡ世は基本的にⅠ世の型を受け継いだものと考えられ、Ⅰ世のものとⅡ世のものの判別ははなはだむずかしい。王が死ねば、通貨を改鋳し、王面も改めたとあっても、銘文で王名を示すものはごく稀《まれ》で、特定がむずかしいのである。王の称号の変化に王権の拡大進化の痕跡を認めることができるとしても、「諸王の王」(バシレウス・バシレオン)の称号の始まりをミスラダテスI世とするかII世とするか、これとても意見の分れるところだ。

文字にかんしては、サリ・プルのパルティア碑文の残欠や例のニサの陶片文書の発掘によってようやくその実を知ることができるようになった。「皮に書かれた」文書は残念ながらまだみつかっていない。「パルティア人がついに自らの言葉で語りはじめた」(V・マッソン)とするにはなおしばらくの時間がいろう。

## 4 パルティア・漢・ローマ

さて、『漢書』西域伝は「武帝が初めて使者をつかわし、安息(パルティア)に至った」とある。おそらく張騫が烏孫より派遣した副使の後を受けてのものと思われる。張騫の没後ほどなく武帝は正使を送ったのであろう。正使であったればこそ安息の王(ミスラダテスII世)は将に命じて二万騎をひきいて東の国境《くにざかい》に使《つかい》を出迎えさせたのである。「東の国境は王都から数千里ほど離れた所にあり、そこにゆきつくには数十城を過ぎねばならず、人びとがあいつらなっている。このとき安息は使者を出して漢の使者にしたがわせ、漢の地にゆかせ観察させた。この折、大鳥の卵および犂靬国の眩人を漢に献上したところ、天子(武帝)は大いに喜んだ」と『漢書』はしるしている。「大鳥の卵」とは当時珍重された駝鳥の卵であった。この卵は、天と地を生み出すシンボリックな宇宙卵でもあったのであろう。犂軒（『史記』では黎軒、『後漢書』では犂鞬、そして犂鞬は大秦、海西国の異名をもつ、となっている）の位置にかんしては、史書はかならずしも一致していないが、ラガ（藤田豊八）を指すか、シリア（白鳥庫吉）を指すか、いずれにしてもパルティアの「西」の地方の「幻術を善く使う」人をも漢に献上したのである。彼らは口より火を吐き、刀を呑み、自分の体をばらばらにして、牛馬の頭にかえたり、千を数えるほどによく跳んだりして、その千変万化の「奇幻」で人びとを驚かせた「大術者」であった。そしてその幻術が、藤田豊八が語ったようにゾロアスター教のマギ僧の秘法とかかわりがあるとすれば、武帝はそれとは知らずゾロアスター教の胚種を、葡萄の種とともに漢地に埋めたということになろう。『漢書』はさらに、「この国の人はみな目が深くへこみ、あごひげ、ほほひげが多かった」と人相学《フィジオグノミー》にまで言いおよんで安息にかんする情報をしめくくっている。

前九四年、アルメニア王アルタクシアスが死ぬと、ミスラダテスⅡ世のもとに人質となっていた長子ティグラネスは、急遽アルメニアにもどり、パルティアの支持をえて王位についた。国情が安定するとティグラネスⅡ世は、ポントスの英主ミスラダテス・エウパトルと同盟を結び、その盟約の証《あか》しにポントス王の娘クレオパトラと結婚した。そして力を合わせ領地の拡大を策し、カッパドキアのアリオバルザネスを王位から追い落しにかかった。いっぽうパルティアのミスラダテスもティグラネスの娘アウトマと結婚しアルメニアとの盟約を固め、アルメニアへの杞憂がなくなると、さらに西方、エウプラテス河畔へと軍を押し出していった。

このころ、ローマの野心にみちた将軍たちはさまざまな口実をつくって小アジアの富の掠奪をもくろんだ。その富の去就がまたローマでの政争の種となった。カッパドキアとガラティアに姿を現わしたマリウスのあと、アリオバルザネスの復位を口実に小アジアにたいする本格的な干渉をおこなったのはスッラであった。爾来、小アジアはローマと東方の諸王との激烈な覇権争奪の場と化することとなった。パルティアのミスラダテスは西辺の国境を安定させるべく、スッラがエウプラテス河の辺りで時を過しているとき、スッラのもとに使者オロバゾスを送って友好を求めた。「使オロバゾスが会いにきて、両国の間にそれまでなかった交渉が始まった。しかもパルティアの人びとがローマ人の中でもスッラのところへ最初に同盟と友好を求める談判にきたということは、スッラにとって大きな幸福になったと思われる。スッラはこの時三つの椅子を用意させ、一つはアリオバルザネスに、一つはオロバゾスに、一つは自分にあて、自分は二人の中央に腰をおろして話を聞いた。このかどでオロバゾスはのちにパルティアの王に殺され、スッラはある人には蛮族を軽くあしらった点でほめられたが、ある人には下賤で場合をわきまえず名誉心を示したものとして非難された」とプルタルコスは伝えている（『英雄伝』スッラ）。前九二年ごろのことである。これはパルティアとローマのながい相互交渉の歴史の始まりを告げるものであった。

前九一年、バビロニアの太守であったゴタルゼス（Ⅰ世）は、ミスラダテスⅡ世と袖を分って独立した。ミスラダテスの衰えを見越してのことであったろう。ミスラダテスはそれから三年後没するのである。アルサケス朝の王権はひとときこのゴタルゼスⅠ世のものとなるが、前八〇年にはオロデス（Ⅰ世）にとってかわられたものと思われる。オロデスの治政も短く、その後を継いだシーナトルケスに至っては即位したとき齢《よわい》すでに八十であった。前七〇年、あるいは六九年、この老王が没すると王位は彼の息子フラーテス（Ⅲ世）によって継がれることとなる。

ミスラダテスⅡ世が死んだとき、アルメニア王ティグラネスは、先に王位につくとき条件としてパルティアに割譲したアルメニアの七十の谷（ストラボン）を奪回するとともに、アルサケス王家と血のつながりのないゴタルゼスの王権を認めないという口実で、パルティアの北方と西方の諸領を切り取った。プルタルコスはそのあたりの消息をつぎのように伝えている。

「アルメニアを支配しているティグラネスは王の王ともいわれた人で、その軍隊をもってパルティアの人びとをアジアから切り離し、方々のギリシア人の町をペルシア本土にそっくり移し、シリアおよびパレスティナも征服し、セレウコス家の諸王を殺してその姫や妃を捕虜にしてつれていった」（『英雄伝』ルクルルス）と。

かくしてティグラネスは大アルメニアの基礎を築いたのである。スッラの死後執政官《コンスル》となったルクルスとこのティグラネスおよびポントスのミスラダテスⅥ世エウパトルとの小アジアの覇権をかけての激闘の歴史は、プルタルコスによって活写されているのでそれにゆずるとしよう。

老王シーナトルケスの後を継いだフラーテスⅢ世が、その治政の間、たえず心を砕かねばならなかったのはアルメニアのティグラネスとローマのポンペイウスとの駆け引きであった。彼の王座は十年そこそこであった。前五八年か五七年ごろ、彼は二人の息子ミスラダテスとオロデスによって謀殺された。その後を襲ったのはまず兄のミスラダテス（Ⅲ世）であったが、彼もまた治政わずか二年余で、弟オロデスの手によって殺害された。このオロデス（Ⅱ世）こそ世に名高いカルラエの戦いで「ローマの第一人者」クラッススを破り、その首をとった王である。といっても実際は、オロデスはそのときアルメニアの王アルタバゼスを撃つため兵を北へ進めていたのであり、クラッススに対決を挑んだのは、「善謀と明智をもってパルティア最大の名声を馳せていた」スーレーナスであった。スーレーナスはパルティアの王権を支えた七つの名家のうち王に冠を戴かせる特権をもつ第一の名家であった。「私人としての旅行にもつねに荷物を積んだ駱駝を一千匹も駆りたて、妾の車を二百台もしたがえ、鎧《よろい》で固めた騎兵が一千人とそれ以上の軽騎兵がともをし、すべて騎馬のものは従卒も奴隷もいっしょにすると一万を下らなかった」（『英雄伝』クラッスス）というからその権勢のほどがしのばれよう。

クラッススの首が運ばれたとき、それはちょうど、オロデス王がアルメニアと和解してアルタバゼス王の妹を自分の息子のパコロスの嫁にもらう話がまとまりその祝いの饗宴を催している最中であった。食事が終り、悲劇役者がエウリピデスの『バッコスの信女』の中で、アガウエーの出てくるところを演じ、役者が喝采《かっさい》を浴びていたそのとき、クラッススの首が投げ込まれた。役者はみずからクラッススの首を取り上げ、踊り狂いながら、あたかも霊感をうけたかのような調子でアガウエーの科白《せりふ》を吐いた。「切ったばかりの巻角のすばらしい獲物を私は山から館へもってきた」と。これもプルタルコスの伝える話である。

「しかしオロデスには残虐の罰、スーレーナスには裏切りの罰が加えられた。というのは、いくらもたたないうちに、スーレーナスは、その名声を嫉《ねた》んだオロデスに殺され、オロデスは、息子パコロスがローマ軍との戦争に負けて死んだ後、病気が水腫に変じたときに息子のフラーテスが暗殺をはかって毒草のとりかぶとを与えた。ところがその毒を病気が吸収していっしょに体外に排泄《はいせつ》したため気分が軽くなったのを、フラーテスは近道してこれを締め殺したからである」（『英雄伝』クラッスス）

思わず前一世紀の後半にまで話を進めてしまったが、このあたりでふたたび久しく放置してきたわがバクトリアの歴史へと話を転ずることとしたいが、その前に『後漢書』が伝えるその後の情報に眼をとおしてパルティアのしめくくりとしよう。

さきに『漢書』は、「安息《パルティア》国は、王が番兜《ばんと》城に治《みやこ》し、長安を去ること一万千六百里」としていたが、『後漢書』では、「安息国は和櫝《わとく》城に居し、洛陽を去ること二万五千里」とし、さらに「洛陽を去ること二万里、その東界に木鹿城ありて小安息と呼んでいる」としるされている。岑仲勉はその撰著『漢書西域伝地理校釈』で、番兜はパルトゥの対音でパルタウニサを指し、和櫝はヘカトンピュロスを、木鹿はムル、すなわちメルヴを指すものと解している。

さらに『後漢書』はつづけている。「章帝の章和元年（後八七年）のとき、（安息は東漢へ）使をつかわせて獅子と符抜を献上した。符抜は形は麒麟に似ているが角はない。また和帝の永元九年（後九七年）、都護の班超が甘英を大秦（ローマ）に使いさせ条枝（シリア）に至った」と。甘英はおそらく安息を通って地中海岸アンティオキアの海港セレウキアに至ったものと思われる。そこから船で地中海を渡って大秦（ローマ）にゆきつくつもりであったが、安息の船人に、地中海は広大で、風に恵まれてうまくいっても三ケ月、逆風にみまわれたら二年はかかるので三年分もの食糧を積んでゆかねばならず、それにたとえ海に出たとしても、ホーム・シックにかかり、それで死ぬ者も多くあるとおどされ、やむなく渡航をあきらめたとある。後漢の西域都護班超の居城、亀茲国の它乾《だかん》城を出てついに西界、条枝《シリア》に至った漢人は甘英をもってはじめとする。おそらく甘英が東から西へ歩んだ道筋を、逆に西から東へとたどった人と物と文化があったはずである。

「和帝の永元十三年（後一〇一年）、安息王満屈はふたたび獅子と条支《シリア》の大鳥を献上した。ときにこれを安息雀という」。『後漢書』は初めて貴重な安息の王名を記録にとどめている。藤田豊八氏が指摘したように「満屈の満は殆んど蒲の譌《あやまり》」（『東西交渉史の研究』西域篇）で、「当時のパルティアの王パコロス（Ⅱ世）」を指すものと考えられる。パコロスⅡ世の治政は後七八年から一一五年、あるいは一一六年ごろまでであったから、章帝章和元年より始まり和帝永元十三年のこの記事に終る『後漢書』の数行の記録はいずれも安息王パコロスⅡ世時代の交流の跡を示すものであることがわかる。三十数年におよぶパコロスの治政のあいだ、ローマ皇帝は、ティトゥス帝（七九〜八一年）、ドミティアヌス帝（八一〜九六年）、ネルウァ帝（九六〜九八年）、トラヤヌス帝（九八〜一一七年）と四代をかぞえた。最後のトラヤヌス帝がパルティアの首邑クテシフォンを落すのは一一六年のことだから、ほぼパコロスの没年と重なることとなる。漢使が訪れたころは、王家の内紛に悩まされてはいたが、トラヤヌスに抗するダキアと結んだりパルティアがまだ盛んなときであった。パルティアはパコロスの死後、ササーン朝のアルダシールによって亡ぼされるまでなお一世紀余を生きのびることになるが、かつて遊牧の民の野性の輝きを放ったパルティアの光芒はもはや失われていた。一六六年、安敦（マルクス・アウレリウス・アントニヌス）の使者が桓帝のもとに訪れたことは、忘れずに記しておこう。

セレウコス朝によってヘレニズム化された非地中海的な内奥アジアを、バクトリアとパルティアが分有したことの文化的意味はやがて改めて問うこととなろう。

なお最後に一つふれておかなければならないことがある。それは、パコロスⅡ世死没のほぼ半世紀のち、後漢の桓帝の建和二年（後一四八年）に安息の僧安世高が洛陽にきたことである。彼ははじめて中国で仏教経典を翻訳した僧といわれている。いずれも経録や僧伝によったものである。いま『梁高僧伝』を開いてみると、「安清、字は世高、安息の国王正后の太子なり……王の薨《こう》ずるや、すなわち大位をつぎしが、すなわち深く苦空を想い、名器を厭離《おんり》して国を叔父にゆずって出家修道し、ひろく経蔵を学びおさめ……諸国を遍歴して教を弘めた。そして後漢の桓帝の初め始めて中夏に至る」（巻第一）とある。さらに同伝は安息の優婆塞《うばそく》安玄が後漢の霊帝の末（光和四年＝後一八一年）に洛陽にきたこと、安息の沙門曇帝（曇無諦）が魏の正元元年（後二五四年）に洛陽にきたことをしるしている。曇無諦の来訪はすでにササーン朝になってからのことであるが、安世高と安玄のそれはいずれもアルサケス朝第三十五代ウォロガセスⅢ世の時代のことである。そしてなによりも重要なことは彼らが安息の仏僧であったということ、つまりそのころ安息国の一部に仏教が流布し、上流の人びとをふくめ深く人の心を捉えていたということである。仏教はそこでヘレニズムの神々やゾロアスター教とふたたびふれ合ったものと思われる。安息の仏教は、おそらくパルティアとバクトリアの干渉と交流の歴史の過程で、とりわけグレコ・バクトリア王国が倒れ、クシャン朝バクトリアの成立のあとでパルティアに流布したものと思われる。しかし、仏教はゾロアスター教の厚い信仰の壁を破砕して浸透することはできず、パルティアの「東界」、さきに『後漢書』があげたいわゆる木鹿城《メルヴ》を首邑とする「小安息」に限定されていたのではなかろうか。とすれば、安世高も安玄もマルギアナの仏僧といったほうが正鵠《せいこく》を射ているように思われる。

いまふたたび、二人のディオドトス王によって礎石を築かれたばかりのバクトリアへ視線を転じてみるとしよう。

# 十一　帝王の譜

インドのマウリヤ朝のアショーカ王が、仏教に改宗したのち、八万四千の仏塔を建立する大事をなしとげ、帝国内の要所に石柱を建て、あるいはそこにある自然の岩石を利用して自分の施政の方針や事蹟を法勅として刻ませたことは広く知られている。そののち、首府パータリプトラ（華子城）で第三回の仏典結集が開かれ仏教教団の再編成がおこなわれたが、アショーカ王を後見としてのことであったろう。第三回の結集は前二五〇年ごろのことであったと思われる。まさしくバクトリアのディオドトスが、セレウコス朝の羈絆《きはん》をたち切って新しい王国の建設をめざして立ち上った年である。結集が終るとただちに仏陀の「善き言葉」をたずさえた布教僧がアショーカ王の使節とともに亜大陸および周辺地域の各地に派遣された。北西地域にかぎっていえば、カシミール・ガンダーラ地方に赴いたのはマッジャンティカであり、ヨーナローカ（ギリシア人の住地）に赴いたのはマハーラッキタであった。布教の大徳マッジャンティカはガンダーラで竜王を教化して法を受けしめ、八万人に悟りをひらかせて一千人を出家させ、ヨーナローカへ至った大徳マハーラッキタは、このギリシア人の国でカーラカーラーマ経を説いて七万一千人に悟りをひらかせ一千

人を出家させたという。マハーラッキタの赴いたヨーナ世界には、ヒンズー・クシュの北、

建国まもないバクトリアもふくまれていたと思われる。ディオドトスI世もII世も建国の

事業にいそがしく教化されることはなかったけれども、仏教の種は確実に播かれたのであ

ある。バクトリアの王が、みずから回心するに至るには、まだインドと向きあう長い時間が

必要であった。

バクトリア建国の礎石は二人のディオドトスによって置かれたことはさきにもふれたが、バクトリアをより強固なものとし、その勢力の伸展をはかったのは、エウテュデモスとその息子デメトリオスであった。

ポリュビオスによれば、エウテュデモスはマグネシアの人であったという。おそらく父のとき、アンティオコスI世かII世の支配下にあったここバクトリアに、家族ともどもマイアンドロスの豊かな流れにはぐくまれたマグネシアより移住させられたものと思われる。移住を父の時代としたのは、「中央アジアのヘレニズム化した土地と、セレウコス帝国のあいだに割って入り非ギリシア国家をそこに介在させたパルティアの出現以後では、こうした移住は不可能と思われる」(ポール・ベルナール)からである。とするとエウテュデモスは、移民ののちバクトリアで生まれたマグネシア出身のイオニア系ギリシア人ということになろうか。彼をディオドトスと血縁の者とする人もあるが、おそらくそうではなく、ディオドトス配下の有力な太守の一人であったのだろう。ド・ラ・ヴァレ・プッサンとル

## グレコ・バクトリア諸王の系譜(ナラインによる)

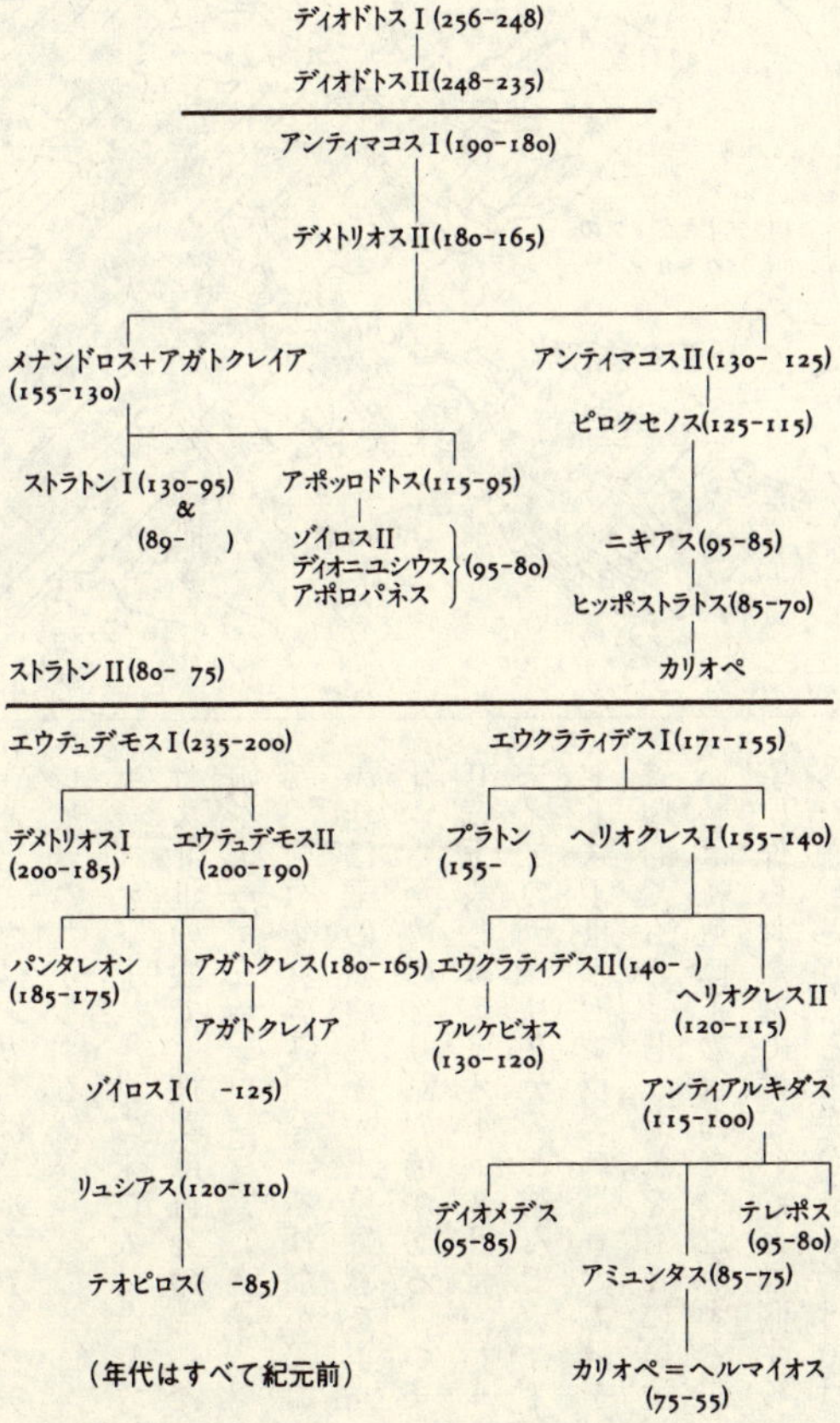


(年代はすべて紀元前)

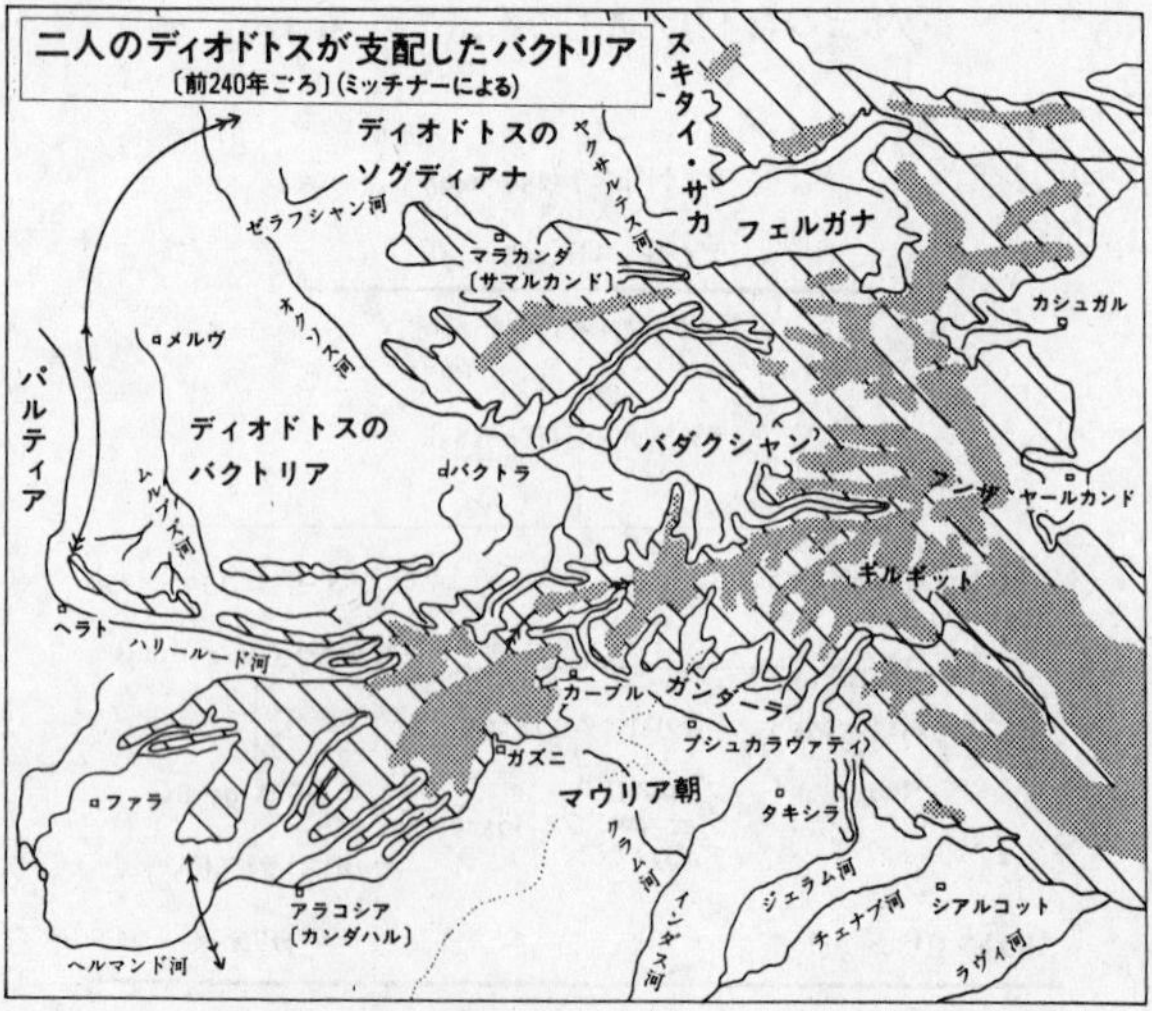

二人のディオドトスが支配したバクトリア
〔前240年ごろ〕(ミッチナーによる)

ネ・グルッセは彼をソグディアナの太守とし、カニンガムはマルギアナとアレイアの太守とする。

ディオドトスⅠ世の未亡人はセレウコスⅡ世の娘で、彼女は自分の生んだ娘をエウテュデモスに与えた（ターン説）ということはすでにふれたが、この話は王の弑虐《しいぎゃく》とその王位簒奪を正当化するための作り話の節がある。つまり、王殺しはディオドトスⅡ世がパルティアのティリダテスと結んでディオドトスⅠ世のセレウコス寄りの方針を逸脱したものとし、それをもとに戻す、いわば軌道修正の行為だったとする口実に作られた話ではないかと推測するのだが、さしたる根拠があるわけではない。アンティオコスⅢ世はのちに

ディオドトスI世

ディオドトスII世

「彼は反逆者ではない、反逆者の息子を殺しただけだ」（ポリュビオス）といったというから、彼がなんらかの正当化の手をうち、それが功を奏したのはたしかだ。エウテュデモスの即位の年は、各説あって定めがたいが前二三〇年ごろ（ナラインは二三五年とする）と思われる。在位は三十余年の永きにわたっている。バクトリアはこのとき確固とした独立国家となったのである。しかし平穏のうちにかちとった独立ではなかった。最大の試練は、前二〇八年、セレウコス・カリニコスの息子アンティオコスIII世（大王）の東方遠征の軍団との対戦であった。即位後、アンティオコスと対戦するまで二十年あまりのあいだのエウテュデモスの消息は明らかでないが、内政の整備と周辺の遊牧民との紛争の処理に明け暮れていたのであろう。親パルティアのディオドトスII世を殺害して、セレウコス側に立つことを明確にしたのだから、パルティアのティリダテスI世との対立は避けられなかっただろう。さいわいなことに、このときティリダテスも首都の建設など内政の充実に力を注いでいた。アショーカ王の没年を前二三三年とすれば、エウテュデモス即位の前後ということになり、アショーカ王の死後急速に力を失うマウリヤ朝、ヒンズー・クシュの南には、領土拡張の野心こそそそるもののほとんど備える必要はなかったわけだから、エウテュデモスは治政の大半をヒンズー・クシュ以北の周辺地域との駆け引きについやしたといえる。

アンティオコスⅢ世の東征をまず迎え撃ったのはパルティアのアルタバヌスI世だったがヘカトンピュロス、ヒュルカニアを抜かれ、アルタバヌスはついにアンティオコスの宗主権を認めて和議を結んだ。アンティオコスはさらに東へ、セレウコス朝ゆかりの地バクトリアへと軍を進めた。エウテュデモスはアリウス河（現在のハリー・ルード河）のほとりに一万の騎兵を率いてまちかまえた。アリウス河畔にバクトリア軍が陣をしいたということは、そのころバクトリアが西方のアレイア地方（現在のアフガニスタンのヘラートを中心とする地域）を手中にしていたことを示している。戦いの始終はポリュビオスの筆にゆだねよう。

「エウテュデモスとその軍はタプリア目前のところにあり、その前衛をうけたまわる一万の騎兵はアリウス河の浅瀬を固めているという報せをうけたアンティオコスは、包囲攻撃はできないと判断し、現事態に即応する決心をした。河まで三日の道のりがあったので、アンティオコスは最初の二日間は普通の早さで、三日目は、騎兵隊、軽装の歩兵隊、一万のペルタ歩兵をみずから率いて夜間足早に進軍するいっぽう、残りの軍には夜が明けてから陣をはらうよう命じた。というのも、敵の騎兵は日中には河岸を警戒しているが、夜になると河から二〇スタディア離れた町へ引きあげると聞いたからである。夜のうちに彼の軍は苦もなく横切れる草原の残りの距離を進み、夜が明けるまえに軍の大部分は河を越えるのに成功した。これに気づいた偵察からの報せをうけたバクトリアの騎兵隊は即座に攻撃をしかけてきた。アンティオコスはまだ行進中に敵と刃を交えることとなった。王は、敵の最初の攻撃をともかくしのぎきらなければならないと判断し、王の周囲にいつもあって戦い慣れている近衛騎兵二千を呼びよせ、残りの兵には騎兵や突撃隊にまじりどこでもいつものように即応できるよう命じた。そしてみずからバクトリアの攻撃隊の第一陣と激しく刃を交えた。この戦いではアンティオコス自身が彼と行動をともにした誰よりもぬきんでて、勇ましく戦ったのではないかと思われる。

両軍の受けた損害はいずれも甚大であったが、王の騎兵隊はどうにかバクトリアの大軍を撃退した。しかし、第二、第三陣の軍が押しよせ、そのために騎兵隊は苦戦し、最悪の事態におちいった。パナエトラスが自分の軍に進撃を命じ、王と王の周りで奮戦する軍に加わったのはこの時であった。その結果、追撃するバクトリア軍がこんどは押しもどされ、ついにはたづなをかえし、われさきにと逃げ去った。パナエトラスに圧倒されたバクトリア軍は逃げに逃げ、やっとの思いでエウテュデモスの本陣にたどりついたときにはその兵のほとんどを失っていた。王の騎兵隊は多くの敵を殺し、数多くの捕虜をつれて引きあげ、河に近い地点に宿営した。この戦いでアンティオコスの馬は突き殺され、彼自身も口に傷を負い歯を数本失った。アンティオコスはこのときの抜きんでた勇気で名声をとどろかすこととなった。この戦いののち、エウテュデモスは恐怖におののき、軍をしたがえてザリアスパと呼ばれるバクトリアの町へ引きあげた」（ポリュビオス『歴史』巻Ⅹ・49）

前哨戦で敗れたとはいえ、エウテュデモスがザリアスパへ軍を引いたのは「恐怖におののいた」ためではなく、無傷の本隊を温存したまま、堅固な城砦に立てこもり、あとは政治的な駆け引きによって王国を守ろうと考えたからであると思われる。持久戦にもちこめれば、アンティオコスも国を長く王なくして放置する危険を知り、和議の機会もあるというものだ。アリウス河畔の戦いが前二〇八年、アンティオコスがカウカソス（ヒンズー・クシュ）を越えたのが前二〇六年とすれば、ザリアスパでの攻防は二年にもおよぶことになる。その攻防の場の一つが、先にもふれたアンティオコスⅠ世が創建したウズンダラの聖域であったかもしれない。この城址からエウテュデモスⅠ世のコインが百枚もみつかっているからである。

機は熟したとエウテュデモスは判断したのであろう、彼は同郷のテレアスなる者に、アンティオコスと自分との和議の仲立ちをしてくれるよう依頼した。和議はどこまでも友好の盟約が主であって、エウテュデモスの王位とバクトリア王国はいまのまま認めてほしいというものであった。もしアンティオコスがこの申し出をしりぞけることともなれば、おたがいにとってゆゆしき事態が生ずることとなろうとエウテュデモスはつけ加えさせた。「と申しますのは、いま少なからぬ遊牧民が近づきつつあり、これはわれわれ両者にとって非常に危険であるばかりでなく、もし彼らのなすがままになるとすれば、このギリシア人の国がふたたび野蛮な民の手中に帰すること必定であります、とテレアスはアンティオコスに告げた。長く考えたすえ王は、和解の申し出を率直に受けいれた。テレアスは二人の王の間を行き来した結果、エウテュデモスが和議の条文の批准のため息子デメトリオスをアンティオコスのもとに送ることとなった。デメトリオスを迎えたアンティオコスは、この若者の風貌、話し振りから、王家の人にふさわしい威風を備えたものと判じ、彼に自分の娘の一人を与え結婚させることを約するとともに、彼の父にもひきつづき王を名のることを許した」のであった。

和平の条文の批准を終え、盟約を固めたアンティオコスは軍に糧食の補給をさせ、エウテュデモスから象を譲りうけ、さらに東へと軍を進めた。エウテュデモスは虎口を脱し、かろうじてバクトリアの独立を守ったのである。アンティオコスはカウカソス（ヒンズー・クシュ）を越え、カーブル渓谷へと出た。ここはなおマウリヤ朝の支配下にあり、この地方の王はソパガセノスであった。

この王の出自についてはすでに先章でもふれたが、アショーカが世を去ってのち、前一八〇年、プシャミトラによってシュンガ王朝が始まるまで半世紀は、マウリヤ王朝がしだいに崩壊し混乱におちいった時期でもあったから、ソパガセノスはすでに大帝国を離脱したカーブル河流域の独立した支配者であったのであろう。アンティオコスはこのソパガセノスとも条約を結び、ここでも糧秣の補給をうけ、象百五十頭をもらい、そのうえ貢物の約束までとりつけた。貢物の受け取りにキュジコス（小アジアのミュシアの町）の人アンドロステネスを残してここを去った。アンティオコスがここよりインダス河畔へと、アレクサンドロスや始祖セレウコス・ニカトルの足跡を踏みしめて「凱旋の巡遊《ディグヴィジャヤ》」（シルヴァン・レヴィ）をおこなったかどうかはさだかではない。ポリュビオスによれば、彼はカーブル渓谷より南下しアラコシアに至ったという。前二〇六年のことである。このときアラコシアの王がだれであったかわかっていないが、まだマウリヤ朝の支配下にあったものと考えられる。この白インドの豊かな古都でしばしの休息をとったあと彼は、エリュマントス河（現在のヘルマンド河）を渡り、ドランギアナを通ってカルマニアに至った。セレウコス王朝が内奥アジアに威光を放ち、勝利の足跡を残した最後の遠征であった。「この遠征によってアジアの人びとの眼にも、ヨーロッパの人びとの眼にもひとしくアンティオコスⅢ世はその王座にふさわしい人と映った」とポリュビオスはしめくくっている。エウテュデモスはこれより数年のち、前二〇〇年ごろバクトリアで没した。

　エウテュデモスI世の銀貨には二種ある。いずれも「エウテュデモス王の」（ΒΑΣΙΛΕΩΣ ΕΥΘΥΔΗΜΟΥ）という銘が刻まれている。一つは表面に右向きの王の肖像を表わし、裏面には、右手にもった棍棒を膝上におき、岩に腰をおろすヘラクレスを表わすものである（A）。ところがエウテュデモスの銘を有する別の銀貨には、左手に棍棒と獅子の毛皮をもち、右手に環をもち、正面をむくヘラクレスの立像を表わすものがある（B）。坐るヘラクレスの方がエウテュデモスI世のもので、立つヘラクレスはエウテュデモスII世のものとされている。ナラインは、「あたかも大変な仕事をなしとげたあとのように腰をおろすヘラクレスは、老いたエウテュデモスI世のものであ

エウテュデモス（A，Bは銀貨、Cは銅貨）
（上からA，B，C）

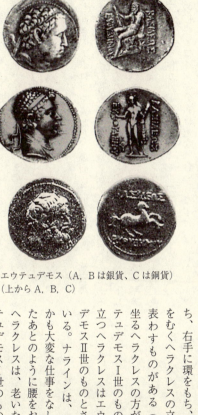

り、新たな土地を征服すべく生き生きと精気に溢れて立つヘラクレスは、次代を担うエウテュデモスⅡ世とデメトリオスのものであろう」といっている。いま一つは銅貨だが表面に顎《あご》ひげを生やす右向きのヘラクレスの頭部を表わし、裏面に右方へ駆ける馬を表わすものである（C）。善馬を産するバクトリアの王にふさわしいシンボルである。バクトリアの別名ザリアスパとは、そもそも馬の町の意であった。もう一つは表面に月桂冠をかぶった右向きのアポロンを表わし、裏面に三脚の台（鼎《かなえ》）を表わすものである。アポロン神の住まうデルポイの神殿にささげられたかの三脚の台《トリプウス》なのであろう。

エウテュデモスのこれらのコインの分布をみると、バクトリアとソグディアナに限られておらず、南はパロパミサダエ、アラコシア、西はドランギアナ、マルギアナ、アレイアにひろがっている。ターンは、アンティオコスが引きあげたあとエウテュデモスはバクトリアの拡張をはかり、これらのセレウコス朝の領土を併合したといっているが、たしかにこの拡張とコインの分布は重なり合いうなずける。しかしエウテュデモスが「二人」いたことなどを考え合わせると、かならずしも南方と西方におけるコインの分布をひとりエウテュデモスⅠ世に帰することはできない。それに有力な王のコインは王の死後も長く流布、流通する例は多くある。エウテュデモスはやはりオクソス河の南北域よりヤクサルテス河に至るソグディアナを含む本来のバクトリア王国を主舞台としたといってよいだろう。バクトリアを拡張に導いたのは、つぎの世代の王たちであった。

エウテュデモスには二人の息子があったと思われる。一人はもちろん、あの立てるヘラクレス像の父と同じように奔馬《ほんば》を刻んだコインを発行した同名のエウテュデモス（Ⅱ世）であり、いま一人は史上に名高いデメトリオスである。若きエウテュデモスは、おそらく北方の遊牧民に備えてソグディアナの経営をまかされ、ときにはキュロスもアレクサンドロスも踏みとどまったヤクサルテス河畔を遥かに越えでてフェルガーナにまで攻め入ることがあったかもしれない。ほどなくして武帝が張騫にその地の「汗血馬」を求めさせたように。エウテュデモスⅡ世は、ニッケル貨を発行したバクトリアの最初の王であった。

デメトリオスはエウテュデモスのおそらく兄であったと思われる。彼はヒンズー・クシュを越えパロパミサダエへ攻め入った最初のバクトリア王であった。パロパミサダエの地はアレクサンドロスが新しい町を創設し、ロクサネの父オクシュアルテスが支配し、のちマウリヤ朝の所有に帰し、アンティオコスⅢ世が訪れたときにはソパガセノス王が経営していた由緒深い地であった。デメトリオスはカーブル渓谷を手中に収めると、さらに南方のアラコシアの征服に向ったものと考えられる。アラコシアはダレイオスの碑文にみえるハラウワティのことで、その歴史は古くアレクサンドロスもここにアレクサンドレイアを築かせ、アショーカ王はアラム語とギリシア語による十四磨崖法勅を刻ませて、この地に残した。デメトリオスはこの名高い南アフガニスタンの古都に新都を築き重ねてそれをデメトリアスと名づけた。前一世紀の後半ごろ、デメトリオスの治政より一五〇年ほどのち

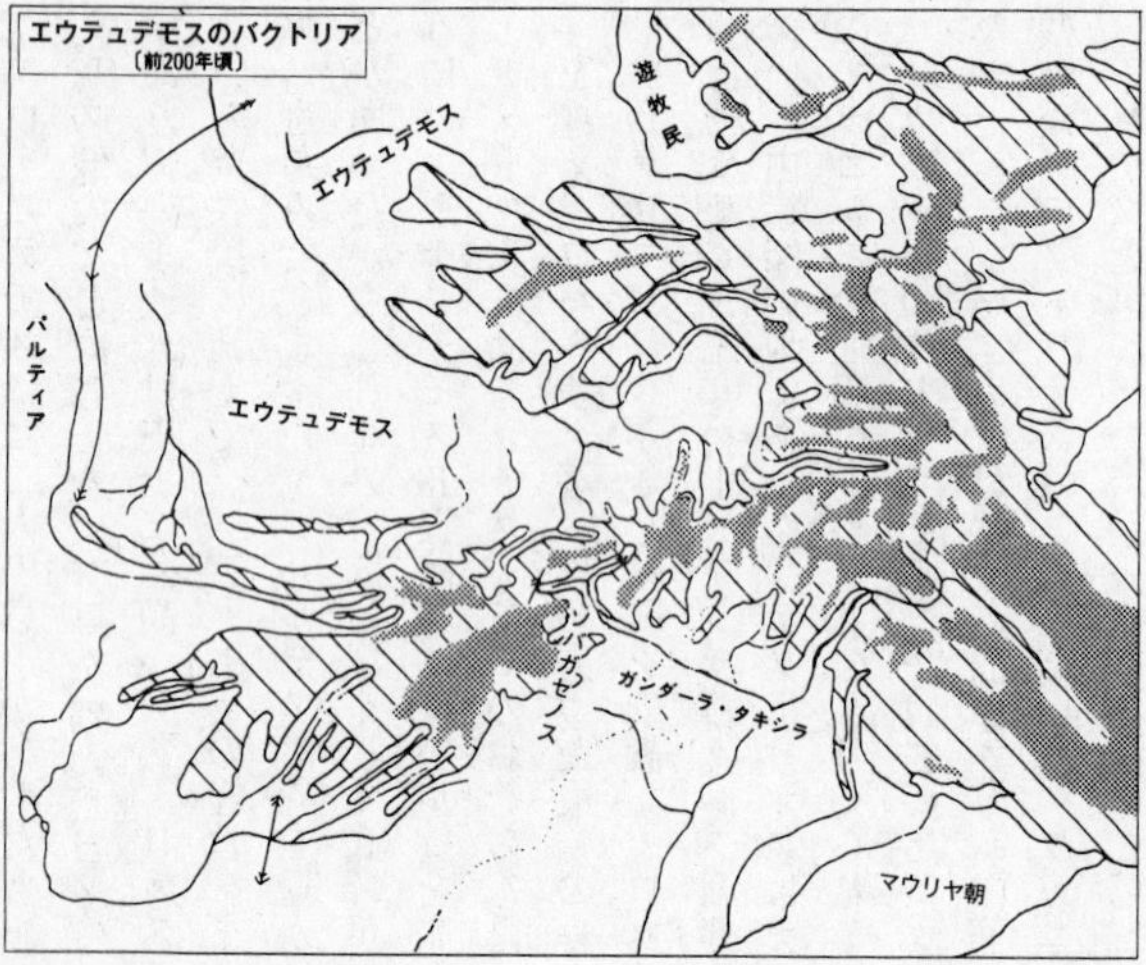


この地を訪れたカラックスのイシドルスは、アラコシアはそのころすでにパルティアの支配下にあり、パルティア人たちはそこを「白いインド」と呼んでいたとしるしている。そしてその首邑はアレクサンドロポリスで、ほかにデメトリアスなど四つの大きな町があった(『パルティア駅停』19)といっている。アラコットス河(現在のアルガンダブ)の流れに洗われる首邑の近くにかつてデメトリアスなる町があったことがわかる。デメトリオスがアラコシアを征服したのは前一九〇年ごろであったろうか。もちろんエウテュデモスI世はすでにこの世になかった。エウテュデモスとの不可侵の盟約がデメトリオスによって破られたことはアンテ

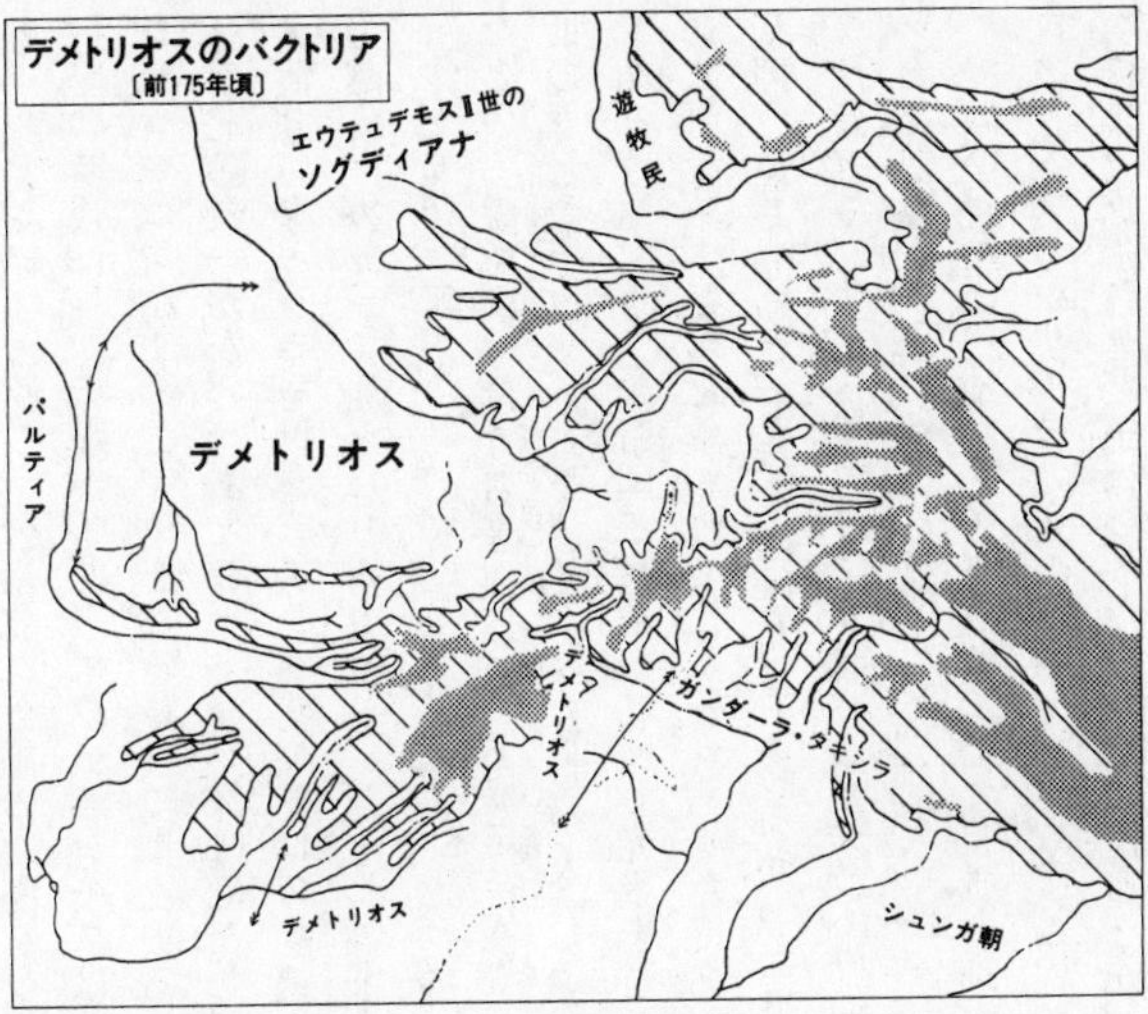

デメトリオスのバクトリア
〔前175年頃〕

ィオコスⅢ世の耳にもとどいたであろうが、身辺の紛争の処理に明け暮れていたアンティオコスにはもはや東方アラコシアの出来事に眼をむける余裕はなかった。前一八九年、アンティオコスはマグネシアの戦いに敗北を喫し、ローマ軍司令官グナエウスからアパメイアにおける講和条約の締結を迫られていたことからもそれがわかる。デメトリオスがさらにアラコシアからドランギアナへと兵を進めたかどうか、若干の彼のコインの存在のほか、それを裏づける確証はない。

いずれにせよ、父王亡きあとデメトリオスⅠ世とエウテュデモスⅡ世の二人の兄弟の王によって、バクトリアはヒンズー・クシュの南北に王国の版図をひろげるに至ったのである。しかし、二王併立の時代は長くはなかった。エウテュデモスはそれから間もなくソグディアナの副王アンティマコスによって王位を簒奪《さんだつ》されて世を去ることとなるからである。

南北の統一がなったあとデメトリオスははたしていわれているようにインダス河を渡り、タキシラを抑え、アレクサンドロスも越えることのできなかったヒュパシス河をも越え、ガンジス河とパリボトゥラ（パータリプトラ）まで軍を進めたのであろうか。ナラインはいう、「エウテュデモスの子デメトリオスI世がインドで広範囲におよぶ征服をしたという説を裏づけうる証拠はほとんどなにひとつないといってよい」「デメトリオスI世のもとでヤヴァナ（ギリシア人）たちが大いにその勢力を発展させたということは事実であろう。マウリヤ帝国が衰退してゆく光景を目の当りにした彼らは、カーブル河やインダス河流域へとふと誘われでたこともあったであろう。しかし同時に彼らは、別の方角より押し迫る危険にも目を向けねばならなかったはずだ」（『インド・ギリシア王』）と。そしてナラインは、デメトリオスI世によるインド征服というのは「大いなる伝説」にすぎないと結論した。

ではいったい、インダス河の東で、ストラボンの語ったパッタレネの王国を併合し、サロアストスとシゲルディスの王国をも呑みこみ、さらにバクトリアをしてセレスとプリュニにまで拡張させた王はいったい誰なのだろうか。ストラボンはその拡張の「一部はメナンドロスによるものであり、他の部分はエウテュデモスの子デメトリオスによる」ものである（『地理誌』XI・11）といっている。しかしストラボンが「アルテミタのアポッロドロスの言」として引いているこのくだりは正確さに乏しい。なぜまずメナンドロス、ついでエウテュデモスの子デメトリオスという順序で語られねばならなかったのであろうか。時間の流れは逆であり、しかも距りがある。ナラインは、ここでいうデメトリオスはもう一人のデメトリオス、つまり息子のデメトリオスII世ではないかと考える。知られているデメトリオスのコインから、もつれる王譜の系をたぐりなおしてみよう。

(上)デメトリオスI世の銀貨
(下)デメトリオスII世の銀貨

「デメトリオス王の」（ΒΑΣΙΛΕΩΣ ΔΗΜΗΤΡΙΟΥ）というギリシア文字の銘をもつ銀貨と銅貨はそれぞれ数種が知られている。銀貨の一つは、表面に象の頭の皮をかぶった右向きの王の肖像を描き、裏面には左手に棍棒と獅子の皮をもち、右手で冠にふれるヘラクレスの正面立像を描き、像の左右に銘を縦に表わすものである。もう一つの銀貨は、ディアデム冠を

デメトリオスの銅貨

かぶる右向きの王の肖像を表面に表わし、裏面に左手で盾をさげ、右手で槍をもつアテナ女神の立像を表わし、その左右にやはり縦に銘を表わすものである。

同じ銘を刻む銅貨も二種ある。一つの銅貨は葉冠をかぶる右向き有髭のヘラクレスの胸像を表面に表わし、裏面に左手で弓をもち、右手で背中の矢筒から矢をとろうとするアルテミス女神の立像を表わし、その左右に縦書きで銘をしるすものであり、もう一つは、表面に鈴を首にさげる象の頭部を表わし、裏面にヘルメスのカドゥケス杖とその左右に縦書きで銘を表わすものである。

「デメトリオス王の」という同じ銘をもちながら、それぞれ異なった図像表現をもつ銀貨と銅貨をすべて同一のデメトリオスに帰するのはいささか無理がある。表現の違いを地域差、時間差とするのも根拠がうすい。やはり二人のデメトリオスを考えるのが妥当であろう。アフガニスタンで考古学の発掘にたずさわってきたフランスの考古学者たち（ジェラール・フスマン、ポール・ベルナール）は、銀貨、銅貨のいずれも前者をデメトリオスⅠ世、後者を息子のデメトリオスⅡ世に分類している。

このほかに、デメトリオスの銘をもつ別種のコインが二枚、四ドラクマ銀貨一枚と矩形銅貨一枚が知られている。これが問題の二言語併用コインである。

　銀貨の方は、表面にマケドニアのカウシア帽をかぶった右向きの王の肖像を表わし、裏面に左手で王杖をとり、右手に雷霆をにぎるゼウスの正面立像を表わしている。銘は両面にあり、表面の銘は王の肖像の上に「不敗《アニケトス》の王の」(ΒΑΣΙΛΕΩΣ ΑΝΙΚΗΤΟΥ)とあり、下に「デメトリオスの」(ΔΗΜΗΤΡΙΟΥ)とギリシア文字でしるし、裏面の銘はやはりゼウスの立像の上と下にあり、上に「アパラジハタの大王」、下に「ディメトリヤの」とカロシュティー文字でしるされている。

　銅貨の方は、表面に「象の頭の皮をかぶった、とても肖像とは呼べない描写のぎこちない胸像が表わされ、裏面には有翼の雷霆が表わされている」(ナライン)が、この銅貨にも銀貨と同じような銘が二ケ国語でしるされている。これらのコインはいずれもデメトリオスⅡ世のものと考えられる。そしてこの二言語併用には特別の意味があったと思われる。それはカロシュティー語文化圏とデメトリオスⅡ世との深いかかわりを示すものにほかならない。デメトリオスがインダス河流域の経営に力をふるったからなのかもしれない。もしそうだとすれば、ユスティヌスが「インドの王」(rex Indorum)と呼んだのはほかならぬこのデメトリオスということになろう。

　ところで、二ケ国語併用コインのうち銀貨の方にカウシア帽をかぶったデメトリオス王の肖像が表わされているとさきにのべたが、同じカウシア帽をかぶった王の肖像を表わす

カウシア帽をかぶるアンティマコスの銀貨

もので銘を異にする一連のコインがみつかっている。アンティマコス・テオスのコインである。彼の系譜もまた模糊《もこ》としている。ターンは彼をエウテュデモスⅠ世の子であり、デメトリオスⅠ世の弟としているが、そうであればエウテュデモスⅡ世とも兄弟関係であったことになるし、デメトリオスⅡ世の父方の叔父ということにもなろう。しかしそれも憶測の域をでない。コインをみることとしよう。

アンティマコスの銀貨の多くはオクソス流域とソグディアナのザラフシャン（黄金の水しぶき）流域でみつかっている。銀貨の表面にはディアデムをつけたカウシア帽をかぶった右向きの王の胸像が表わされ、裏面には右手で三叉戟をにぎり、左手に棕櫚の葉をもつポセイドンの立像を表わし、その左右に縦に「神なるアンティマコス王の」（ΒΑΣΙΛΕΩΣ ΘΕΟΥ ΑΝΤΙΜΑΧΟΥ）とギリシア語銘文がしるされている。銅貨の方は、表面に右方へ進む象を表わし、裏面に、左手で棕櫚の葉をもち、右手で冠をとり、左方に駆けるニケが表わされ、その左右に「アンティマコス王の」と銘がしるされている。銅貨には「神の《テウー》」という形容辞はない。

ポセイドンとニケが手にする棕櫚の葉は、勝利、昇天、再生、不滅のシンボルとして知られているが、ここではニケとともに勝利を象徴するものと考えられる。かつてカニンガムはこのニケを船首のニケと誤認して、海神ポセイドンとともにアンティマコスの海上、あるいは水上の戦いにおける勝利を記念するものとし、したがってインダス河における勝利を表わすものではないかと仮想した。ターンは、カニンガムの説を認めたが、場所をオクソス河へと移した。ベルナールは、ここでのポセイドンを海や河や水と結びつけて考えることに反対し、定期的に地震に見舞われる中央アジアにおいては、小アジアにおけるポセイドン祭祀がそうであったように地震とかかわる神と考える視点の必要を説いている(『アイ・ハヌムの発掘』Ⅳ)。

フランツ・キュモンは『ローマの葬礼シンボリズム』という本の中で、ディオスクロイ双神とともに表わされたポセイドンを、天空を表わす前者に対して、ひろがる大地のシンボルと解している。もしそう捉えることができるとすれば、アンティマコスのポセイドン貨は、彼のひろがる王国の不滅を象徴したものと考えられなくもない。

彼の王国は、コインの分布からいってオクソス河とザラフシャン河をふくむ地域であったと思われる。そしてその治政の期間はナラインの考えるように前一九〇年から前一八〇年だとすれば、エウテュデモスⅡ世のあと、デメトリオスⅠ世とバクトリアの南北を分ち支配したにちがいない。デメトリオスⅠ世の亡きあとアンティマコスが、どのように南北バクトリアの王権を重ねえた——だからこそ「神の《テウー》」となったのであろうか——かはわかっていない。そればかりかデメトリオスII世への王権継承の推移も漠としている。ただこの二人の王は、ともにそのコインにカウシア帽をかぶる右向きの王の肖像を表わすことであるつながりを考えさせる。そしておそらくこの二人の王のとき、バクトリアはインド世界にむけて、東へとひろがりはじめたと思われる。王国がパトナにまで拡大したとはとても信じがたいが、すくなくとも、パロパミサダエからガンダーラの地へ、そしてインダス河を越えてタキシラ辺りまではひろがったとみてもよいのではなかろうか。デメトリオスII世東征の陣中には将軍メナンドロスがあったことはいうまでもない。

デメトリオスII世にはほかに二人の兄弟があったようだ。アガトクレスとパンタレオンである。彼らは父王デメトリオスI世がアラコシアとドランギアナを征服したとき、それぞれ副王として任地にとどまったものと思われる。父王の死後はともに王を名のり南方の支配権を手中にとどめ、アンティマコスとデメトリオスII世とバクトリアの王権を分ち合ったと考えられる。

パンタレオンとアガトクレスは、コインにふたたびゼウスを登場させて、ヘラクレスを好んだエウテュデモスからデメトリオスに至る王系ときわだった違いをみせる。北方の王家にたいする南方の王家の自己主張だったのであろうか。アガトクレスの銀貨はその意匠の独自性によってひときわ目をひく（本書一八二頁の図版参照）。表面に木蔦の冠をかぶった右向きのディオニュソス神、その肩ごしに先に松かさをつけたテュルソス杖を表わしている。裏面には、左前足をあげ右向きに一本の葡萄の木の方へと歩む豹が表わされ、その像の上に横書きに「王の」(ΒΑΣΙΛΕΩΣ)と、下に「アガトクレス」(ΑΓΑΘΟΚΛΗΣ)と銘がしるされている。

ディオニュソスは、ヘラクレスとともにアジアを遍歴しそこで勝利を収めた栄光に輝く神であった。彼の育てられた揺籃《ようらん》の地ニュサをアッリアノスは、「カーブル河とインダス河との間に横たわる地」に求めた。先(第六章)にもふれたように、アレクサンドロスがニュサに軍をすすめたとき、ニュサの人びとは、この地はディオニュソスを始祖とする地で、町の近くには彼が月満ちて父ゼウスの太腿より生れたことにちなんでメロス(太腿)と名づけられた山もあり、町自体はディオニュソスがインド人を征服してギリシアの海へと戻ってゆくとき、この地に残った供《バッカイ》の者たちによって築かれたものであると語ったという。アガトクレスの銀貨は、彼自身によるこの「ディオニュソスのアレクサンドレイア」の支配を記念するものであろうか。それともアレクサンドロスの由緒深いアラコシアの王として、ディオニュソスの勲《いさおし》をしたい、みずから「ディオニュソスの生れ変り」と考えたアレクサンドロスのひそみ(ジャンメール)にならったものであろうか。裏面の豹はもちろん「その美しさとしなやかな姿によってディオニュソスに捧げられる聖獣である」(ドゥティエンヌ)。フィロストラトスの『ティアナのアポロニウスの生涯』の一節にもつぎのような件《くだ》りがみえる。「あるときパンピュリアで一頭の豹が捕えられたが、その首に金の鎖がはめられており、それにアルメニアの文字で〈王アルサケス、これをニュサの神に捧ぐ〉と刻まれていた」と。その芳香によって他のいかなる動物とも区別された豹はディオニュソスへの贈物であったのである。酒と芳香、荒々しいディオニュソス的エロスの漂いすら感じさせるこのコインのはこぶ本当の意味はいったいなんであるのだろうか。

パンタレオンとアガトクレスのコインを比較すると、アガトクレスのコインのほうがはるかに数が多いことから、パンタレオンが先に死没したと考えられている。アガトクレスはほぼデメトリオスII世と同じころ世を去ったようだ。

デメトリオスが祖国をあけて東方の経略と転戦に明け暮れしていたとき、バクトリアに反乱が起ったという報せがとどいた。反乱の首領はエウクラティデスであった。後事をパータリプトラから駆けつけたメナンドロスに託し、デメトリオスは急ぎバクトリアへと軍をめぐらした。六万の大軍を率いてヒンズー・クシュを越えたデメトリオスに、エウクラティデスはわずか三百の兵で対峙したという。しかしエウクラティデスは無策ではなかった。彼はパルティアの雄ミスラダテスI世に助けを求めた。ミスラダテスはその代償としてマルギアナの割譲を求めた。「パルティア人はエウクラティデスからトゥリヴァとアスピオノスを奪った」というストラボンの記事はおそらくこの割譲を指しているのだろう。しかしこの苦肉の策で彼は勝った。そして前一七一年ついにバクトリアの王位についた。ミスラダテスI世の即位と同じ年である。ターンによるとエウクラティデスの母は、セレ

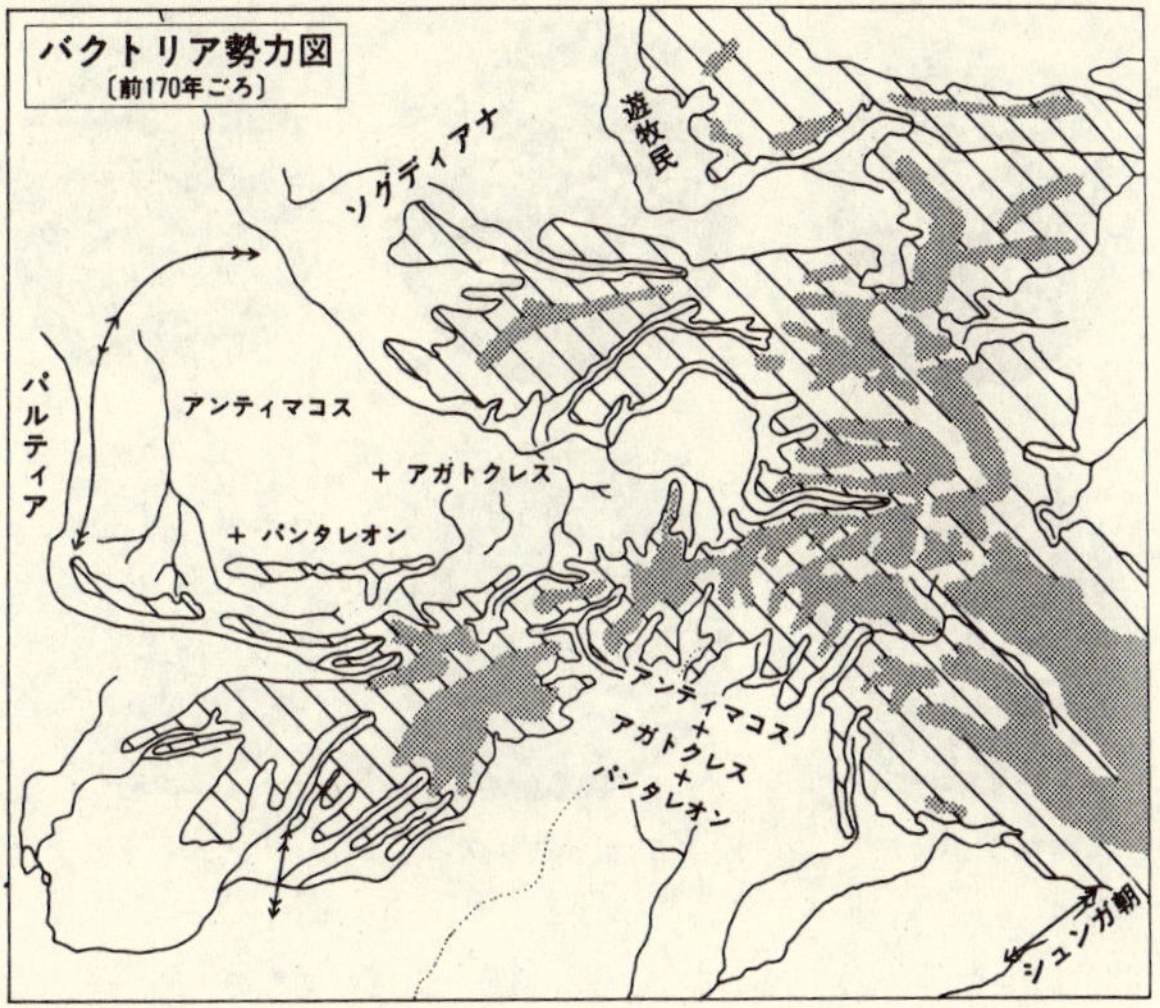


ウコスⅡ世の娘ラオディケであり、したがってアンティオコスⅢ世の妹であったという。するとアンティオコスⅣ世とエウクラティデスとは従兄弟ということになる。エウクラティデスはセレウコス家ゆかりの人であったのである。彼は王権を奪いバクトリアの国内を固めると、その勝利と新たな独立を記念するためか、新しい町エウクラティデイアを創建し、これまでの最大の金貨、二〇スタテール貨を発行した。

国力の安定と充実をはかったあとでエウクラティデスは長子ヘリオクレスにバクトリアの統治をまかせ、みずからはヒンズー・クシュを東へと越えでてパロパミサダエにうって

パンタレオン

アガトクレス

アンティマコス

でた。前一六五年か一六四年のことである。そしてカピサを手中に収めた。カピサの古址ベグラムからエウクラティデスのコインが多くみつかっていることからもそれがわかる。彼がさらにここからインダス流域にむけてどれほど王国の拡大をはかったかははっきりとはわからない。パンジャブには彼と唯一はりあうことのできるデメトリオスの勇将メナンドロスがいたはずであるから、インダスの彼方それほど深く至ることはなかったと思われる。しかし、すくなくともガンダーラの支配は可能であっただろう。おかげでエウクラティデスは「一千の町を従えることとなった」（ストラボン『地理誌』XV・3）のである。

エウクラティデスの銀貨をみてみよう。

彼のコインは新しい活力に溢れた王にふさ

わしくまことに変化に富んでいる。

一つの銀貨（A）は、表面にディアデム冠をつけた右向きの王の胸像を表わし、裏面にそれぞれ棕梠の葉と長槍をもち、三角のピロス帽をかぶるディオスクロイ双神の騎馬像を表わしている。そしてこの騎馬像の上と下に横書きに「エウクラティデス王の」（ΒΑΣΙΛΕ-ΩΣ ΕΥΚΡΑΤΙΔΟΥ）と銘をいれている。

ほかに表面は同じにしながら、裏面の意匠は異にし、ただ二葉の棕梠の葉と上に星をいただくディオスクロイの三角のピロス帽のみを表わし、銘をその左右に縦書きにいれるものがある。

エウクラティデスの銀貨、上（A）、下（B）

もう一つの銀貨（B）は、象頭のヘルメットをかぶった右向きの王の胸像を表面に表わし、裏面は同じく右方に駆けるディオスクロイの騎馬像と銘文を表わすものである。しかし銘文は「偉大なるエウクラティデス王の」（ΒΑΣΙΛΕΩΣ ΜΕΓΑΛΟΥ ΕΥΚΡΑΤΙΔΟΥ）となっており、「偉大な《メガルー》」の文字が新たにつけ加わっている。

銅貨の方は、方形と円形、一ケ国語銘をもつ

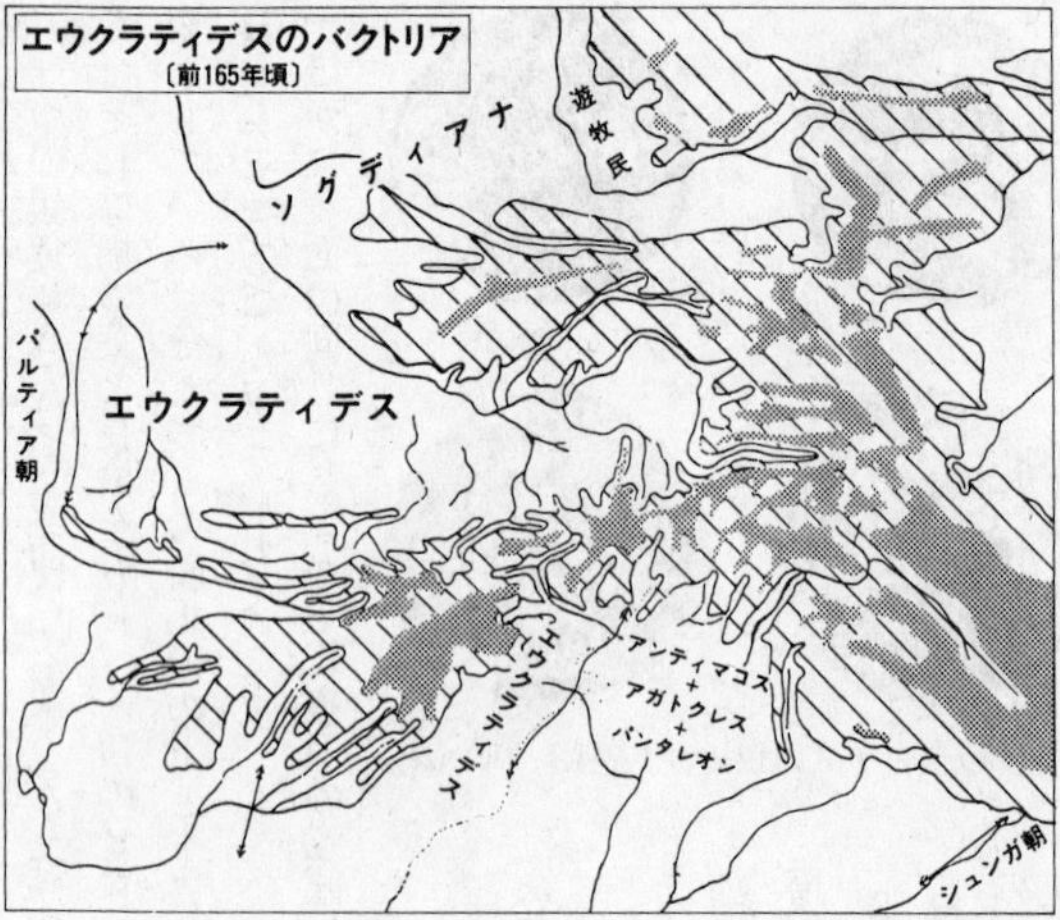


ものと二ケ国語銘をもつものとがある。銅貨は腐蝕がすすみ、図像の判別がむずかしいが、ここでは二ケ国語銘方形銅貨をみてみよう。

銀貨と同じようにヘルメットをかぶった右向きの王の胸像が表面に表わされているが、ギリシア語銘は、「王《バシレウス》」の文字が王の胸像の背後（向って左）に縦にはいり、像の上に横書きに「偉大なる《メガロス》」が、下に「エウクラティデス」と表わされている。裏面のディオスクロイの騎馬像も銀貨と同じだが、銘文はカロシュティー文字で、上に「大王の《マハーラージャサ》」(Maharajasa)、下に「エウクラティデス」(Eukratidasa) としるされている。

銀貨のギリシア語一ケ国語銘文の「メガロス」、銅貨のインド・ギリシア二ケ国語銘文の「メガロス」と「マハー」、これらの形容辞はやはりエウクラティデスがヒンズー・クシュを越え、インド世界へとバクトリアを拡げた偉業を記念するものであったと思われる。またエウクラティデスのコインを特徴づけるレダの双子の息子ディオスクロイも古くから「勝利」のシンボルであった。そしてまたそれらは宇宙論的にはキュモンのいうように「両半球」のシンボルだったとすれば、そこにギリシアとインドの「両世界」にまたがるエウクラティデスの支配のシンボルをも重ねてよみとりたくもなろう。つまり、ディオスクロイ双神は「勝利」、それも「両世界」の「勝利」を象徴するものと考えたいのだ。

久しくバクトリアを空《あ》けていたエウクラティデスは、息子ヘリオクレスの治める祖国へと帰還することとなった。北辺に不穏な動きを察知したからかどうかはさだかではないが、メディア王ティマルコスとミスラダテスI世との戦いはちょうどこのとき始まったことを考え合わせると、なにか異変があったのかもしれない。前一五五年のことである。彼はこの年帰国の途上、なつかしの祖国を目前にして息子ヘリオクレスの裏切りにより殺害さ

ヘリオクレスI世の銀貨

れた。ユスティヌスによると、ヘリオクレスは、自分は敵を倒したのであって、父を殺したのではないと叫びながら、父の遺骸の上に戦車を走らせ、遺骸を埋葬してはならぬと命じたという。ヘリオクレスをしてかくも残酷な父殺害へと駆りたてた動機はいったいなんであったのだろう。ヘリオクレスは、父エウクラティデスによって、拡大したバクトリアの北方の統治をゆだねられた「連立王」(socius regni)であったが、他に弟があって、王位の継承にかかわる紛争が生じたということもありうることだ。プラトンとエウクラティデスをヘリオクレスの弟とする説もあるし、ナラインのように弟はプラトンだけで、エウクラティデスはヘリオクレスの息子という説もある。いずれにせよ、バクトリアの勢力の動静に絶えず神経をつかってきた隣国パルティアのなんらかの画策があったものと思われる。「多くの戦いを偉大な武勇をもって遂行した」(ユスティヌス)王もついにバクトリアの野に消えたのである。前一五五年ごろのことであった。

父を殺してバクトリアの王位を維持したヘリオクレスのコインの銘は、皮肉にも「正義をなすヘリオクレス王の」(ΒΑΣΙΛΕΩΣ ΔΙΚΑΙΟΥ ΗΛΙΟΚΛΕΟΥΣ)というものであった。多く残る彼の銀貨は、父エウクラティデスのコインと同じように表面にディアデム冠をつけた右向きの王の胸像を表わしているが、裏面には左手に笏杖、右手に雷霆をもつゼウス神の立像を表わしている。そしてその神像の左右と足下に前記の銘がしるされている。オクソス河流域で多く出土をみるこれらの銀貨は、母なるオクソスの流れに育まれた古きバクトリアをヘレニズムの若い胸に抱きとめたグレコ・バクトリアの最後の光芒を伝えるものとなった。まもなく中央アジアにおいて匈奴が突如放った衝撃波が、遊牧諸族の大移動の波を誘ってバクトリアを襲うことになるのである。ヘリオクレスはヒンズー・クシュ北方のバクトリアを統治したギリシアの血をひく最後の王であった。

# 十二　両世界の王

## 1　征服者メナンドロス

エウクラティデスの思いがけぬ突然の死は、ヒンズー・クシュの南と東にひろがったバクトリア王国を激しくゆさぶった。ヘリオクレスとプラトン兄弟の後継王位をめぐる争いもあったが、ヒンズー・クシュの南に勢力を張ったエウクラティデスの二人の部将アポッロドトスとメナンドロスたちの去就こそバクトリアの以後の方向に大きな影響を与えるものとなった。彼らはいずれもヒンズー・クシュ以南のいわゆるインド・グリークの後事をエウクラティデスによって託された者たちであった。トログスも「アポッロドロスとメナンドロスによってなしとげられたインドでの事跡」に言及しており、彼らの以後の事業の大きさを思わせる。ここでのインドはもちろんヒンズー・クシュの南と東をふくめてひろがっていたマウリヤ朝以来の広域のインドのことである。さらに『エリュトゥラー海案内記』(後一世紀中葉)には、彼らにかんするさらに興味深い記述がみられる。「パリュガザ(現在のブローチ)の背後の内陸部にはさまざまな種族がいる。アラトゥリオイやアラクーシオイやガンダライオイやブーケパロス・アレクサンドレイアの位するプロクライス地方の種族である。そしてこれらの上手にはすこぶる好戦的なバクトリアノイの種族がおり、自分たちの王を戴いている。そしてアレクサンドロスはこれらの方面から出発して、リミュリケーやインドの南部をかえりみずにガンゲースまで進んでいった。それ以来こんにちまでパリュガザでは古いドラクマ貨幣が流通しているが、これにはアレクサンドロス以後に王位についたアポッロドトスやメナンドロスの印がギリシア文字で刻印されている」（第四十七節、村川堅太郎訳）

この一文は、そのころ盛んであった海港パリュガザで、著者（エジプトのアレクサンドレイアの航海者と思われる）が海港の「背後の諸族」について伝聞したところを記録にとどめたものであろうが、当時のバクトリアからガンダーラにかけて、ヒンズー・クシュの南北とインダス河の上流域にわたる地域の民族の布置を知るうえできわめて重要な情報を提供してくれている。アラクシオイ人とはすでに耳なれたヘルマンド河流域のあのアラコシアの人びとのことであり、ガンダライオイ人とはもちろんガンダーラ人のことである。ブーケパロス・アレクサンドレイアとは、アレクサンドロスがヒュダスペス河畔でインドの王ポロスと戦ったとき、ついに老いて命つきた愛馬ブケパラス記念のために築いた町（アレクサンドレイア）にほかならない。プロクライス地方の種族とはプシュカラヴァティ（ペシャワール）の人たちをいい、バクトリアノイがバクトリア人を指すことは明らかだろう。

これらの部族や町は、パリュガザからみれば、いずれもその北方にあって、ある連なりを

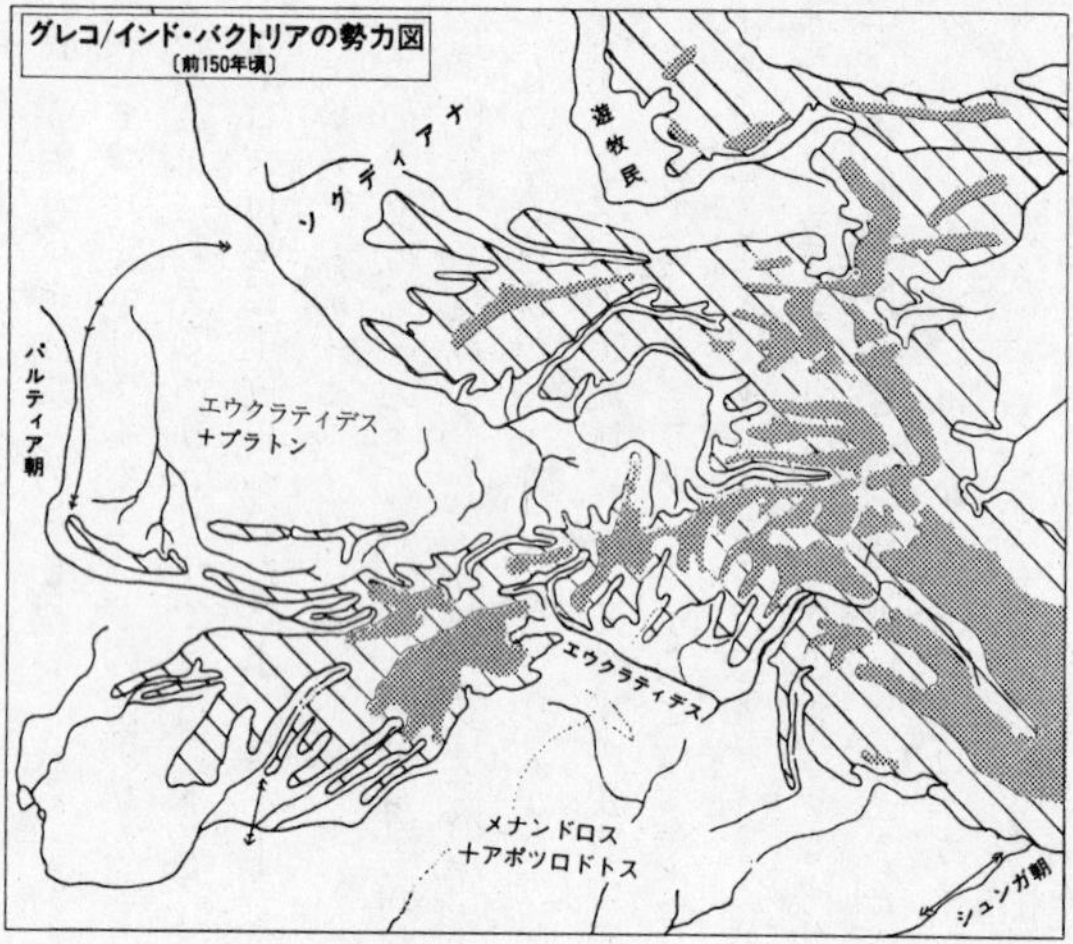

グレコ/インド・バクトリアの勢力図
〔前150年頃〕

もって存在していたことがわかる。そしてなによりも『エリュトゥラー海案内記』のこの一節は、メナンドロスたちの没後二百年の時が流れ去っているにもかかわらず、彼らの発行した通貨がこの海港でなお流通していたことを示しており注目に値する。しかし、パリュガザの港町で彼らの通貨が通用していたからといって、彼らの支配域をパリュガザをふくめてインドの懐《ふところ》深くまでひろげて考えることはできない。なぜなら、流通域と支配域はかならずしも一致しないからである。

さて、エウクラティデスが息子ヘリオクレスの手によってバクトリアで殺害されたとき、東方経営の後事を託されていた二人の部将、アポッロドトスとメナン

アポッロドトスⅡ世

アポッロドトスⅠ世

ドロスはそれぞれどの地域を支配下に置いていたのであろうか。

アポッロドトスの支配域は、そのコインの出土の状況からすれば、現在のアフガニスタンのカーブルとガルデーズを中心とする地域であったと思われる（前頁の地図参照）。ところが彼の方形の銀貨には、表面に右を向く象と「救世者アポッロドトスの」（ΒΑΣΙΛΕΩΣ ΑΠΟΛΛΟΔΟΤΟΥ ΣΩΤΗΡΟΣ）というギリシア銘を表わし、裏面には右向きのコブ牛と、ギリシア語と同じ意味の銘をカロシュティー文字で表わしているものがある。コブ牛とカロシュティー文字の表現は彼の支配域がもっと東南にひろがっていたことを示すものかもしれない。彼にはほかに弓をもつアポロンの立像と三脚の祭壇を表わす銀貨があり、神像の系譜よりすればエウクラティデスとの深い繋がりを思わせる。おそらく彼はエウクラティデスⅠ世が生きていたとき、その「副王」（ベルナール説）であったのであろう。コインのうえでは同名のもう一人のアポッロドトスという王が存在しているが、別の王と思われる。

アポッロドトスと並び称されたメナンドロスは伝説ゆたかな王であった。彼が仏教を受けいれた最初の王であればなおさらのことであろう。彼はいったいどこにいたのであろうか。ターンによれば、「エウクラティデスがバクトリアへ戻ってしまったので、インドでの彼の統治者としての位置はそのままとなった。それゆえ、彼は死を迎えるまで、エウクラティデスにみごと抵抗しきった唯一の人として、この地方――パロパミサダエを除く――でギリシア人の手に残された全地域を支配したのである。デメトリオス(Ⅱ世)が殺されたとき、もしそれより以前に彼が王号を名のっていなかったとしたら、軍の支持によって王位についたにちがいない」。とすれば、メナンドロスはエウクラティデスと対抗する王として、パロパミサダエ以東の王として君臨していたということになる。これに対しナラインはまったく別の見解をとった。ナラインによれば、メナンドロスは彼の生れ故郷を中心としたところにいて、そこより次第に東西へと勢力を伸ばしていったという。改めてメナンドロスの生地より辿りなおして答えを探すほかはない。

パーリ本『ミリンダ王の問い』(第一編第七章)の一節にミリンダ王＝メナンドロスの生れ故郷にふれた有名なくだりがある。

「大王よ、あなたの出生地はどこですか」「尊者よ、アラサンダと名づける島《ディーポ》がありま す。そこでわたしは生れました」「大王よ、アラサンダはここからどれだけ距《へだ》たっていますか」「尊者よ、二百ヨージャナあります」「大王よ、あなたの生れなされた都市はどこですか」「尊者よ、カラシという村があります。そこでわたしは生れました」「大王よ、カラシ村はここからどれだけ距たっていますか」「尊者よ、二百ヨージャナあります」「大王よ、カシュミーラはここからどれだけ距たっていますか」「尊者よ、十二ヨージャナあります」

アルフレッド・フーシェは右の二節の文中の三つの事項を読み解くことで、メナンドロスの出生地を確定しようとした。㈠島を意味するディーポ（dīpo）をdvi（二）＋op（水）、つまりイラン語のdo-āb（二つの河）に当るものと読めば「島《ディーポ》」は「二つの河の間の地」と読むことができる。ディーポ、すなわち二つの河にはさまれた所。㈡アラサンダはもちろんアレクサンドレイアのことである。二つの河にはさまれたアレクサンドレイアとは、ストラボンたちのしるすカウカソス（ヒンズー・クシュ）の麓なるアレクサンドレイア（Alexandria su Caucasus）にほかならない。㈢カラシ（Kalasi）はカヴィシ（Kavisi）と読みかえれば、それは明らかにヒンズー・クシュの麓、パンシール河とゴルバンド河の合流地点にあった古都カーピシー（カピサ）を示すことになろう。

これで距離数があえば、フーシェの比定は裏づけられることになろう。さきの対話の中で距離測定の基準となっている「ここから」の「ここ」は、ミリンダ王と対話の相手である尊者ナーガセーナが出会っている王の首都「サーガラ」を指していることは明らかなので、サーガラを基点として距離数を測ればよいことになる。サーガラの位置についても諸説あるが、ここではフーシェにしたがって、「チェナブ河とラビ河の両河にはさまれた現在のシアルコト」として計算してみることにしよう。ここで与えられている数は二つである。シアルコト～アラサンダ（カラシ村）＝二百ヨージャナ、シアルコト～カシュミーラ＝十二ヨージャナ、である。ヨージャナとはもともと牛を車につけることの意だが、そこから、牛を車からはずさないでゆける距離をも指すこととなった。したがって一ヨージャナとは牛車で休むことなくゆける一行程のことなのだが、それが今日の距離数に換算してどれほどのものになるのかは正確にはわかっていない。モニエの『サンスクリット語辞典』でも一ヨージャナ＝四クローシァ＝九マイル＝約十四・五キロメートル、あるいはその倍の一ヨージャナ＝八クローシァの説もありとし一定していない。直線距離でシアルコト～アラサンダ、シアルコト～カシュミーラを測ると、前者は後者の約四倍の距離となる。シアルコト～カシュミーラ＝十二ヨージャナを四倍しても四十八ヨージャナで、シアルコト～アラサンダ＝二百ヨージャナにとうていおよばない。二百ヨージャナに至るにはすくなくとも十六倍しなくてはならない。ここからアラサンダ＝エジプトのアレクサンドレア説（レヴィとドゥミエヴィル）が出てくることになる。ここでアラサンダへの遠い距離を強調するためにもちだされたカシュミーラへ至る距離十二ヨージャナ＝十二行程が正しいとすれば、アラサンダへ至る距離はせいぜい五十ヨージャナにおさまらねばならない。二百ヨージャナを正確な数字として捉えるか、比較の誇張と捉えるかでおのずとその位置が異なってくる。私は後者と考え、アラサンダはやはりカウカソスの麓なるアレクサンドレイアとするのが妥当だと思う。

ミリンダ、つまりメナンドロス王は、アフガニスタンのヒンズー・クシュの麓の村で生れたのである。彼はこの地方に入植したギリシア人の子であったと思われるが、漢訳『那先比丘経』に「弥蘭の父王寿尽き、弥蘭立ちて王となる」とあることから、彼を「王家の生れ」とするむきもあるが疑わしい。しかし、パーリ本『ミリンダ王の問い』には、「大王よ、あなたはクシャトリヤ(戦士階級)の華奢な生れであり、はなはだ贅沢に育っておられる」というナーガセーナ比丘の言葉がみられ、彼が少なくともたんなる平民の出ではなく、有力な武家の出身であることをうかがわせている。彼はそれゆえデメトリオスの勇猛な部将の一人となったのであろう。そして戦場での武勲によってデメトリオスの娘アガトクレアと結ばれることになったと思われる。彼がエウテュデモスの王統につながったのはこの結婚によってであった。アガトクレアとの結婚の確かな日付はわかっていないが、エウクラティデスの死没の直後、メナンドロスが初めて王号を名のった年、前一五五年ごろと考えられている。

メナンドロスが生地を中心とした地域、すなわちパロパミサダエを支配していたことは、アフガニスタンのベグラム遺跡(カーピシー古址)から出土した多数のメナンドロス貨によ

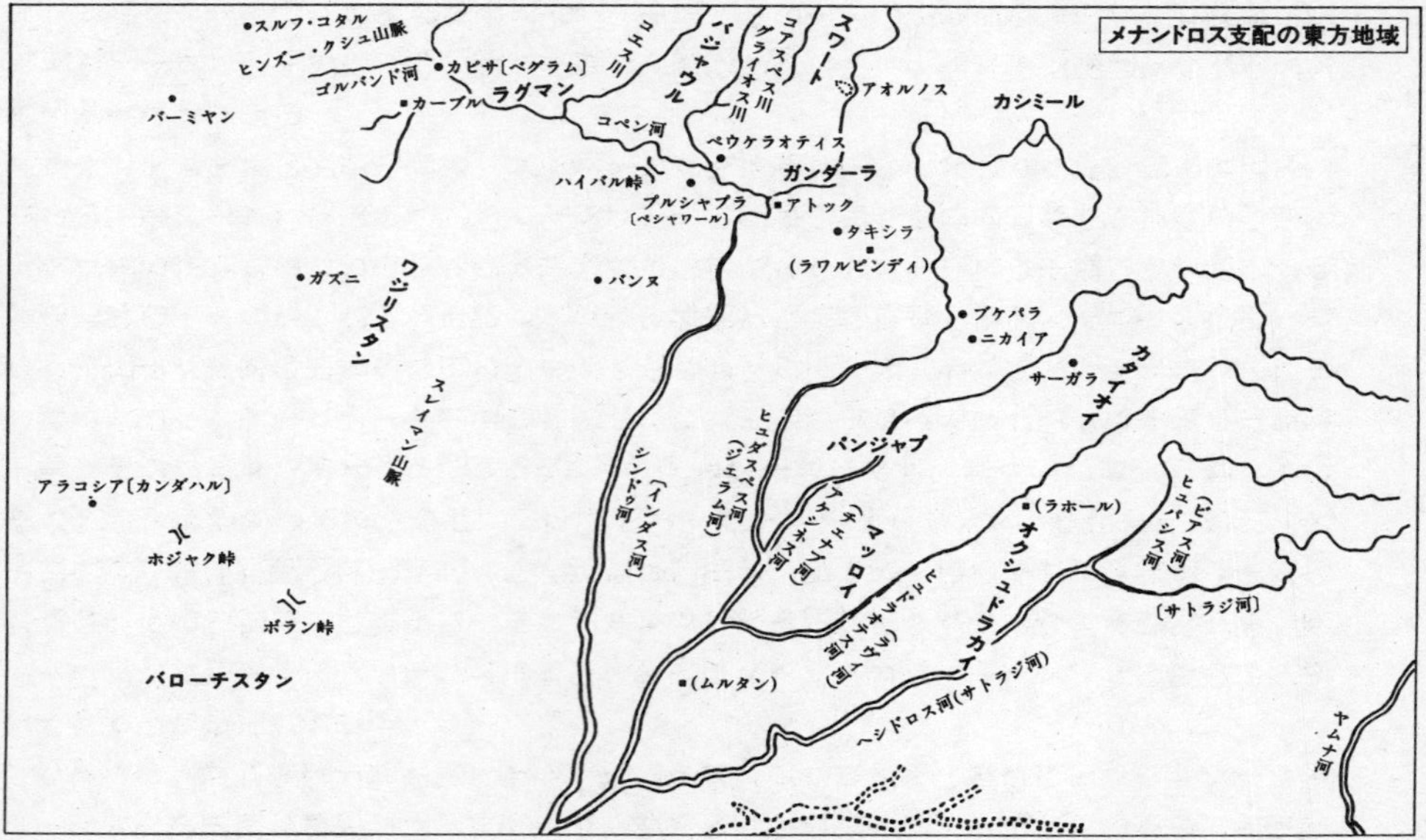
メナンドロス支配の東方地域
スルフ・コタル
ヒンズー・クシュ山脈
ゴルバンド河
カピサ〔ベグラム〕
カーブル
ラグマン
バーミヤン
コエス川
バジャウル
コアスペス川
グライオス川
スワート
アオルノス
カシミール
コペン河
ペウケラオティス
ガンダーラ
ハイバル峠
プルシャプラ〔ペシャワール〕
アトック
タキシラ
（ラワルピンディ）
ガズニ
ワジリスタン
バンヌ
ブケパラ
ニカイア
サーガラ
カタイオイ
スレイマン山脈
ヒュダスペス河（ジェラム河）
シンドゥ河（インダス河）
パンジャブ
アラコシア〔カンダハル〕
ホジャク峠
ボラン峠
アケシネス河（チェナブ河）
マッロイ
ヒュドラオテス河（ラヴィ河）
（ラホール）
オクシュドラカイ
ヒュパシス河（ビアス河）
〔サトラジ河〕
（ムルタン）
バローチスタン
ヘシドロス河（サトラジ河）
ヤムナ河

ってわかる。そこから支配域をどのようにひろげていったかを辿ることはむずかしいが、隣接する南西域、カーブル河流域、ガズニ、アラコシアの方へと支配をひろげていったものと出土したコインの分布によって推測することができる。しかし、アラコシアにかんしては、カンダハルからまだメナンドロス貨が発見されていないところから、その支配域はアラコシアの北部と東部に限定しなければならないのかもしれない。東方への拡大は、ガンダーラとタキシラを二大中心地とする地域におよんだものと思われる。ガンダーラの北方スワート渓谷、バジャウルもその支配下にあった。ガンダーラの北東カシュミールにまでその勢力がおよんだかどうかはさだかではない。メナンドロスがガンダーラの東方タキシラからさらにどれほど深くインドへ立ち入ったのかもはっきり捉えることはできない。ストラボンによれば「メナンドロスはアレクサンドロス以上に多くの部族を征服し、ヒュパニス河（＝ヒュパシス＝ビアス河）を越えイマオス河（＝イサモス＝ヤムナ河）のほとりまで進撃した」という。しかし実際の王国のひろがりはヒュドラオテス河（＝ラヴィ河）あたりまでであったと思われる。メナンドロスの王国がストラボンのいうようなヤムナ河にまで至っていなかったことの論証をインド文献を使っておこなったナラインの説にいまはしたがうほかはない。

ヒンズー・クシュの南と東に広大なインド・バクトリアの王国を築いたメナンドロスであったが、北方の故国グレコ・バクトリアを忘れ去ったわけではなかった。ストラボンがメナンドロスをデメトリオス、エウテュデモスと並べて「バクトリア人の王」（Βακτρίων βασιλέως）といっているのは、おそらくメナンドロスに北バクトリアへのなんらかの進出があったからであろう。メナンドロスと対峙したのはヘリオクレス（I世）であったろうか、それともエウクラティデス（II世）であったろうか。いずれにしても、メナンドロスによるヒンズー・クシュ東方と南方域征服のあとのことであっただろう。

西はコペン河（カーブル河）流域から東はヒュドラオテス河（ラヴィ河）まで、北はスワート渓谷の奥から南はアラコシアの北部までを包摂したメナンドロスの王国の首都はどこであったのであろうか。『ミリンダ王の問い』の巻頭にみえる「ヨーナカ人の都」サーガラこそメナンドロスの首都と目される。なんといっても『ミリンダ王の問い』の活写するサーガラは王国随一の名高い大都であった。

「ヨーナカ人（ギリシア人）のあらゆる物資交易の中心地たるサーガラと名づける都市があった。山河の風光が明媚で、美しい地域であった。遊園地、庭園、森、泉、そして蓮池がそなわり、川や山や林によって〈この都市は〉たくみな技術者の設計したものであった。敵や反逆者は追い払われ、かれらの危害を受けることがなかった。〈というのは、〉多種多様の堅固な見張り塔と城壁があり、もっともすぐれた城門と塔門があり、そして深い堀と白い城壁がこの都市をとりかこんでいた。道路、路地、十字路、四つ辻は整然と区画されていた。多くの高価な品物が商店に満たされ、きれいに並べられていた。〈都市は〉各種の百の布施堂《ふせ》によって美装され、かつ、ヒマラヤ山の山頂のごとく〈そびえたつ〉十万の豪壮な邸宅で飾られていた。〈道路は〉象、馬、車、歩行者であふれ、美しい男女の群れが列をなし、王族、司祭者、庶民、隷民のそれぞれの階級の人々が群がっていた。人々は種々の修行者やバラモンに挨拶して喚声をあげ、多くのちがった学派の指導者たちが〈この地に〉好んでやってきた。商店にはカーシーやコートゥンバラなどに産するあらゆる織物が豊富に置かれ、また、きれいに並べられた各種の美しい花や香料を売る店からは、芳香がただよってきた。人々の心を奪う多くの財宝が充満し、四方に面した飾窓に贅美《ぜいび》な品を陳列した商人たちの組合が並んでいた。〈都市には〉貨幣、金、銀、銅、宝石が充満し、輝く宝の国のようである。穀物、財産、生活物資は豊かで、倉庫や蔵庫に充満していた。多くの食べ物や飲み物、各種のおいしい硬い、軟らかい、ねばりのある、飲める食べ物が豊富である。あたかもウッタラクルのごとくであり、穀物の完備していることは、天の都、アーラカマンダーのごとくであった」(東洋文庫版)。なんと麗しい都であろう。そしてこの都こそ、「種々なる談論に巧みな王」と「真理の灯《ともしび》をかかぐる尊者ナーガセーナ」とが真と偽にかんする多くのすぐれた問答をおこなったところにほかならない。インドの思惟がギリシアの思惟を圧倒した記念すべき場所がここであった。

サーガラとはどこにあるのであろうか。アケシネス河(チェナブ河)とヒュドラオテス河(ラヴィ河)の間にある現在のシアルコトがその古址であるというのがおおかたの見方である。七世紀に玄奘が仏跡巡礼の途上訪れた「奢羯羅《シャーカラ》故城」もこれであったという。玄奘によればかつてガンダーラの人世親（四世紀）がのちにこの城中の一伽藍の中で『勝義諦論』なる書を作ったといい、またエフタルの破仏の王「摩醯邏矩羅《ミヒラクラ》」（六世紀）がこの城を治めたという。しかしこれまでのところそれを裏づける証拠があまりにも少ないため、サーガラをタキシラに比定する者、彼の生地パロパミサダエの首邑カピサとする者、あるいは後年、多くのメナンドロス貨とメナンドロスの唯一の銘文を残すいわゆる「バジャウル舎利容器」の出土によってスワート地方にその都を求める者もあって、所在地はいまだ不詳というほかはない。

メナンドロスの通貨は、さすがにインド・バクトリアの絶頂期の王にふさわしくまことに多彩である。ミッチナーなどは三十三タイプに分類している。主なものをみてみよう。同じように表にディアデム冠をつけた右向きの王の肖像を表わし、裏に左手に楯をもち、右手に金剛杵をかざす左向きのパラス・アテナ女神像を表わす銀貨があるが、銘のちがいによって二種の型があることがわかる。一つは表と裏に「救世者メナンドロスの」（ΒΑΣΙΛΕΩΣ ΣΩΤΗΡΟΣ ΜΕΝΑΝΔΡΟΥ）とギリシア語だけを表わすものであり、もう一つは表に同じ意味のギリシア語、裏に同文のカロシュティー文字（Maharajasa tratarasa Menadrasa）を表わす二ケ国語銘のものである。

ヘルメットをかぶった右向きの王の肖像を表面に表わす銀貨も二種ある。表にギリシア語銘、裏にカロシュティー語銘を表わす二ケ国文字銘の銀貨には変りはないが、パラス・アテナ女神の立像を表わすものと、女神の化身フクロウ（梟）を表わすものとがある。ペルシアとの戦いのおり、アテナ女神はフクロウに化身して陣中を飛び、夕暮れごろギリシアを勝利に導いたという。それはニケと同じようにメナンドロスを勝利にいざなう、あるいはいざなったシンボルであった。

また珍しく左向きの王の胸像を表わす銀貨がある。右手に槍をかまえるディアデム冠の王の胸像が例外的に左向きであるのには、なにか特別の意味があるのかもしれない。銘文はやはり二ケ国文字でやはり「救世者メナンドロスの」とよめる。ただ裏面のパラス・アテナの立像には左向きと右向きの二種がある。さらに銀貨には二ケ国文字銘文ながら王の尊名を「救世者」より「正義者」（ΔIKAIOY）に変えているものがある。カロシュティー文字もそれにあわせて「正義をなす大王メナンドロスの」（Maharajasa dharmikasa Menadrasa）となっている。裏面には花環と棕梠の葉を手にもつ右向きの有翼のニケが表わされている。ナラインは「救世者」の尊号をもつものより「正義者」の尊号をもつものの方が時代が下り、メナンドロス晩年のものではないかと推定している。

銀貨にくらべて日常の通用範囲がより広汎で庶民にも親しまれたであろうと思われる方形銅貨はきわめて多様である。ニケとコブ牛、象頭とヘラクレスの棍棒、車輪と棕梠の葉、牛頭と三脚の鼎《かなえ》、などの図柄がみられる。いずれも銘文は二ケ国語である。銀貨の裏面が

メナンドロスの銀貨(A)

メナンドロスの銀貨(B)

メナンドロスの銀貨(C)

メナンドロスの銀貨(D)

メナンドロスの銀貨(E)

メナンドロスの銀貨(F)

メナンドロスの銀貨(G)

メナンドロスの銀貨(H)

もっぱらパラス・アテネ、ニケ、フクロウといったギリシアの神性を表わしていたのに対し、銅貨の方は、表か裏のどちらかにより土着性のつよい図柄が選ばれていることは興味深い。とりわけ車輪と棕櫚の葉を表わす銅貨は宗教的な香りが漂っている。メナンドロスの劇的な回心を語る『ミリンダ王の問い』にふたたびたちかえるときがきたようだ。

## 2 仏教西流

かつてアケメネス朝の支配のもとにあったとき、ヒンズー・クシュの南北にあって複数の太守領《サトラペイア》を形成していた地域における宗教の事情はどのようなものであったのであろうか。それぞれの地域は土着の古い信仰、つまり地母神と供犠を中心としたプリミティヴな豊穣信仰をアケメネス以前からもちつづけていたのだが、その旧信のうえに、支配者とそのイデオロギーを支えるマギ僧たちがもたらしたメディア・ペルシアの「大神《バガ・ワズラカ》」たちを受けいれたと思われる。アフラ・マズダー（天空神）、ミスラ（太陽神）、アナーヒター（母神）の諸神は古来の信仰をそれぞれの機能によって吸収し、あるいは共存の折り合いをつけ、あるいは押しのけて、しだいにこの地に深く根をおろしていったと考えられる。そしてなによりも、これらの神々とともにこの地に導きいれられた拝火の祭儀は、さらに深く人びとの魂をとらえたと思われる。それはこの地が異教の支配をうけるようになっても失われることなく残存しつづけたという事実からも証明される。メディア・ペルシアの多神的宗教とゾロアスターによる一神的な宗教改革を経験して二百年、アレクサンドロスはこの東方のアジアに軍隊もろともオリュンポスの神々とその祭儀をもちこんでその静穏《せいおん》を破った。アレクサンドロスが進軍の途上でおこなった数々の祭儀、アテネ女神、アポロン、ディオニュソス、ディオスクロイ双神、ヘラクレスへの供犠は土地の人びとの眼にどのように映ったであろうか。アレクサンドロスによる植民政策、ひきつづくセレウコス朝の支配によってヘレニズムもまた「豊かなアジア」の大地の一角にそれなりの根をはった。しかしすでにふれたようにセレウコス朝は、セレウコスI世が他の後継者《ディアドコイ》たちとともに「即位」をバビロンで宣言した翌年、ヒンズー・クシュの南をマウリヤ朝のインドへ譲り渡している。さらにそれから半世紀のち、パルティアとバクトリアがセレウコスの帝国から独立し、地中海からインダス河におよぶ地域を東西に分断するにおよんで、東方アジアのヘレニズムはパルティアとバクトリアとマウリヤ・インドの三つの地域でそれぞれの運命のもとに生きつづけることとなる。ヘレニズムのアジア化の異なった三つの文化的契機を考えねばならないのはこのためである。

アレクサンドロスはインダス河を渡ってアケメネス朝帝国の東方の果てに達したとき、クニドスのクテシアスが伝えた幻想のインドのかなたにインドの実相を目《ま》のあたりにし驚くばかりであった。なかでも「裸の哲学者たち《ギュムノソピスタイ》」、つまりタキシラで出会った裸形の苦行者たちに、アレクサンドロスはなつかしい哲学心をそそられたらしい。プルタルコスもストラボンも彼らとの対話の始終を記録にとどめている。苦行者のなかで、キュニコス派（犬儒学派）のディオゲネスの弟子でアレクサンドロスに従軍した哲学者オネシクリトスと対話をしたカラノスとダンダミスという二人の「裸の哲学者たち《ギュムノソピスタイ》」だけがその名をとどめている。カラノスはのちアレクサンドロスに従い、炎熱のゲドロシアをよぎりペルシアに至りついたとき病をえて、余命を知り、薪《まき》の山を築かせ、みずからその上に登り火を放たせ、ギリシア人環視のなか、「火が迫ってきても動かず横になったままの姿を保ち、インドの賢者の昔からの慣例に従って立派な最期をとげた」という。

アレクサンドロスが見たこの苦行者たちはおそらくバラモンの行者であっただろう。バラモンのほかにもう一つ別種の行者サルマナイを目にしたのは、セレウコス1世の命でマウリヤの首都パータリプトラへと大使として赴いたアラコシアの人メガステネスであった。メガステネスがマウリヤ王チャンドラ・グプタのもとへと旅立ったのは、セレウコスとチャンドラ・グプタの盟約のあと、前三〇五年のことである。メガステネスはいう、「インドの哲学者たちには二派あって、一つはサルマナイであり、一つはブラフマナイである」。ブラフマナイは先のバラモン苦行者であることは自明だが、サルマナイがサンスクリット語のシュラマナ＝沙門のことをいっているのかどうかは不明である。しかも『慧琳音義』第二六には「沙門とは梵語《サンスクリット》で勤労という意味で、内道外道の総名なり」としるされていて、内道＝仏教者、外道＝仏教以外の教道者のいずれの呼称にも使われていたらしく、したがってこれをもって仏僧のことを指すとは断言しがたい。いまはメガステネスが目にしたのはバラモンの別派としておくほかはない。仏教の登場はやはりマウリヤ朝第三代の王アショーカの時代をまたねばならない。

ヒンズー・クシュの南北に仏教が伝えられたのは、アショーカ王が即位してから十三年目のことであるとすれば、前二五六年ということになろう。先章の冒頭でものべたように、ヨーナ世界《ローカ》に伝道師として派遣されたのはマハーラッキタであった。ヨーナ世界とはどこを指すのであろうか。ヨーナ（Yona）とはサンスクリット語のヤヴァナ（Yavana）のことで一般的にはイオニア系ギリシア人、とりわけアジアに住むギリシア人をいう呼称であったが、かならずしもギリシア人にのみ限定されていたわけではなかった。これらギリシア人をふくんだアジア在中の異邦人すべてを指す場合もあれば、ペルシア人さえ指す場合もあったという。例えば、インド・グジャラート州ギルナールのアショーカ王磨崖碑文の別面に刻まれているマハークシャトラパ・ルドラダーマンのサンスクリット碑文中に「ヤヴァナ王トゥシャースパ」の名がみえるが、この王名は明らかにイラン名であるという。とするとここでいうヤヴァナ＝ヨーナはイラン人を指しているわけで、この実例はヤヴァナ＝ヨーナがもっぱらギリシア人を特定するものではない傍証となる、とジュール・ブロック（『アショーカの碑文』）は指摘している。

マハーラッキタの訪れたヨーナ世界は、したがって、ヒンズー・クシュの南北にわたる国ぐにであったと考えられる。ヒンズー・クシュの南は当時すでにマウリヤ領であったが、この地域の土着のエネルギーをになっていたのはイラン人とギリシア人であった。ヒンズー・クシュの北側はアンティオコスⅡ世治下のセレウコスの帝国であった。マハーラッキタが帝国のどこまで赴いたかは明らかではないが、ヒンズー・クシュ山越えの狭路を辿ったとすれば（それ以外にどんな道があろうか）、独立を求めて揺れ動くバクトリアであったことはほぼまちがいない。伝道の日付も確定しているわけではないが、もしアショーカ即位（前二六八年）後一八年説（ルヌーとフィリオザ）をとれば、前二五一年のこととなる。塚本啓祥は前二五六年（『アショーカ王』）としている。いずれにせよバクトリアの主導権はすでにディオドトス一世の手中にあったころと思われる。

『大王統史《マハーヴァンサ》』（十二章）と『善見律毘婆沙《サマンタパーサーディカー》』（序文）といった仏典に派遣された伝道の大師たちの名、地名、そこで説いたといわれる経典名の一覧をみることができるが、いま問題にしている地域との関連でのみひろえばつぎのようになろう。

マッジャンティカ（末闡提）
　カシミーラとガンダーラ　　蛇喩経
マハーラッキタ（摩訶勒棄多）
　ヨーナ世界《ローカ》　　迦羅迦羅摩《カーラカーラーマ》経

もう一人、これにつけ加えておきたい人がいる。アパランタカ（グジャラート）に赴き、そこで『火聚喩経』を説いたダンマラッキタ（達磨勒棄多）である。『大王統史《マハーヴァンサ》』は彼をヨーナの人といっているからである。ヨーナの人びとと仏教の接触がすでに公式の伝道のまえにあったことをうかがわせて興味深い。しかしこれは後世の仏典の伝えるものであるから時間の前後をこれによって確定することはできず、推測の域をでない。

これら仏典による文字の記録を裏づけるものがあるとすれば、同時代的なアショーカの法勅碑文をおいてはない。塚本啓祥が的確に指摘しているように、伝道師の派遣を王の法勅によって直接に証明することはできないとしても、この「共通の法」に立脚することによって仏教の伝道をより容易に展開することができたと考えることはできよう（『アショーカ王碑文』レグルス文庫54）。アショーカ王の法勅碑文はその意味でも仏教流伝の一つの確かな道標であったのである。

マッジャンティカが伝道した「カシミーラとガンダーラ」地方には、現在わかっているだけでも三つの法勅碑文がある。

(1) シャフバーズ・ガリー（マルダン地方）　十四章磨崖法勅……カロシュティー文字
(2) マンセーラー（ハザラ地方）　十四章磨崖法勅……カロシュティー文字
(3) タキシラ（シルカップの双頭鷲廟）　小石柱法勅……アラム語

マハーラッキタが伝道に赴いた「ヨーナ世界」では二ケ所で碑文が発見されている。

(1) ランパカ（ラグマーン地方） 小石柱法勅……インド語とアラム語の混成
(2) カンダハル 十四章磨崖法勅・小磨崖法勅・石柱法勅……インド語・アラム語・ギリシア語

〔塚本啓祥の前掲本による〕

パンジャブより東と南で発見されたアショーカ王碑文のすべてがブラーフミー文字で刻文されているのにたいし、マッジャンティカ、マハーラッキタ両師が足を踏みいれた地域は、カロシュティー文字、アラム文字、ギリシア文字とはっきりと異なった言語的特徴を示し、伝道の受け手の違いをみせつけている。

左から右に書かれるブラーフミー文字の起源はさだかではないが、ビューラーは南セム系の文字と結びつけ、辻直四郎によれば「その源流は遠く北セム系文字の最古形フェニキア文字に発している」（『サンスクリット文法』）という。『方広大荘厳経』巻四、示書品に菩薩が手にする天の書六五書の第一に「梵寐書《ぼんみ》」、つまりブラーフミー文字でしるされた書があげられているが、それはおそらくブラーフミー＝梵字がブラフマ神＝梵天によってつくられたという所伝を映しているからであろう。第二の書には「佉盧蝨底書《きやるしてい》」、つまりカロシュティー文字でしるされた書があげられている。ブラーフミー文字碑文の最古の例は、釈迦誕生の地ルンビニに近いピプラフワーから出土した舎利容器に刻まれたものとされて

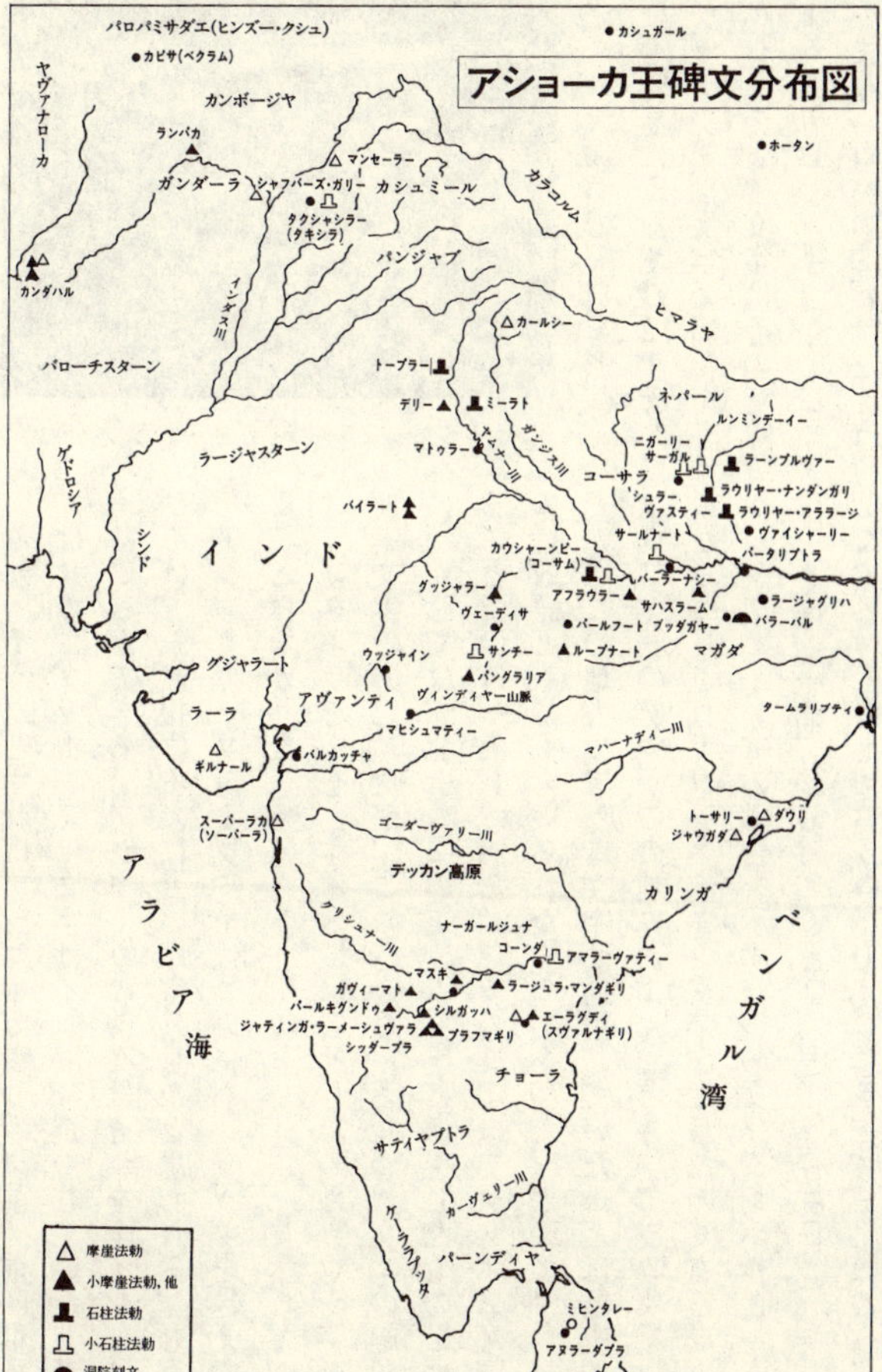


山崎元一『アショーカ王伝説の研究』(春秋社)と塚本啓祥『アショーカ王碑文』(レグルス文庫)の付図を参照

シャフバーズ・ガリーの碑文

いるが、そうだとすればアショーカよりも以前、前四世紀にはすでにブラーフミー文字はインドに定着していたと考えることができる。アショーカの碑文はそれを全インドにひろげ、一般化するのに大いに寄与したと思われる。しかしアショーカ・ブラーフミーはついにパンジャブを越えでることはなかった。

　ガンダーラを中心とする地域に広通したのはカロシュティー文字の方だったが、この右から左へつづる文字の起源にかんしては、北セム系のアラム文字に派生したものとすることでほぼ一致している。アラム文字はアケメネス帝国の行政語としてもちいられたものであった。かつてダレイオスの太守領の一角を形づくっていたこの地方でアラム文字が通用していたことは歴史的にも容易にうなずける。そしてマウリヤ朝の勢力がこの地におよんだとき、アラム文字はブラーフミー文字の影響をうけながら改良されカロシュティー文字が生れたのである。カロシュティー文字はその意味でペルシアとインドの融合を示す一つの文化シンボルといえよう。カロシュティー（Kharoshthi）とは文字通りとれば、khara《カラ》（ロバ）＋oshtha《オシュタ》（口唇）、つまり「ロバの口唇」という意味である。しかしカロシュトリー（Kharoshthri）とよめば、

kharaカラ + ushtraウシュトラ（ラクダ）、つまり「ロバ・ラクダ」の意になる。プシルスキーは「ロバの皮に書かれた文字」の意ではないかという。シルヴァン・レヴィはカシュガールという地名と結びつけて、まずその地方をカロシュティー文字揺籃の地とした。語源をめぐる論議はさておき、カロシュティー文字がガンダーラの地ではアラム文字と併存したという事実こそ注目されねばならない。

ガンダーラを出てカーブル河を西にさかのぼりマハーラッキタの踏んだ道を辿るとやがてジェララバード（昔のナガラハーラ）の平地に出る。そこよりさらに歩を進めるとラグマン渓谷に入る。そこで出会うのがランパカのアラム文字アショーカ王碑文である。七世紀、玄奘が訪れた濫波《らんぱ》国の地がここである。西からくればガンダーラへの入口となり、東からくればパロパミサダエへの入口となる。ここより西にはもうカロシュティー文字の碑文はない。ランパカとカンダハルにアラム語アラム文字の碑文が存在することは、このころマウリヤ朝の支配下にあったとはいえ、ヒンズー・クシュの山並みにそって東西にひろがる地域の核を形成していた人びとの多くがよくアラム語を解する者であったことをうかがわせる。アショーカ王碑文の極西の地はアラコシア（カンダハル）であった。

古カンダハルの山の斜面から一九五八年、ギリシア語とアラム語を併記したアショーカの小磨崖法勅が発見された。上段に十四行のギリシア語、下段に八行のアラム語を岩面に刻んだものである。それは第四章とよばれるもので、不殺生、母と父と長老に対する従順、

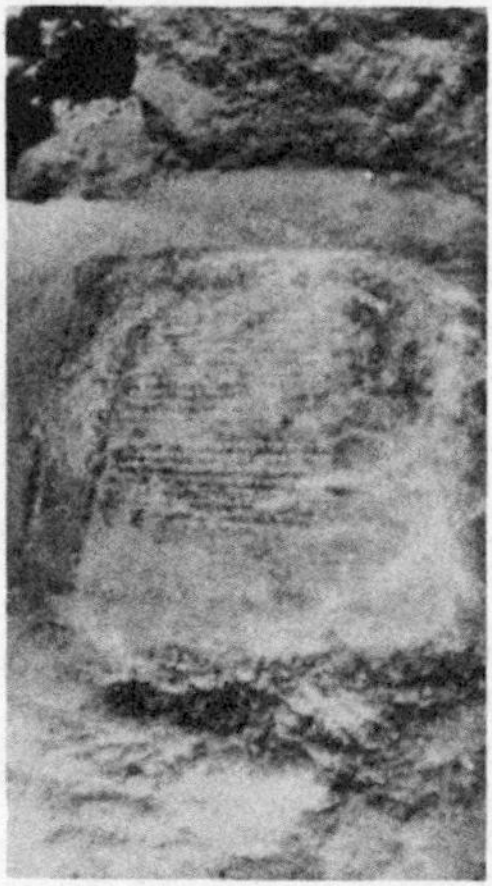

(左)カンダハルで発見された二ケ国語碑文
(右)上がギリシア語、下がアラム語

その実行による功徳を簡潔にしるしたものであった。アフガニスタンで最初に発見されたギリシア語碑文であり、セレウコス朝のペルシアで発見された数少ないギリシア語碑文（ペルセポリス、カラフト、ネハヴァンド、スサ）としてはその最東端に位置するものであり、しかもそれがほかならぬインドの王の命によって刻まれたものであるとすれば、大いなる驚きをもってむかえられたのも当然であった。

ダレイオスの時代からほぼ二百年にわたる支配ののち、アレクサンドロスがここに都市を築いてから（前三三〇年）セレウコスとチャンドラ・グプタとの盟約（前三〇五年）まで四分の一世紀にわたるマケドニア・ギリシアの支配ののち、両体制の言語がこの地域ではなお生き生きとした力を発揮していたのである。

ギリシア語碑文の言語学的な詳密な考察を求められたのはフランス碑文学の雄ルイ・ロベールであった。彼はまずギリシア語碑文でこのように岩に刻文されたものはギリシアではきわめて稀有なことで、岩刻ということ自体すでに東方の影響を示すものであると指摘し、岩刻のギリシア語碑文という点ではペルシアの影響を色濃く残しているコンマゲネの碑文に類似しているという。しかし言語と文体という点ではまちがいなく真正のギリシア語でけっして地方的でなく、それどころか前四世紀から前三世紀にかけてヘレニズム世界全体に通底した言語文化を受けとめているといえる水準にあると高く評価している。インドより伝えられた王の法勅の表現の仕方にもヘレニズムを特徴づけるものがいくつかにじみでており、それは法勅のこの個所のモデルがあってそれをギリシア語に忠実に写したといったようなものではない。たとえ原テキストがあったとしても、それを翻訳した人——ギリシア人かギリシア化した人——が適切な取捨をしてとことん「ギリシア風」の表現に至りつこうと努めた痕跡が明らかにみてとれる。例えば本来のインド碑文なら「母と父への従順」(matapitushu susrusha) とあるものを、ギリシア人たちは自分たちの倫理のヒエラルキーに照らして「父と母」(*καὶ πατρὶ καὶ μητρὶ*) への従順と置きかえている。また「不節制をやめる」の語句に「力のおよぶかぎり」(*κατὰ δύναμιν*) とつけ加えているのも、ギリシア人独特の相対的、現実的な捉え方をよく表わしているように思える。プラトンもしばしばこの語句を使用している。この地のギリシア人はインドの王の宗教的な布告を受け手に伝えるために当時よく用いられていた哲学用語を使ったともいえよう。アラコシアのヘレニズムは、セレウコスの帝国から切り取られ、マウリヤのインド王の統治のもとにあっても、「その失われた一隅で身を縮め、硬直化することもなく、ヘレニズムの動きを全身に感じとりつづけたのである。この碑文を刻んだ人びとはまさしくヘレニズムのすみずみにまでゆきわたっていた流れの中にあったといえる」。さらにこの地にいたのは、農牧にたずさわる人たち、職人たち、あるいは軍事に従う人たちだけではなく、修辞家や詩人、哲学者や医師、芸術家や石工、碑文彫り師ら知的、技術的集団もいたと思えば、その文化的環境の深さも並ではなかったろう。碑文のギリシア語が、翻案の域をはるかに越えて言語、文体ともども明晰であったのは、受け手のギリシア人が東と西の両世界のはざまにあってこの時期なお意気さかんであったことの証拠となるだろう。

アラム語の考察をひきうけたのはアンドレ・デュポン＝ソンメであった。アラム語碑文は八行でギリシア語より四行少ないが、一文の長さはギリシア語より長く、したがって内容的にはアラム語碑文の方が若干つまっているといえる。つまり、もし原テキストがあったとすれば、こちらの方がよりテキストにちかかったとも推測できる。デュポン＝ソンメはギリシア語もアラム語も内容はきわめて近似しているにもかかわらず、原テキストの読み方においてそれぞれの独自性を示しているとし、つぎのような指摘をおこなっている。

「ギリシア語碑文の作り手は、原テキストの条文の理路、本質をなによりも重んじ、その表現、文体、観念にギリシア的な彩りを与えている。これに対しアラム語碑文の作り手の方は、この地方のイラン系住民にあてるにふさわしい表現を選びとっている」。例えばインドの碑文がいずれも「法」(dhamma = dharma) としているところをギリシア語では「信仰《エウセベイア》」とし、アラム語は「真理」としている。そしてこの表現の差違こそ受け手の信仰、宗教の違いを示すものではないか、というのがデュポン＝ソンメの結論であった。ちなみにギリシア語の「父と母」は、アラム語ではインドのテキストのようにふたたび「母と父」となっている。

アラム語がアケメネス朝の公用語であったことはすでにふれたが、それゆえにアラム語のなかにイラン語からの借用語が多くふくまれているのも周知のことである。碑文のなかにも当然のことながらイラン語が混入している。それらのイラン語の分析をとおしてこのアラム語碑文の文化的背景を掘り下げる役割をになったのがエミール・バンヴェニストであった。彼はこのアラム語碑文のなかから五つのイラン語を引き出すことができるといい、それらはいずれも「上質のイラン語」で、書体からすれば古いイラン語、つまりアヴェスター語とか古代ペルシア語であることを示しているという。例えば「従順」を示すイラン語は hupatyasti という語が用いられているが、この語は本来は patyasti (服従) であったものに接頭辞 hu がついたもので、この形自体は新しいが、patyasti は古い言葉である。

しかもこの語は宗教用語として『アヴェスター』にしばしば姿をみせるものであれば、「従順」を表わすのに翻訳者がこの語を使ったということは、すでに受け手の側の宗教の中味を暗示するものではないか、とバンヴェニストはいう。それにタキシラのアラム語小石柱法勅にもこの語が現われていることから、カンダハル（アラコシア）からタキシラにわたる地域は、いわばアラム語圏として宗教的、文化的コイネ（共通根）を形成していたと考えることができる。それでは「これらの地域に生活していたイラン系の人びとはアヴェスターの言語をともども語っていたのであろうか」。バンヴェニストはつづけていう、そこまではいいきれないとしても、碑文中の語彙という間接的な証拠をとおして認めうることは、「宗教的な言語としてアヴェスターの言語と一致していること、したがってこの地域ではマズダ教がかなりの力をもっていた」ということだと。

バンヴェニストはさらに「イラン系の人びと」についても立ちいった考察をしている。彼によれば、ここでいうイラン系の人びととは、十四章磨崖法勅の第五章と第十三章にみえる「カンボージャ」のことであるという。カンボージャはインド人からみれば異邦の人で、彼らとは異なった風俗習慣をもっており、有名な馬の牧養者であった。カンボージャの人びとの使った動詞の一つ（savatir）が、前四世紀の文法家ヤースカ（パーニニと同時代の人と目されている）の『語源論《ニルクタ》』、パタンジャリの『大註釈書《マハーバシュヤ》』（前一五〇年ごろ）に伝えられて残っているという。この動詞はもっともイラン語の特徴を示す動詞であることから、これを使用したカンボージャ人は、その牧馬の生業とともにイラン系の人と認定されたのである。しかも「カンボージャ」は法勅では「ヨーナ、カンボージャ」(第五章)、「ヨーナカ、カンボージャ」(第十三章)という具合に、ヨーナ＝ヨーナカ＝ヤヴァナと不可分の繋がりとして列記されている。おそらく彼らは西北インドで隣接し、あるいは混り合いながら住んでいたのであろう。だからこそインド人たちは「ヨーナ、カンボージャ」と連称したにちがいない。『マハーバーラタ』も『マヌの法典』もこの連称を受けついでいる。ある『ジャータカ』(Bhūridatta Jātaka)のなかに、カンボージャの人びとの風習をしるしたひと件《くだ》りがある。彼らは「蛙、みみず、蜂、蛇、昆虫などをすすんで殺した」というのである。バンヴェニストは、彼らがそうするのはその行為を「宗教的義務」と考えていたからだという。なぜなら、ヘロドトスはペルシアのマゴスたちは「蟻や蛇をはじめその他の爬虫類や鳥類を争って殺す」(『歴史』I・140)としるすし、『アヴェスター』の「ウィーデーウ・ダート」(除魔書)は、アフラ・マズダーを敬う者は「蛇、亀、蛙、蟻、蝿を殺すべし」としるすし、これらの殺生がマズダ教の根本の教えであったことを証言しているからである。カンボージャの人びとはほぼまちがいなくマズダ教徒であった。

カンダハルで発見されたギリシア語とアラム語の二ケ国語碑文は、アショーカ王の法的なメッセージを、マウリヤ朝インドとセレウコス朝ペルシアの国ざかいでギリシア語を語り、ギリシア文化を生きた人びとにまず伝え、つぎに彼らと古くよりむつみ合い、隣り合わせたアラム語を解したカンボージャの人びとに伝えるものであったのである。カンダハルでは、一九六三年にギリシア語磨崖法勅が、一九六六年にはインド・アラム語混成の石柱法勅が発見された。発見の順序にしたがって、それぞれカンダハルⅠ・Ⅱ・Ⅲの記号が付せられた。

私たちはこれらの碑文のおかげで、カンダハルからガンダーラにわたる地域の宗教の事情をかいまみることができたのである。マッジャンティカやマハーラッキタが仏教宣布の責務を負って踏み入ったのは、オリュンポスの神々を崇め、アフラ・マズダーの教えを奉ずる地だったのである。彼らの説く「美しい教え」(仏教)は多くの人びとの心を捉え、帰依を誓う者、出家する者、いずれも多数であったと教典はその成功を伝えている。前三世紀の中ごろのことである。やがてこれらの地は、ヒンズー・クシュを南へと越え出たバクトリアの王の支配を受けることとなるが、この地に芽生えたばかりの仏教がどのように人びとの中に根づいていったかはさだかではないが、「袈裟《けさ》に輝く」ガンダーラを中心として少しずつ、少しずつ枝葉をつけていったにちがいない。小乗の説一切有部《せついっさいうぶ》派の僧たちの活動を偲ぶばかりである。それからほぼ八十年のちマウリヤ朝は最後の王ブリハドラタがその将プシュヤミトラに倒されて息絶えた。プシュヤミトラは即位にあたり盛大な馬祀祭《アシュヴァメータ》を挙行してバラモン教の復興を宣した。多くの仏僧たちが迫害を逃れて西へと流れ、パンジャブへとたどりついた。プシュヤミトラの追及の手はそこへものびたが、やがてメナンドロスがこの地をプシュヤミトラから奪い取った。このときはじめて僧たちにとってここが安住の地となった。メナンドロスがここに都を定めたとき、仏者たちとの対話が始まったのはごく自然のなりゆきであった。

## 3 崇仏の王

カーリダーサの戯曲《ナータカ》『マーラヴィカーとアグニミトラ』（後五世紀ごろ）は、シュンガ朝ヴィディシャーの王アグニミトラの恋物語を描いたものだが、その中でプシュヤミトラの孫、したがってアグニミトラの息子ヴァスミトラが馬祀のための馬を護り、シンドゥ河畔に至り、対岸を警戒していたヤヴァナの騎馬隊と衝突し、これを撃破したということがしるされている。もちろんこれは歴史劇ではないので、恋愛劇に挿入された歴史の小断片でしかなく、しかもつくられた年代もはるか後であることから、その歴史的な確実性はきわめてとぼしいといわざるをえない。しかし、一つの河をはさんでマウリヤ朝を倒した新興のシュンガ朝とヤヴァナ人の勢力が対峙していたということはたぶん事実だろう。そしてその河の対岸にいたヤヴァナ人とはおそらく年代的にみれば、メナンドロスの築いた王国の人びとであったと思われる。カーリダーサは彼らの国境をなす河にまぎらわしいシンドゥという名を与えているが、ターンはそれをヤムナ河とみている。もしそうだとするとメナンドロスの王国の境はぐっと東によって、あの「神々の町」、クリシュナ生誕の古邑マトゥラーあたりであったということになる。しかし現在では、やはりラヴィ河あたりまでが彼の版図であったという意見が大勢をしめている。ではシンドゥ河をどこに求めるべきだろうか。やはりシンドゥはシンド＝インダスであったと考えられる。メナンドロスがガンダーラを抑えていたとき、この河をはさんで彼は終生のインドの競争相手プシュヤミトラと睨みあっていたからである。カーリダーサの戯曲では祖父プシュヤミトラ、父アグニミトラ、孫ヴァスミトラ、それぞれ戦場にあって勝利を収めたとあるから、このシンドゥ河畔の出来事はプシュヤミトラ晩年のことであったと思われる。『プラーナ』によればプシュヤミトラの治世は三六年であったというから、マウリヤからの奪権を前一八〇年とすれば、おそらく前一四〇年代のことではなかったかと推測される。

メナンドロスがインダスを越えてラヴィ河畔まで版図をひろげ、チェナブ河とラヴィ河の間、マドラ地方の首邑サーガラに交易の都を置いたのは、この事件のあとであったろう。『阿育《アショーカ》王経』がいうプシュヤミトラ（弗沙蜜多羅）の統治したサーカラ（沙柯羅）が、ここでいうサーガラと同一の場所を指しているとすればそうなろう。サーガラは先に引いた『ミリンダ王の問い』の描写にみるかぎり、香料の香りが漂うインドの町の風情である。メナンドロスがインドの智慧者たちに哲学を問いかけるにふさわしい町であった。メナンドロスには四人の大臣がおり、そのうちの二人、デーヴァマンティア（デメトリオス）とアナタカーヤ（アンティオコス）はギリシア人で、マンクラ（メネクレス）はイラン人で、財務を担当したサッバディンナはインド人であったという。サーガラの町の多文化共生の雰囲気をかいまみることができる。

メナンドロスは経験豊かで賢明な王であった。そして多くの学問をも会得《えとく》していたという。四ヴェーダ聖典、プラーナ聖典はいうにおよばず六つの哲学体系《ダルシャナ》のうち四つ、サーンキヤ、ヨーガ、ヴァイシェーシカ、ニヤーヤを身につけていた。いずれもインドの智慧である。それに詩学、論理学、数学、天文学、音楽にも通じていたという。いずれもギリシアの教養《パイディア》である。『ミリンダ王の問い』は初めからメナンドロスを東西両世界の知に通暁《つうぎょう》する人として設定している。彼は談論を好み、側近の者たちに対論の相手となる賢者を求めさせた。六人の論師が選ばれたが、だれも彼が投げかける疑問《アポリア》に満足な答えを返すことができなかった。「ああ、実にインドは空なり、あるのは無のみ」、「インドは籾《もみ》がらである」とメナンドロスは思う。そのとき一人の賢人の比丘《びく》が托鉢をしつつサーガラの都にやってくる。仏陀の教えを説き、真理の道を指示し、真理の炬火《ともしび》をかかげる尊者ナーガセーナである。彼こそ「三蔵を誦する者、多聞《たもん》の者、伝承の教えに通達した者」で、王の対論にまことにふさわしい人と聞き、郊外のサンケッヤの僧房にナーガセーナを訪ねる。二人が静かな僧房で、たがいに礼を交わしたのち対座したときから、対論が始まる。

それは名前と事物の関係をめぐるものであった。

「尊者よ、あなたはどのように呼ばれているのですか。あなたの名前はなんというのですか」

「大王よ、わたくしはナーガセーナといいます。父母は子供たちにナーガセーナとか、スーラセーナとか、ヴィーラセーナとか、あるいはシーハセーナとかいう名前をつけますが、しかしながら大王よ、このナーガセーナというのは、実はたんなる名称、呼称、仮名、通称、名前にすぎないのです。そこに人格的個体などは存在しません」

驚いたミリンダ王は叫ぶ、

「五百人のヨーナカ人〔ギリシア人〕諸君、八万人の比丘《びく》たちよ、わが言を聞いてくれ。このナーガセーナはこういったぞ、〈そこに人格的個体など存在しない〉と。そんなことが信じられるだろうか」

神ですら個別の主体をもち、人間と同じように「自己《アウトス》」をもつと考えてきたギリシア人には受け入れがたい発言であった。彼らには個体化こそ人間の根拠であったからである。ミリンダ王のつぎの反問はきわめて当然であった。

「尊者、ナーガセーナよ、もし人格的個体が存在しないならば、あなたに衣服、飲食物、寝具と座具、病中に役立つ薬を与えるのはいったいだれということになるのですか。聖戒を護り、修行にはげむのはいったいだれですか、修行道の結実たる涅槃を悟るのはだれですか、殺生をなすのは、嘘《うそ》をいうのはだれですか、酒を飲むのはいったいだれですか

……」

ミリンダ王はさらに身体の問題をもちだして問いをすすめる。

「尊者、ナーガセーナよ、ではあなたの髪がナーガセーナなのですか」

「身毛がナーガセーナなのですか」

「爪がナーガセーナなのですか」

「かたちがナーガセーナなのですか」

フェスティジェールは、ミリンダ王のこの問いすすめは、プラトンの『アルキビアデス』のソクラテスの問いと似ていると指摘している（「ギリシアとインドの三たびの出会い」）。

「自己《アウトス》とはいったいなんですか、いまあなたが問いかけているのはいったいだれなのですか、わたしにではないかね」

「そうです」

「ではわたしもあなたに話していることになりますね」

「そうです」

「そうだとすれば話しているのはソクラテス、問いかけているのはアルキビアデス、あなたということになりますね」

「そうです」

ソクラテスとアルキビアデスにとっては「自己《アウトス》」とは、問いかける主体であり、語る主体であった。これこそギリシア思想のゆるぎない出発点であったのである。ミリンダ王にとっても自明の前提であっただろう。ところがナーガセーナの返答はことごとく「大王よ、そうではありません」であった。「我《アートマン》」の非在を説くナーガセーナの言説は、ソクラテスとミリンダにとって明証であったものと鋭く対立するものであった。緊張をはらんだ対論はこうして幕を上げたのだった。王が問い尊者が答える。尊者が別例を示して反問し王が答える、そして二例の比較によってかならず同じ結論が導き出される、「もっともです。尊者ナーガセーナよ、これはまさにそのとおりだ、とわたしは認めます」と。

型どおり繰り返されるこの単純な問答の形式は、プラトン的な対話の機微にはとぼしいが、比較例によって相手におのずと結論を発見させる対話の推移のさせ方は、ソクラテスの論法と類似している。それに先の名前《オノマ》と事物《プラグマ》という主題はプラトンの『クラテュロス』

の主題でもあったことを思い起こさないではいられない。

メナンドロスがギリシアの思考で問い、ナーガセーナがインドの思考で答える。問いは実に「三百四」も発せられ、ナーガセーナはこれらすべてに「美事な解答」をし、その問答の進行のなかでメナンドロスはしだいに「仏陀の教えの真実」を学び、「高慢と尊大」を捨てる必要を悟り、ついに「生命の終るまで〈三宝〉に帰依する」ことを誓うのである。仏典の語るようにメナンドロスが本当に仏教に帰依したとするならば、彼はギリシアの智慧にインドの魂を与え、ヘレニズムのアジア化をみずからのうちに具現してみせたということになろう。

しかし、『ミリンダ王の問い』の原典の成立が早くても前一世紀だとすれば、メナンドロスの帰仏は彼の死後、仏教者がインド・ギリシア世界の英主を宣教のためにとりこんだ巧みなつくり話と考えられなくもない。仏典をメナンドロスの改宗の唯一の根拠とすることはできない。ドゥミエヴィルはつぎのようにいっている(「『ミリンダ王の問い』の漢訳について」)。メナンドロスはプシャミトラの仏教迫害のあとでこの地を占領し、仏教に寛大な政策をとったため、仏教徒たちから人気を博し、これがのちに伝説化され、やがて彼が仏教に改宗したという話に転化したのであろうと。

メナンドロスの金貨と銀貨は、王の胸像とパラス・アテナの立像をそれぞれ表と裏に表わすのが定型であった。しかし方形の銅貨にそれらが姿を現わすことはない。メナンドロ

メナンドロスの金貨

メナンドロスの方形銅貨

スの銅貨には人と神の表現、いい方を変えれば、ギリシア人の特性の一つである人形《ひとがた》表現（アントロポモルフィスム）がみられないのである。それにかわって銅貨の表裏に表わされるのはシンボルである。とりわけメナンドロスの仏教帰依を示す証拠として注目されたのは「輪宝」である。八本の輻《や》をもつ円輪は、仏教徒の眼には、煩悩を破る八聖道を説く仏の言葉、つまり法輪《ダルマ・チャクラ》と映ったことだろう。しかしこのコインの裏には、さらにそれを裏づける表現がみあたらない。裏面に表わされているのはアポロンの鼎《かなえ》、ヘラクレスの棍棒、インドラの象、シヴァの牛であって仏教とは関係がない。またメナンドロスが金・銀貨で、「救世者《ソテル》」の称号のほかに「正義者《ディカイオス》」という称号を使っていたことはすでにふれたが、正義者《ディカイオス》とはインドでは「正法の人《ダルミカ》」のことであり、「正法《ダルミカ》」とは仏教徒にとっては「真正なる法《サッダルマ》」、つまり仏法のことであるから、この称号をもつメナンドロスは「法王《ダルマ・ラージャ》」アショーカと同じように崇仏の王であったことを示すものであるのかもしれ

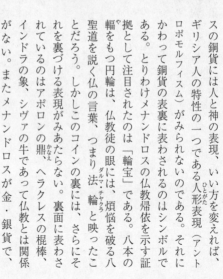

(上)バジャウルの舎利容器銘文
(左)ストラトンとアガトクレアの銀貨

ない。

さらにもう一つ、バジャウルのシンコットから出土した滑石の舎利容器をこれに加えねばならない。この舎利容器にはカロシュティー文字の銘があり、つぎのように読みとれる。「大王ミネドラ（メナンドロス）の治世の間、某年カールッティカ月一四日に造立された舎利〔塔〕の重修」。メナンドロスがガンダーラの北方のこの地域を統治していたときに、ここに仏舎利塔が造立されたというのである。仏塔の奉献は信心の篤《あつ》さのしるしであった。メナンドロスの時代、仏教が深くこの地方に根ざしていた証拠である。

前一三〇年ごろ、メナンドロスは戦いの野に倒れたという。プルタルコスはしるしている、「バクトリアを慈《いつく》しみをもって統治したメナンドロスが野に倒れたとき、諸都市の人びとは手をたずさえて荘重な葬儀をおこなったが、メナンドロスの遺骨をめぐって論議がおこっていい争った。そこで骨灰を平等に分けてもちかえり、それぞれに舎利塔を建てることで意見の一致をみた」（『モラリア』）と。釈迦入滅後の分舎利の故事にならったものと思われる。メナンドロスが敬虔な仏教徒であったからか、仏教徒たちに敬慕された王であったからかのどちらかであったろう。

メナンドロスの没年をいつとするかは諸説あって確定できないが、早くはターンの前一五三年説があるが、ここではナラインとギョームによる前一三〇年説にしたがいたい。メナンドロスが死去したとき、息子ストラトンはまだ十代であったという。母アガトクレアが摂政となりストラトンは即位する。しかしバクトリア王国のもっとも偉大な王メナンドロスの死の衝撃は大きく、各地に複数の王が分立し、主導権を争う事態が生じた。栄光のグレコ・パンジャブを保持するためにアガトクレア、ストラトン母子は、ゼウスの娘にしてギリシアの英智(仏教徒なら般若波羅蜜というだろう)の化身であるパラス・アテナに加護をねがって奮闘したのである。しばらくはメナンドロスの版図を維持したが、彼らとて時勢の流れを押しとどめることはもはやできなかった。

# 十三　遊牧の民のどよめき

ヒンズー・クシュ北方のグレコ・バクトリアは津波のように押しよせる遊牧の民の圧力のまえにすでに瀕死《ひんし》の状態であった。アジアの内奥に輝いたヘレニズムの王国がどのようにして終焉をむかえるに至ったかは残念ながら資料がとぼしく明らかにすることはきわめてむずかしい。

まず西史の証言からみてみることにしよう。ヘレニズムの史家ストラボンはつぎのようにしるしている。「遊牧民たちのうちでもよく知られているのは、ギリシア人からバクトリアを奪ったアシオイ人とパシアノイ人とトハロイ人とサカラウロイ人である。(彼らは)サカ族とソグディアナ人の地域に隣接するヤクサルテス河の対岸からもともとやってきた人たちである」(『地理誌』XI・8・2)と。

このポントスのアマセイアに生れたストラボンは前六四～後二一年ごろの人であるから、ほぼ同時代的な証言といえる。しかしストラボンはバクトリアを亡《ほろ》ぼした遊牧四族の歴史的、地理的関係にふれておらず、のち東洋史学者たちの擾々《じょうじょう》たる議論を誘うこととなった。

さて、ローマの史家ポンペイウス・トログス(後一世紀)によると、「バクトリアとソグディアナを奪い取った」のは「スキタイ族のサラウカエとアシアニ」であったという(『ピリッポス伝』XI・i)。そしてこの「サラウカエ族はアシアニ族のトハラの諸王によって亡ぼされた」という。

ストラボンとトログスの二つの証言をあわせいえることは、(一)ストラボンが並置した遊牧四族のうち、サカラウロイ=サラウカエとアシオイ=アシアニの二族はともにスキタイ系遊牧民である、(二)トログスの「アシアニ族のトハラの諸王」(Reges Tocharorum Asiani)という記述によってトハラはアシアニの支族であったとよめる、(三)アシアニとトハラが同一部族内の主・支の関係だとすれば、ストラボンのいう四族は、サカラウロイ=サラウカエ、アシオイ=アシアニ=トハラ、パシアニの三族にちぢめることができる。(四)バクトリアを最終的に手中に収めたのはトハロイ=トハラである、以上の四点であろう。西史にこれ以上の情報をのぞむべくもないとすれば、同時代の証言をこんどは東方の史書に求めるほかはない。東洋史家たちは『史記』や『漢書』にみえる記事と比較して、これらの民族にかんしてさまざまな推論を試みた。

碩学のイラン学者ヨゼフ・マルクヴァルトはストラボンのいうパシアニ=パシアノイ(Πασιανοί)はガシアノイ(Γασιανοί)の誤写であり、アシオイ(Ἄσιοι)はその略音であるとし、パシアニ=パシアノイ=アシオイ=アシアニという等式が成り立つとする。そしてこの四種の類音の原音であるガシアノイこそ漢史の月氏を音訳したものにほかならないとマルクヴァルトは主張する。彼はさらに西史と漢史の接点をもう一つ指摘する。すなわちトハロイ＝トハラは漢史の大夏の音訳とするのである。サカラウロイ（サラウカエ）はもっとはるかに西方にいたため漢史の記載からもれたのだという。

これに対しラッセン、リヒトホーヘン、フランケといった学者たちはトハロイ＝トハラを漢史の月氏とすることで一致している。わが国の東洋史家たちの見解もわかれた。桑原隲蔵《じつぞう》は留保をつけながらもマルクヴァルトの説に賛意を表し、藤田豊八と白鳥庫吉は後者の意見に賛成した。したがって大夏についても白鳥庫吉らは大夏＝トハラのマルクヴァルトの説に反対し、大夏を「ギリシア人の建設せるバクトリア王国」とした。しかし、なぜバクトリアを大夏というのかについての明晰な論証はない。「大夏の名はどうしてもこれを西方において発見することができない」。だが「大夏なる語」は中国では「熟した言葉」で、『漢書』、『呂氏春秋』、『説苑』らの黄帝をめぐる話のうちにもみられ、「中国人の思想」から起った名称であることだけはまちがいないと白鳥庫吉はいう（「大夏国に就きて」『西域史研究』）。

漢史の大夏が白鳥庫吉のいうようにグレコ・バクトリアに対して中国人のつけた「善名」（尊敬した地につける名）であるかどうかは、いぜんとして開かれた問題であるが、この大夏が月氏によって国を奪われたことは『史記』『漢書』によってすでに明らかである。すると月氏の移動こそ大夏の命運に深くかかわっていたことになろう。

そして、もし大夏が白鳥たちの考えたようにグレコ・バクトリアであるとすれば、バクトリアの命脈を断ったのは、遥かこの東方でおきた遊牧の民たちのどよめきであったことになろう。錯綜する歴史の糸をたぐりなおさなければならない。

秦の始皇帝が病没した（前二一〇年）翌年、匈奴の第二代単于《ぜんう》（皇帝）冒頓《ぼくとつ》（モンゴール語の神聖《ボクド》なの意）は、父頭曼《とうまん》を狩のさなか射殺し、みずから立って単于となった。匈奴をみくびった東の隣国東胡を急襲して王を破滅させると、こんどはかつて自分が人質として送られ、危うく殺されそうになった西の隣国月氏をうって敗走させた（『史記』匈奴伝）。漢の文帝に冒頓が送った書状にもこのことが書きしるされている。「西方に至って月氏をさがし求めこれを撃たせた。天の福、吏卒の良、馬の力のつよきによって月氏を平らげ滅ぼし、これをすべて斬殺し降服させ平定した」（『漢書』匈奴伝）と。漢の文帝の前元四年（前一七六年）のことである。しかしこのとき月氏はなお河西地方に踏みとどまっていたものと思われる。なぜなら『史記』大宛伝は「匈奴の冒頓単于が立つにおよんで月氏を攻め破り、匈奴の老上単于《ろうじよう》にいたって月氏の王を殺し、その頭骨で飲酒の器をつくった」としるして、月氏が冒頓と老上の二代の単于に攻められ、ついに王をも殺害されるに至る惨を蒙ったことを告げたそのあとで、「月氏はもともと敦煌と祁連山の間に居住していたが、匈奴に破られて遠くに去り」とここではじめて月氏の西方への移転に言及しているからである。冒頓の死をうけて「その子稽粥《けいいく》が立ち、老上単于と号した」（『漢書』匈奴伝）のは文帝の前元六年（前一七四年）のことだから、月氏の西方への移動はそれより数年のちより、老上単于の没年である後元四年（前一六〇年）までの間におこったとしなければならない。そしてこの月氏のやむなき西行が、中央アジアに嵐を呼ぶのろしとなった。

月氏は匈奴に破れ、故土を捨て伊犂《イリ》へと移ったが、そこはもともと塞《サイ》の地であったので、塞王と戦って破り、塞を南へと追いやった。そして伊犂《イリ》に居すわろうとしたが、そこも月氏にとっては安住の地ではなかった。月氏がこの塞の地に落ちつこうとしたとき、かつて月氏によって王が殺されたことのある烏孫が、その王の子昆莫《こんばく》を立て、匈奴の支援をえて塞地の月氏を攻めたからである。月氏は伊犂を捨て、大宛《フェルガーナ》にむかい、この国をよぎってさらに西、大夏の国に攻めいり、この国を臣従させて、嬀《ぎ》水《すい》（オクソス河）の北に都をつくりそれを王庭となし、ようやくにして安らぎの地をえたと『漢書』は伝えている。

ヘリオクレスI世

大宛を過ぎた月氏は、おそらくマラカンダ（サマルカンド）を中心とするソグディアナ地方に至り、のち南下して嬀水に至ったものと思われる。そのときソグディアナはすでにグレコ・バクトリアの手を離れていた。トログスによれば、まずバクトリアに攻め入ったのは「スキタイ系のサラウカエ」であり、ついでそれを追うかのようにヤクサルテス河を渡ったのは「トハラ系の諸王」であったという。トハラ＝月氏であるとすれば、ソグディアナで第二波の遊牧の民の南下を迎え撃ったのは「スキタイ系」のサラウカエ＝サカでなければならない。月氏がここに到達した年を「前一三九年以後間もなく」（桑原隲蔵「張騫の遠征」）だとすれば、それはグレコ・バクトリアの王ヘリオクレス（I世）の死（前一四〇年）と微妙に重なる。ヘリオクレスが第一波のスキタイ系サカとの戦いで倒れたのか、第二波のトハラ系月氏との戦いで没したのかは判じがたいが、遊牧の民の南下とかかわっての死没であったと推される。

しかしこの相つぐ遊牧の民の侵入によって大夏はすべてを失ったのではない。王位はエウクラティデス（II世）によって継承され、嬀水（オクソス河）の南の地はいぜんとして手放してはいなかった。『史記』は、大夏が嬀水の南にあって、城郭や家屋はあるが大首長はおらず、城邑に小首長がいるのみで、民は弱く戦いをおそれているが、商売はすぐれているとしるしている。北の大月氏国に対して南の大夏は「臣従」しながらもなおわずかに命脈をたもっていることがわかる。

大夏の北方を占領した大月氏国はどうか。

大月氏——人びとは故土にとどまって移動しなかった月氏を小月氏とし、西へ長征をおこなって国を建てた月氏を大月氏として区別した——はもともと行国（定住しない国）で家畜とともに移動していたが、大夏に至って国を建て、王が監氏城にいて国を治めた。戸数は十万、人口は四十万、勝兵は十万人いた。西の方は安息《パルティア》に接し、土地、気候、あらゆるもの、民俗、銭貨は安息と同じであった。そして一封《ひとつこぶ》の駱駝を産出したという（『漢書』西域伝）。ひとつこぶの駱駝、いわゆる単峰駱駝（camelus dromedarius）はそもそもアラブの駱駝であったが、ここ大月氏国、つまりソグディアナとバクトリアにも産したことが珍しかったので書きとめられたのであろう。バクトリアの駱駝は二つこぶの駱駝、いわゆる双峰駱駝（camelus bactrianus）として近隣に名高かったのである。ペルセポリスの謁見の間《アパダーナ》の東階段に彫られた朝貢図の中にみえるバクトリアの二つこぶ駱駝はつとに有名である。バクトリアとは、語源的にも「褐色の大きく強い駱駝」を意味する古語ブクティとつながりがあり、したがって古来、戦う逞しい駱駝の国の意であったという（カラムショエフ「バクトリアとパミール」）。詳しくは田辺勝美の優作『ガンダーラから正倉院へ』をみられたい。

ソグド人（下）とバクトリア人（上）（ペルセポリスの朝貢図）

さて、月氏の南下によって「スキタイ系」のサラウカエはどうなったであろうか。トログスのいうように「トハラの諸王」が「亡ぼしてしまった」（interitusque）のであろうか。ここでいうサラウカエ＝サカラウロイが、

サカ人（ペルセポリスの朝貢図）

伊犂《イリ》より月氏に追われた塞（サカ）と同一の種族かどうか、これもまた古くより議論がたたかわされてきたが、それはスキタイ系サカとは別であったと考えたい。月氏の西遷にともない故地を奪われた塞は『漢書』のいうように途中で南へと移動し、「懸度」を越えて「罽賓《けいひん》」（ガンダーラ）の方へ、むかったと思われる。

サカの語源にかんしても諸説ある。ホータン・サカの研究家であるベイリイは、「力強い」、「巧みな」という意の語根サク（sak-）より由来するものとし、ツエメレニーは、「射る」という意のインド＝ヨーロッパ語根スケウド（skeud-）より由来するスクタ（Skutha）、つまり射手よりサカは派生した言葉としている。

サカの名は古くはダレイオスI世のビストゥンの碑文の中にみえる。大王が支配下に置いた二十三邦《ダフュ》（ダフュは部族の集合によって構成される地方単位をいう。家族〔nâfah〕→家〔nmâna〕→氏族〔taumâ〕＝村落〔vîs〕→部族〔zantu〕→地方〔dahyu〕＝邦）のうちバクトリアとその周辺地域を、碑文の順序にしたがってあげるとつぎのようになる。

「パルサワ（パルティア）、ズランカ（ドランギアナ）、ハライワ（アレイア）、ウワーラズミー（ホラスミア）、バークトリー（バクトリア）、スグダ（ソグディアナ）、ガンダーラ、サカ、サタグ（サッタギュディア）、ハラウワティ（アラコシア）」

ダレイオスI世のペルセポリス碑文（h）はさらにサカの位置を「スグダ（ソグディアナ）の向こうのサカ族」とより具体的に示している。またダレイオスI世のナクシェ・ロスタム碑文（a）は、サカ族に「ハウマ崇拝のサカ族」と「尖帽のサカ族」と「海の向こうのサカ族」の別があったことをしるしている（いずれも碑文の訳名は伊藤義教氏の『古代ペルシア』によった）。「海の向こうのサカ」（Saka Paradraya）は、ロジャーフライのいうところにしたがえば、黒海沿岸、南ロシアのサカ、つまりスキタイを指し、「尖帽のサカ」（Saka Tigrakhanda）は、ヤクサルテス河の北方からカスピ海の北岸にかけて遊牧した民を指している。tigraとは「矢のように鋭い」の意であり、khandaとは羊の皮でつくった背の高い帽子のことである。「ハウマ崇拝のサカ」（Saka Haumavarga）は、オクソス河上流域を遊牧した民であり、形容辞haumavargaにはハウマ酒の醸造者、あるいは良き牧場の持ち主という意味があるという。そしてこの民こそ、ヘロドトスが伝えるクセルクセスのギリシア攻めの軍中で、バクトリア人とともに連合軍を組んだ「スキタイ系のサカイ人」、つまり「アミュルギオンのサカイ人」（『歴史』Ⅶ・64）であったと思われる。ストラボンが

クー・イ・フワジャ

ソグディアナ人と並置した「サカ」はおそらく、ダレイオスの碑文にみえる「ハウマ崇拝のサカ」、ヘロドトスのいう「アミュルギオンのサカイ」の後裔であったのだろう。

前一四一年の冬、サカが突如パルティアの東の国ざかいに姿を現わす。その年の夏、セレウキアに入城したばかりのミスラダテスI世はそのため急ぎヒュルカニアへと軍をめぐらせ事態に即応してことなきをえた。サカがパルティアの東域を越えて西へ進むのをひとまず食い止めはしたが、故地を追われて後戻りのできないサカの南進をはばむことはできなかった。ミスラダテスI世の没後（前一三八年）、フラーテスII世とアルタバヌスII世が相ついでサカとの戦《いくさ》に破れ、戦場に倒れたことは、サカの南進がどんなに激烈なものだったかを証明するものである。サカの一部はメルヴを経て西方へカトンピュロス、エクバタナをめざし、他の一部はメルヴよりヘラートを経てパルティアの東辺を南に下ったという。南進したサカはやがてヘルマンド河がゆるやかに注ぎこむハムーニ・ヒルマンド（ヘルマンド湖）の周辺に新しい定住の地をみつけた。前一三〇年ごろのことであった。彼らはその地をサカステーネ（サカ族の地）と名づけた。このときよりズランカ＝ドランギアナという古名は消えたのである。ヘルマンド湖は『アヴェスター』の聖なる海ウォウルカシャ（「多くの入江をもつ」という意）と同一視されゾロアスター教のもっとも重要な聖地の一つであった。湖中に浮ぶ小島はクー・イ・フワジャ（聖なる山）といい、迫害をうけたゾロアスターの隠所がこの山頂にあったという伝説につつまれている。十年そこそこのわずかな年月であったが、この聖地で安らぎをえたことが、北方の遊牧の民をして、パルティアのサカ（Saka-Pahlava）へと生れ変らせる契機となった。バクトリアですでにゾロアスター教を知り、ヘレニズムの風を吸ったこの遊牧の民は、ここでなにをはぐくんだであろうか。それは彼らがこの地をふたたび離れ、インダスへと旅立ち、ガンダーラに最後の定住の地をみつけたときに明らかとなる。

マウエスの銀貨

前一二三年、サカとの戦いで死んだアルタバヌスⅡ世の後を継いだミスラダテスⅡ世は、サカ・パフラヴァにとってはいささか手ごわい相手であった。それにこの地方を領有するパルティアきっての名家シューレーン（プルタルコスのいうスーレーナス、ローマの将軍クラッススを破った人はこの名家の出であった）の圧迫もあったのであろう、サカ・パフラヴァはこの地を離れ、部族の活路を東方に切り開くことを決心する。前一二〇年以降のことと思われる。ヘルマンドの流れをさかのぼり、エウクラティデスの死後すでに力の衰えたバクトリア領アラコシアに入り、そこよりボラン峠を経てインダス河岸への道を辿ったと考えられる。これはアレクサンドロスの別動隊、クラテロスの軍が西進した道すじでもあった。前一一〇年ごろシンド地方に落ちつき、そこに根拠地をかまえたサカ・パフラヴァは、北進の機会をうかがった。彼らの雄マウエスが出たとき、彼らはインダスをさかのぼり、パンジャブを抑え、タキシラを落し、ガンダーラを占領するに至った。それはグレコ・バクトリアの後裔たちが東方に築いたインド・グリーク王国の息の根をとめる弔鐘となるのであった。

## 十四　夕暮れ

エウクラティデスⅡ世とメナンドロスの死後、つまり前一三〇年以後のグレコ・バクトリアとインド・グリークのヘレニズム王国がたどった道筋は複雑で模糊としてさだかでない。歴史の黄昏《たそがれ》どきにはいつも混沌とした時が訪れる。それでもヒンズー・クシュの北方、クンドゥズに埋蔵されていた大量のコインの発見、ヒンズー・クシュの南方ではガズニの近くでいわゆるミール・ザカフ埋蔵のコインの発見などによってかすかにバクトリアの動静をうかがい知ることができる。

ナラインはこれらの資料を基《もと》にして、バクトリア諸王の系列と分立する王国の地域とをつぎのように分類した。これは歴史のもつれた糸を少しでもときほぐそうとする試みだが作業仮説の域をでない。仮説を実証するにはこれらの地方における本格的な考古発掘をまたねばならなかった。ナラインは王を五群に、王国を七地域に分けた。

〔王譜〕

第一群　ストラトンⅠ世、アポッロドトス、ゾイロスⅡ世、ディオニュシオス、アポッロパネス、ストラトンⅡ世——この六王はメナンドロスの系。

第二群　アンティマコスⅡ世、ピロクセノス、ニキアス、ヒッポストラトス――この四王もメナンドロスと繋がりがある。
第三群　ゾイロスⅠ世、リュシアス、テオピロス――この三王はエウテュデモスⅠ世とデメトリオスⅠ世の系。
第四群　エウクラティデスⅡ世、アルケビオス、ヘリオクレスⅡ世、アンティアルキダス、ディオメデス、テレポス、アミュンタス、ヘルマイオス――この八王はエウクラティデスⅠ世の系。
第五群　アルテミドロス、ペウコラオス――彼ら独自の群を形成。

〔二五九頁の系図参照〕

群別は諸王が発行したコインの裏面に刻まれた一種の家紋的機能を果す図柄にもとづいている。

第一群に分類された諸王の共通の特徴は、そのコインの裏にいずれもパラス・アテナ女神かアポロンの神を使用しているところにある。第二群は「跳ね馬に乗る王」の図柄を使用することで共通し、第三群はヘラクレス、第四群はアポロンを採用していることで共通している。第五群はアルテミス女神を描いていて独立の別系の王たちであることを示している。すべてのコインがこうだというわけではなく、共通の指標のみを拾いあげて分類し

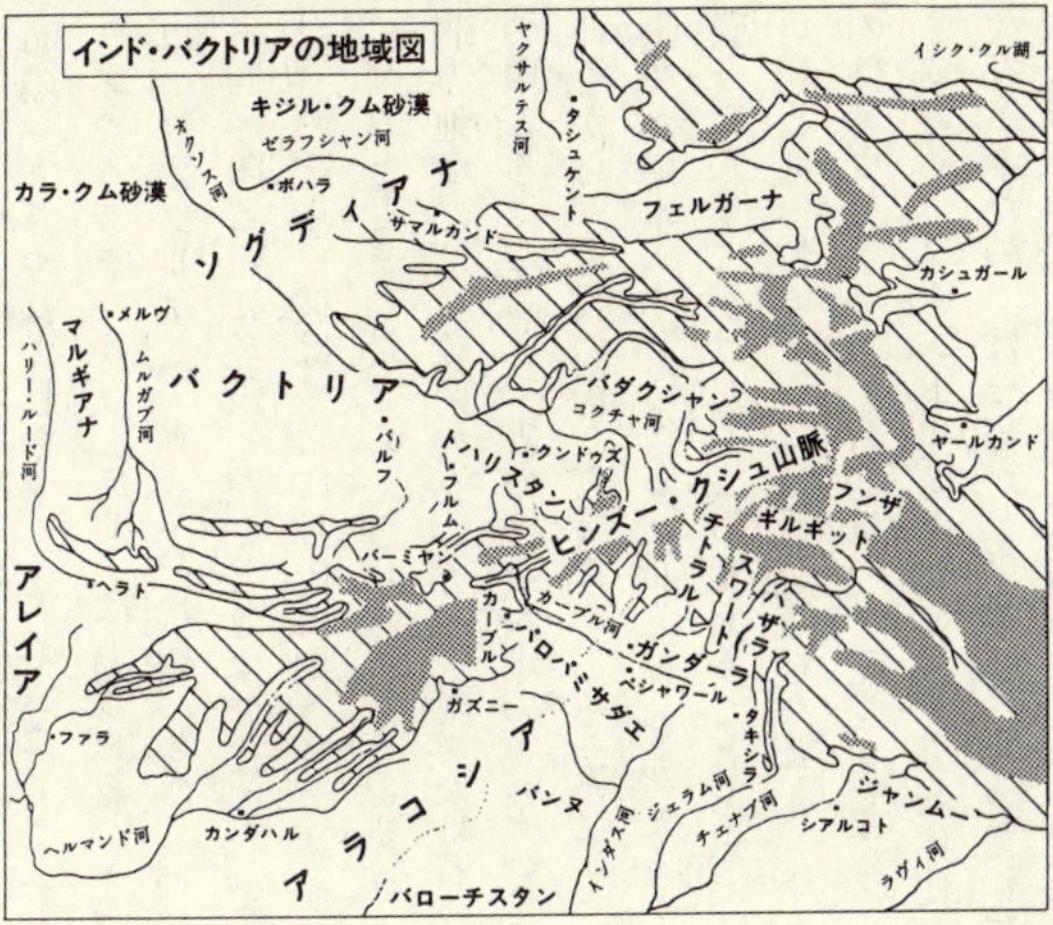


ているにすぎないということに留意する必要があるだろう。

〔王国〕

第一地域　ヒンズー・クシュの北方――バダクシャン地区

第二地域　カーブル河流域――パロパミサダエ

第三地域　ガズニー地域――北アラコシア

第四地域　インダス河西岸域――ガンダーラ

第五地域　スワート河流域――ウジャーナ

第六地域　インダス河東岸域――タキシラ地区

第七地域　ジェラム河東岸域――ジャンムー、シアルコット地区ナラインは右のような七地域の分割は「厳密な王国の境界」というより、当時の勢力分布の「大ざっぱな目やす」として受けとってほしいといっている。

エウクラティデス（I世）より受け継いだグレコ・バクトリアの孤塁をひとり守ったのはヘリオクレス（I世）だったが、北から押しよせる遊牧民の波には抗すべくもなく、前一四〇年ごろに死没したことはすでにのべた。その後継者はエウクラティデスII世であった。おそらく彼はさらに月氏に押されて、かろうじて第一地域、つまりバダクシャン地方に踏みとどまったと考えられる。スタヴィスキーによると前三世紀までは、オクソス河の北方地域には遊牧民のクルガン（土または石の築墓塚）がみつかっていないのに、前二世紀の中ごろになると、広やかな牧場のかたわらにクルガンの墓群《ネクロポリス》がみられるようになるというから、遊牧の民たちはそのころからオクソス右岸に定着するようになったのであろう。張騫が嬀《ぎ》水《すい》（オクソス河）の北に都をかまえた大月氏の国に滞在したのは前一二九年から翌一二八年にかけてのころであることを思いめぐらせば、文字資料と考古資料はまさにぴたりと符合している。張騫が訪れたとき、オクソス左岸バダクシャン地域を統治していたのはエウクラティデスII世の子アルケビオスであった。アルケビオスは北方の失地を回復するため、メナンドロスの死によって弱体化しているヒンズー・クシュの南方に領土の拡大を試みたのではないかと思われる。つまり第二地域と第三地域への転進をはかったのである。コインの分布からみれば、第二地域はピロクセノスとリュシアスの支配下にあり、第三地域はメナンドロスの死後、彼の弟アンティマコスがこの地で独立を宣しアンティマコスⅡ世を名のり（前一三〇～一二五年）、勢力を張った地だったが、リュシアス、ストラトンⅠ世、ピロクセノス、ゾイロスⅠ世らも入り乱れてその勢力を競った。アルケビオスは在位十年でヘリオクレスⅡ世によって王位を奪われることになる。ヘリオクレスⅡ世はカーブル河流域をおさえ、さらに東方のストラトンの領地をねらって抗争をつづける。

第三地域で力を振ったアンティマコスⅡ世は、ここから第四地域（ガンダーラ）と第五地域（スワート）にまで勢力をはったと思われる。アンティマコスから第三、第四、第五地域を受け継いだのはプロクセノスである。彼のコインの分布は第六地域（タキシラ）にまでおよんでいることから、もっと東へと勢力を拡げたものと思われる。しかし、ヘリオクレスⅡ世の後継者である北方バクトリアのアンティアルキダスのコインの分布域はさらに広く、第一、第二、第三、第四、第六と、スワート地区およびパンジャブを除いた広範囲にわたっている。落日のバクトリアのひとときの光芒であった。コインの分布だけからみれば、なおヒンズー・クシュの北麓にバクトリアの残光をみることができることは注目に値する。アンティアルキダスの名は、ストラトンとアポッロドトスの勢力下にあった第七地域を越えて、はるか中インドのベスナガルの石柱に刻まれてヘレニズムの射程の長さをあらためて知らされる。

アンティアルキダスはシュンガ朝ヴィディシャーの宮廷にディオンの子ヘリオドロスな

諸王の銀貨

アルケビオス

アンティアルキダス

リュシアス

アミュンタス①

アミュンタス②

ヘルマイオス

マウエス

アゼス

タキシラの遺跡

るヨーナ（ギリシア）人を使として派遣したという。ヘリオドロスの訪問が、なにを目的としたものかははっきりしないが、その表敬の記念にとビールサの地に彼はガルダ鳥の像のついた石柱を建てさせそこにつぎのような銘を刻ませた。「この神々の中の神たるヴァースデーヴァのガルダ標柱は、大王アンティアルキダスのところから、ヨーナの使者として、治世一四年にして栄えつつある王、カーシーの子、救世者《トラターラ》バーガバドラのもとにきたれる、タキシラの住人、ディオンの子、ヴィシュヌの信者ヘリオドロスによってここに建立されしものなり」と。

『プラーナ』（史話）が伝えるシュンガ朝諸王のうち、このバーガバドラがどの王に当るかがわかれば、この石柱建立の年代が推定できるのだが、これも諸説あってにわかにはきめられない。いまかりにナラインの主張するように第九代のバーガ王だとすれば、前一〇〇年ごろということになろう。ヘリオドロスはアンティアルキダスの最晩年に使者として派遣されたのである。ストラトンI世の副王として力を振い、アンティアルキダスをタキシラに破ってその命運を脅かしたアポッロドトスに対抗するため、シュンガ朝の支援を求める軍事目的の使節ではなかったか、とナラインは憶測《おくそく》している。だからこそ、インドの王の尊号としてはなじまない「救世者《トラターラ》」などというギリシア語ソテルの直訳の称号をバーガバドラにたてまつったのであろうと。

アポッロドトスは、タキシラ、ガンダーラを支配しただけではなく、カーブル流域やガズニ地方にまで力をのばし、インド・グリーク朝の「掉尾《ちょうび》の光芒」を放ったとされているが、しょせんそれは「ギリシア人の最悪の敵はギリシア人自身」という終末のあがきにすぎなかった。権力を身につけたアポッロドトスが兄ストラトンI世に統治能力なしという理由で退位を迫ったなどという話は、滅亡劇の典型的なシナリオである。この混乱期を利用して、タキシラで改めて民族の覇権を主張し新しい国の建設をなしとげたのは、サカ族をひきいてこの地に攻めこんだマウエスであった。彼はインド・グリークの心臓部に遊牧の民のくさびをぐさりとうちこんだのである。前八五年ごろのこととされる。マウエスを王とするサカ族が、『漢書』の伝える「南に懸度を超えた塞《サカ》」なのか、それとも、月氏の西遷によってバクトリアの地を追われ南下し、シースターンに居を移し、やがてバローチスターンを通ってインダス河をさかのぼって北上してきたサカ・パフラヴァなのか、この問題もまだ開かれたままである。インダスの上流域のハザラ地方からタキシラにかけて四ケ所（シャハダウル、マンセーラ、ファテジャング、タキシラ）でサカ族によって刻まれたというカロシュティー文字の銘文がみつかっているが、彼らがこの地域を根拠地にしていた証《あかし》であろう。そのうちもっとも古いシャハダウルの岩石銘は前九五年ごろのものという。イギリスの考古学者ジョン・マーシャルによるタキシラの発掘（一九一二〜一九三四年）は、サカ族がインド・グリークの時代をひき継いで、第二タキシラ市（シルカップ）に都を構えていたこと、それと同時にヘレニズムの文化をも継承していたことを明らかにした。マウエスの発行したコインは表にギリシア語、裏にカロシュティー文字を刻んでいた。アポッロドトスの推定没年と重なっているのはたんなる偶然であろうか。

アポッロドトスの死後はその王国はさらに小さく分割され、諸王が並立したものと思われる。復位したストラトンI世はジェラム河の北東域をかろうじて保持するばかりであった。彼の後を引き継いだのは、ゾイロスII世、ディオニュシオス、アポッロパネス、ストラトンII世らであったが、わずかにインド・グリークの余命をつないだにすぎなかった。マウエスのタキシラ占領まえ、そこを統治していたのは、タキシラ出土のコインから、テレポスとヒッポストラトスであったと考えられる。ヒッポストラトスは追われて西に走り、ニキアスが統治するガンダーラに至ったと思われるが、テレポスはおそらくタキシラ周辺で果てたらしい。ガンダーラに転進したヒッポストラトスも、やがてアゼスI世によって亡ぼされることになる。アゼスがサカ系の王であったか、パフラヴァ系の王であったか、いまもって明らかではない。ガンダーラ文化の序章を形成するこれらの問題を論ずることは、クシャン・バクトリアのそれとともにつぎの機会にゆずりたい。

東に、ひたよせるサカの馬の蹄の音を聞き、ヒンズー・クシュの北に月氏の重々しい気配を感じつつ、カーブル渓谷ガズニ地区もまた騒然としていた。遊牧の民のどよめきの大小によって、この地は揺れ動いた。それでも比較的安定した権力を保ったのはカーブル河流域を抑えていたリュシアスであった。彼はこのときでもなおゾイロスI世より受け継いだガズニ地区を保持していたと思われる。この系の最後の王テオピロスのコインはガンダーラとヒンズー・クシュの北方に出土するのみでカーブル河流域にはまだみいだされていない。北で果てたか、東で倒れたか、はわからないが、おそらく前八五年という没年から、ギリシア諸王間の抗争の渦にのまれたのであろう。

ヒンズー・クシュ北方のグレコ・バクトリアの砦はいつまで守りつづけられたのであろうか。コインの出土状況からするとアンティアルキダス、その後継者アミュンタス、そしてバクトリア最後の王ヘルマイオスまでもちこたえたようにみえる。アミュンタスとヘルマイオスのコインの分布をみると、第一地域（ヒンズー・クシュ北方）、第二地域（カーブル河流域）、第四地域（ガンダーラ）の三つの地域にわたっている。ヘルマイオスの場合は第六地域（タキシラ）からも出土をみている。それは一見、北方遊牧民の圧力に押し出された両王が捨て身ではかった転進の方向を示しているようにもみえる。事実アミュンタスはインダス河畔でパフラヴァの王ウォノネスと衝突した。当時、東方でも変動が起り、サカはパフラヴァに吸収されていたのである。しかし、アミュンタスのコインがヒンズー・ク

ヘルマイオス

シュ北方で発見されたからといって彼がそこにバクトリアを飛び地のように維持していたとはいえない。コインの発行される場所と流通域とはかならずしも一致しないからである。おそらくアミュンタスはヒンズー・クシュの南麓パロパミサダエにすでに本拠を移していたと考えられる。そこからさらに東へと進みでたのであろう。ヒンズー・クシュの北方、とりわけオクソス河流域では、権力構造はかわったけれども、経済的な構造は継承され、新しい支配者の通貨ができるまでは従来どおりグレコ・バクトリアの通貨が用いられたのであろう。そしてこの地域がクシャン朝揺籃の地となるのである。

　アミュンタスの後を継いだのは、最後のギリシア人王ヘルマイオスであった。彼の治世はなにもわかっていない。コインはいく種類か残っている。表にディアデム冠をつけた右向きの王の胸像と「救世者ヘルマイオス王の」（ΒΑΣΙΛΕΩΣ ΕΡΜΑΙΟΥ ΣΩΤΗΡΟΣ）というギリシア語銘を表わし、裏に玉座に坐るゼウスの像とカロシュティー文字による同意の銘を表わす銀貨、また表に王の胸像、裏に右手で花環をもち、左手で棕梠の葉をにぎる有翼のニケ像、そしてカロシュティー文字で「大王ヘルマイオス」という銘を表わす銀貨などがある。「大王《マハーラージャ》」

という文字が淋しくうつる。もう一つ、彼が支配された王であることを裏づける重要な銅貨をつけ加えねばならない。それは表面にディアデム冠をつけた王の右向きの胸像と「救世者ヘルマイオス王の」というギリシア語銘を表わし、裏面に左手で獅子の皮をもち、右手の棍棒を大地につけて立つヘラクレスの正面像を表わすものだ。これだけならこれまでのギリシア人諸王のコイン・タイプとなんらかわらない。しかし、裏面に表わされたカロシュティー文字はこれまでのように表面のギリシア語銘のたんなる反訳ではない。そこには「クシャン族の首領、クジュラ・カサの」と新しい権力者の名がしるされているのである。クジュラ・カサとは、ヒンズー・クシュの北で誕生したクシャン朝の始王クジュラ・カドピセスのことであることはいうまでもない。

　東方から押しよせるパフラヴァ、北方より圧倒的な軍力でひたよせるクシャン、この新興の二つの力の挟撃にあって、アジアでヘレニズムの旗じるしをかかげつづけたバクトリアは、ヘルマイオスを最後の王としてついにその二百年の歴史を閉じるときがきたのである。しかし、アジアで生れたギリシア人の後裔たちは先達たちがアジアの大地に種を播き、つちかったヘレニズムの技と魂をいつまでも忘れることはなかった。新しいアジアの複数の文化との出会いのなかで、彼らは智慧をふりしぼって、変身しながらも魂を捨てることなく生きぬいたのだった。

# 十五　蘇るバクトリア

## 1　古銭を集める

古典作家たちがアレクサンドロス大王の事跡とともに残したバクトリアにかんする美しいさまざまな記述にもかかわらず、歴史から忽然と消え去ったこの王国を再発見しようとする努力は、古代貨幣にたいする好奇のまなざしから始まったといってよい。一七八三年、ラテン語で刊行されたテオピルス・S・バイエルの『バクトリア・ギリシア統治史』（ペテルスブルグ）は、収集された古銭によってバクトリアの歴史に新しい光を与えようと試みた最初のものであった。古銭の研究が歴史学の重要な一分野であることが明確に意識されるようになるのは一九世紀の半ばになってからのことであることを思えば、文献資料による断続的な歴史記述の不足を古銭資料によって補完し、バクトリア史の再構成を試みたバイエルの仕事は画期的なことであったといえよう。

バクトリア・コインへの関心は、一枚また一枚と、ギリシア・ラテンの著述家たちの知らなかった王の名をもつコインが発見されるたびにいよいよ高まっていった。エウテュデモス、ヘリオクレス、アンティマコス、デメトリオスの名が一八世紀の末から一九世紀の初めにかけての時代につぎつぎとヨーロッパで知られていった。とりわけ一八二四年、イギリス人トッドが『王立アジア協会誌』に発表した古銭の版刻の図版とその註釈は大きな反響をよんだ。トッドは十二年にわたるインド滞在中にさまざまな古銭を蒐集し、その枚数はおよそ二万枚におよんだ。トッドの記述によれば、蒐集した古銭の大半は大して価値のないものだが、バクトリアの諸王にかんするものだけは古銭学的にも、歴史的にもきわめて重要なものであった。彼が発表したコインの中にアポッロドトスとメナンドロスのコインがふくまれていたのである。文献によってしか知られていなかったこの王たちが、彼らによって発行されたコインの発見によって初めてその実在が確認されたのである。トッドのこの発見はグレコ・インド・バクトリアの古銭史にとって画期的なできごとであった。ドイツ・ローマン派の批評家ヴィルヘルム・フォン・シュレーゲルは、「その保存の良さ、稀少価値、そしてその歴史的重要性によってこの二枚のコインの価値は量《はか》りしれない」（一八二八年）と評したのだった。もちろん今日ではメナンドロスとアポッロドトスのコインは多く発見されているが、「稀少価値」に変りはない。

トッドの蒐集に与えられた高い評価は、古銭蒐集熱に拍車をかけた。ヴェントゥーラ、ホニッヒベルガー、ジェラール、バーンズ、マッソンといった探検家たちは、本務のかたわら先を争って野外にで、遺跡を片っぱしから掘りかえし、古銭の蒐集に夢中になった。なかでもチャールズ・マッソンの仕事は精力的でアフガニスタンのベグラムにおける古銭の蒐集の成果は大きいものであった。アンティアルキダス、リュシアス、アガトクレス、アルケビオス、パンタレオン、ヘルマイオスなど後期バクトリアの諸王のコインを発見した意義は高く評価された。しかし彼らの古銭蒐集がこの地域における「略奪的発掘」のきっかけをつくったという非難をまぬがれることはできない。ガンダーラ考古学はながくこの不運なつけを背負いつづけることになるのである。

マッソンたちが集めた古銭の鑑定と分類の仕事を引き受けたのは、当時カルカッタ造幣局の役人であったジェイムズ・プリンセプであった。やがて彼は手もとに集められたギリシア文字とインド文字を併用した二ケ国語銘コインを手がかりにしてアショーカ王碑文解読の糸口を発見するのである。しかし彼は一八四〇年、まだ四十歳の働きざかりに急逝する。彼の遺著は『バクトリア貨幣』（一八四四年刊）であった。プリンセプの死んだ翌年、マッソンの蒐集した古銭を基礎に、ペルシアとインドの間に築かれたアーリア世界の歴史を再構成しようと試みたウィルソンの大著が公刊された。『古代アリアーナ――アフガニスタンの古蹟と古銭』である。一八世紀の中葉から始まるバクトリア・コイン発見の経緯をつぶさにみようとする者は、だれもがこのウィルソンの著作に付された序文をひもといてきたのである（『アレクサンドロス古道』（同朋舎）の私の後記を参照していただきたい）。

ウィルソンの著作は、歴史と古銭学の結びつきをはかろうとする大切な試みであったが、そのためにはまずもって蒐集コインのより精密なカタログ化が必要であった。カタログ化にはコインの出土地などの特定が求められた。一八八四年、アレクサンダー・カニンガムが世に問うた『アレクサンドロスの後継者たちのコイン』こそ、このような要求に答える最初の古銭カタログであった。カニンガムはこのカタログによって王譜の編年をも試みたのだった。「この試論は」、とホワイトヘッドはいう、「今日でもいぜんとしてインド・バクトリアのコインに関する唯一の徹底した考察であり、著者の知識と才智の豊かさを十二分に示したものである」(一九一四年)と。

バクトリア・コインのカタログ化の作業は、個人蒐集のものから、次第に博物館蒐集のものへとすすんでいった。パーシー・ガードナーによる『大英博物館所蔵コインのカタログ』(一八八六年)、ヴィンセント・スミスによる『インド国立カルカッタ博物館所蔵コインのカタログ』(一九〇六年)、ホワイトヘッドによる『パンジャブ(ラホール)博物館所蔵コインのカタログ』(一九一四年)はその推移を如実に語っているといえよう。

いっぽうバクトリア史再構築の試みも、二〇世紀にはいるといっそう活況を呈するようになった。ローリンソン(一九一二年)、マクドナルドとラプソン(一九二二年)、ターン(一九三八年)、ナライン(一九五七年)といったぐあいに、新しいバクトリア史編成の試みは古銭学の成果に立脚しつつ、しだいにその精度をましていった。日本では明治三三年(一九〇〇年)に三宅米吉が、先にあげたウィルソンの『古代アリアーナ』を下敷きにし、それを抄訳するというかたちで「ばくとりやの歴史」を『考古』誌上に発表した。わが国におけるもっとも古いバクトリア王国史である。小論ながらもっともまとまったものは、原随園「印度文化と希臘及び西南亜細亜の文化との交流」(『岩波講座東洋思潮』所収、昭和十一年)と羽田亨が昭和二十三年(一九四八年)に公刊した『西域文化史』第四章「アレキサンダーの東方経略とバクトリヤ及びパルチヤ」であろう。

コインの蒐集、カタログの作成、編史の試みと、年月の経過とともにバクトリア史のアプローチも深まっていったが、なんといってもいちばんまち望まれたのは、千もあったというバクトリアの都市址の発掘であった。ヨーロッパの考古学者たちはだれもがバクトリア発掘の最初の栄光に輝かんと策を練った。前世紀の末、シュリーマンが小アジアでえた名声を、アジアの内奥でえようとだれもが夢見たのである。しかしバクトリアの祖地での発掘に至りつくまでにはまず第一次世界大戦をくぐりぬけなければならなかった。そして実際にバクトリアを掘りあてるまでにはさらに第二次世界大戦という最大の試練を耐えしのばねばならなかった。考古学的発掘には資金と労力のほかに持続する平和な時と運とが必要であった。

## 2 オクソスの遺宝

前世紀の末に偶発した小さな一つの出来事が、考古発掘の緊要さをいやがうえにも思い知らせる契機となった。

一八七七年のことである。オクソス河（アム河）の水が減りはじめると、近隣の村人たちは以前からときどき金・銀の品物が土中に発見できる古跡へと急いだ。案の定、その年も砂地に古銭をはじめいくつもの遺宝を見つけることができた。そのとき、たまたま彼らの村を通りかかるボハラの商人がいたので、彼らはそれまで溜めこんでいた宝を買いとってもらったのだった。宝のなかには銀製の像もあったという。いわゆるオクソスの遺宝が世にでる最初のきっかけであった。

村人たちの「宝」を買ったのは三人のイスラーム商人であった。彼らは買いとった品物をいくつもの布袋に分け、ロバの背中に積める荷姿にし、オクソス（アム河）を渡ってアフガニスタンのカーブルへと買手を求めて旅にでた。あまり値がはってカーブルでは買手がみつからなかったのか、彼らはカーブルからさらにペシャワールへと「宝」を積んで旅をつづける。隊商商人のつねとして彼らは用心のため護衛と下働きの男を雇っていた。タンギ・ガルーの峡谷を抜けほっとしたのか商人たちは隊列を気にとめず先頭をきり、護衛たちはのんきに後方にしたがっていた。ちょうどセー・ババとジグダレクの村のあいだあたりにさしかかったとき、突如姿を現わした盗賊に襲われ、「宝」とともに捕えられた。彼らはカルカッチャというたくさんの洞穴が掘られた所へつれてゆかれた。その途中、一人の商人の下男が盗賊の目をかすめて走り去った。この下男を見逃したのは盗賊たちの失敗であった。下男は逃げて、当時テジンに駐在していたイギリスの行政官バートン大尉のもとにかけこみ、事情を話した。夜もふけていたが、それを聞いたバートンはただちに当番兵をつれて現場に急行した。彼らがそこにかけつけたのは真夜中にちかかった。ちょうど盗賊たちは分捕り品のわけまえをめぐって口論しているまっ最中であった。傷ついた男が四人寝ており、鞍袋につめられていた「宝」は分配のため洞穴の床のうえにひろげられていた。バートンは返却の交渉をねばりづよくおこない、「宝」の一部をとりかえしたところで、長居は危険といったん駐在所にひきかえした。それから間髪をいれずに、残りの「宝」を引き渡さなければ軍を派遣するとおどし、ようやくのことで奪われた「宝」の四分の三をとりかえしたのだった。四分の一はこのとき盗賊の手に帰し失われてしまった。「宝」は商人たちにもどされた。そのとき切り裂かれた袋の中にバートンはすばらしい腕輪をみつけたので、それをゆずってくれないかと申し出た。商人たちは急場を救ってくれたバートンの申し出を快くうけいれ売ってくれた。

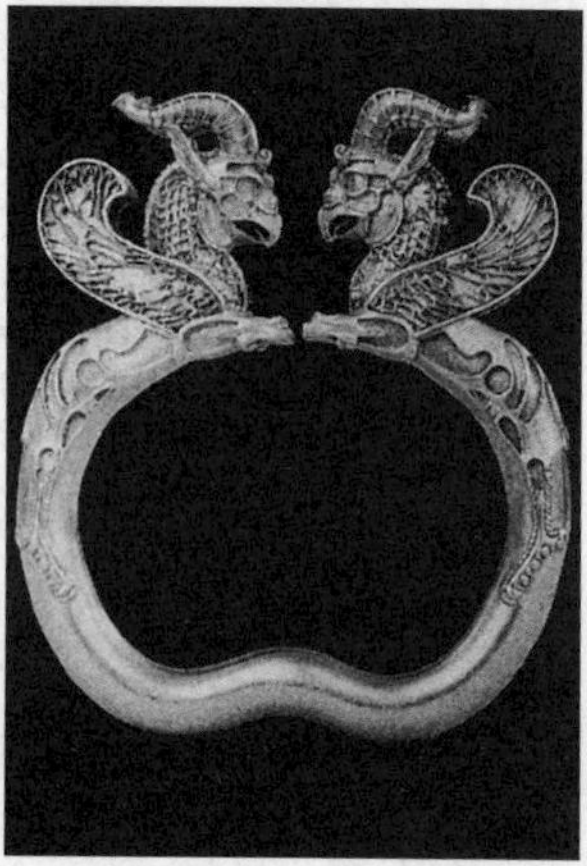

バートンの入手した腕輪

数奇なる事件を経て、ふたたび商人たちのもとにもどった「宝」は、インダス河を越えてラワルピンディで売りはらわれた。残った「宝」のうちどれほどが鍛冶師や細工師の手に渡り、溶かされ、のばされ、加工されて姿をかえたかはだれも知らない。しかし、そのうちの多くのものが幸いにして考古遺物に目のきく二人のイギリス人の手に落ちることになったのである。一人は当時インド考古調査局の局長であったアレクサンダー・カニンガムであり、もう一人はオーガスタス・ウォラストン・フランクスであった。すべてが彼らの手に入ったというわけではない。いくつかがインド総督リットン卿への贈物になったり、古物蒐集家の手に渡ったりしたのである。「宝」の中には千数百枚の古銭もふくまれていたが、まもなく四散した。だがカニンガムが購入した残余の「宝」について小さな報告ノートを『ベンガル・アジア協会誌』(一八八一年)に残してくれたおかげで入手当時の状況を知ることができる。

「一八七七年、オクソス河の北岸、タフティ・クバドという町のちかく、それはフルムと反対方向にあり、クンドゥズから二日ほどかかるところにあるが、そこで金銀の像や装身具や古銭の《宝》が大量に発見された。そしてその大部分はインドにもってこられ売りに出されたのである。カワドともよばれているその場所は、おそらく私見ではコバドのことと思うが、みつけられた場所をめぐっては、みつけた者たちの意見もまちまちである。また大きな品物のうち二、三の物が断片に人為的に切断されているところをみるとそこでなにか急ぎ処理しなければならない事情が生じたからではないかと思う。これらの物の全部とはいわないが大部分は私の手に落ちた。古銭は散逸してしまった。しかしその前に、商人や蒐集家たちが私のところに鑑定を依頼しにきたので私は散逸の前の古銭のほとんどをみたということになる。私が目にしたかぎりでいえば、これらの古銭の年代の範囲はおよそ三百年、ダレイオスの時代からセレウコス朝のアンティオコス大王とバクトリアのエウテュデモスの時代にまでわたっていた。

これは私の憶測でしかないが、これらの物は一個所でまとまって発見されたのではなく、河の砂中にあちこち散らばって埋もれていたものと思う。もっと憶測をたくましくすれば、もとは木箱か、土の壺などに納められ砂中にかくされていたものが、洪水によって破損散乱し、ばらばらになって砂中に埋もれたと考えることもできよう。

もし古銭の年代の下限についての私の観察が正しいとすれば、この財宝はアンティオコスⅢ世、つまり大王のバクトリア攻めのとき埋められたにちがいない」

カニンガムのこの財宝発見の場所と年代の推定は、やがて私たちの世紀の考古学によって明らかにされることになるだろう。フランクスの手に帰した財宝は、一八九七年、大英博物館に寄贈され、以来「オクソスの遺宝」の母胎となり、同博物館所蔵の中央アジアの至宝の一つになった。

オクソスの遺宝の思いがけない出現は、文献と蒐集された古銭をとおしてのみ想い描かれ、つくられてきた古代バクトリアの歴史像に新しい光を投げかけるものであった。まずだれもが驚きの目をみはったのは、これらの遺宝の大半が、オクソス流域におけるアケメネス朝文化の確固たる存在を裏づけるものであったことである。ヘロドトスはバクトリアをダレイオスの重要な太守領《サトラペイア》の一つとして位置づけたが、いまその具体的な物証をオクソスの遺宝はさしだしたのだ。遺宝のうちいくつか興味深いものを拾ってみよう。

まず金製の四頭立て二輪馬車（カドリガ）をあげたい。遺宝にはもともと同種の馬車がもう一つあったが、それはリットン卿に贈られた。しかしそれはすでに馬を失っていた。大英博物館のものは、馬四頭、それを御する馭者、その傍に坐る人物とほぼ原型をたもっている。長さ一八・八センチのこの小さな馬車は、おそらく神殿になにかを記念して奉納されたものであろう。二輪馬車でもダレイオス大王の円筒形印章に描かれた獅子狩りでは馬は一頭であり、ペルセポリスの浮彫りにみえるものは二頭であり、イッソスでアレクサンドロスとの戦いにのぞんだダレイオス・コドマヌスの乗る戦車は四頭立てである。アケメネス朝のいつのころからかこの四頭立て二輪馬車（カドリガ）が流行となったのであろう。車の輻《や》数の方はペルセポリスのものは十二本であるが、円筒形印章の方は八本である。オクソスの馬車は九本で後者にちかい。アッシリアの馬車の場合は六本、ないしは八本であるから、八本の輻《や》数の車輪はアッシリアをモデルにしたのかもしれない。輻《や》数九本のオクソスの車輪はその変型であろう。馬車の用途も多様で、戦闘に使われるだけではなく、ダレイオスの印章のように王の狩猟のような王権の象徴的行為に使われたり、儀式や儀礼

四頭立て二輪馬車（オクソスの遺宝）

ダレイオスの円筒印章

ペルセポリスの浮彫り

的行進に使われたりしたのである。

馬車の箱の部分をみると後方は開いたままで、前方は閉じられており、その縦面に対角的に交叉する帯とその交点に、おそらく神の顔と思われるが、冠をかぶる有髭の顔が表わされている。馭車もその横に坐る人（おそらく奉納者であろう）も衣裳からイラン人とわかる。

オクソスの遺宝には人物や動物を線刻した五十枚ちかい金の薄板がふくまれていた。神殿に詣でる人びとが、それぞれの願いをこめて神前に奉納したものであろう。右手に聖枝の束バルソムをもってすすみ出る人物を描いたものが多い。花、壺、鳥をもつ者もいる。衣裳の違いから部族・身分が異なった人びとの奉納があったことがわかる。独特の耳をかくした被り物をかぶり、膝丈《たけ》のチュニックを着、ズボンをはき、くるぶしのうえまでくる靴をはく人はアケメネス朝の身分高い人物であろう。右腰につるしたアキナケス剣はペルセポリスの浮彫りですでになじみのものである。人物像のほかに動物を彫ったものもあるが、なかでも馬と二つこぶの駱駝が目にとまる。馬と駱駝は『アヴェスター』の神々と親しい繋がりがあるばかりでなく、オクソス流域の経済を支えるもっとも重要な動物であった。この地の人びとの信仰が生活に根ざしたものであったことの証拠でもある。

丸彫りの像もいくつかある。立烏帽子《えぼし》のような被り物をかぶり、両手に奉納の花をもつ直立する人物像があるが、これはバクトリアの神官とする説とバクトリアの貴族とする説とがあるが、私は後者ととりたい。バルソム（祭枝）をもち神と人間を媒介する神官や武運を祈願する戦士たちとは違い、この献花の人は貴族ではないかと私は思う。

オクソスの遺宝を要素的にみればメディアやスキタイやウラルトゥなど西アジアの諸文化の混成的性格を否定しがたいが、その中で主導的な役割を果しているのは明らかにアケメネス・ペルシアである。にもかかわらずオクソスの文化が混成的なのは、そこで文化を

金製の馬の奉納板

銀製のバクトリアの貴族像

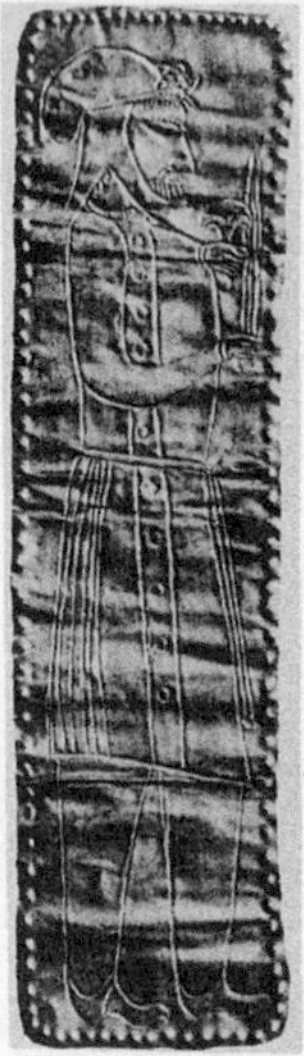

金製の供養者の奉納板

つちかった人びとが、アケメネス王朝文化の圧倒的な力のもとにありながら、なお固有の文化の生成に努力していたからではなかろうか。オクソスの遺宝の発見は人びとにバクトリア文化への新たな情熱をかきたてた。しかし、このころ中央アジアにおいては列強諸国が領土拡大の野心を抱いて、侵略と外交の駆け引きに明け暮れたため、バクトリアへのアプローチはこの発見からさらに半世紀もまたねばならなかった。

### 3　スルフ・コタル（赤い峠）

バクトリアに至りつこうと願った人びとは、だれでもまずバクトリアの首都バクトラの廃址にこの自分の足で立ってみたいと想った。そしてこのバクトラこそその呼称の音の響きを今に残し伝えているアフガニスタンのバルフだと考えた。敦煌を訪ね、そこから大量の文物をもたらして世界を驚かしたオーレル・スタインも、『ガンダーラのギリシア的仏教芸術』の大著を公刊してすでにその盛名高かったアルフレッド・フーシェも、ともにバルフをめざした仲間であった。第一次世界大戦ののち、イギリスとアフガニスタンとの間で戦われた戦争（第三次英・ア戦争）が、先陣争いの明暗を分けた。このドラマティックな経緯については拙著を参考にしていただきたい（『ガンダーラ考古游記』（同朋舎）後記、『巨像の風景』（中公新書））。

苦難の民族自立の戦いによって多くの血を流したアフガニスタンはしばらく国を閉ざし

バルフの廃墟

ていたが、アマヌッラー・ハーンが王位につくと国の近代化をめざしてまずフランスにむかって国を開いた。一九二二年九月、交渉がみのり両国の間で文化協定が結ばれ、アマヌッラー王はフランスにむこう三十年間アフガニスタンにおける考古調査と発掘の独占権を与えた。十三箇条よりなる議定書に署名した一人にフーシェがふくまれていたのはもちろんのことである。フーシェはすぐさま「フランス考古学派遣団」を組織し、その活動の拠点を首都カーブルに設置した。翌年フーシェは時をおかずアフガニスタンの古蹟の調査にとりかかった。馬を駆っての苦しい旅がつづいたが、ヒンズー・クシュの彼方にバクトリアの古市を訪ねられるという喜びの方がはるかに大きかったにちがいない。愛妻バザンとともにバルフの廃墟に立ったフーシェの感激はひとしおであっただろう。「どこから始むるべきか」という『エルナニ』（ヴィクトル・ユーゴーのローマン派戯曲）の科白《せりふ》が耳をかすめたという。フーシェは城塞《アルグ》と保塁《バラ・ヒサール》の高台を掘ることを決意し、一九二三年の冬から二五年の春にかけてさっそく仕事にとりかかった。表土層にはもっとも新しくここに侵入した者たちの痕跡（一八世紀のナディール・シャー、一七世紀のウズベク族）が認められた。その層の下にはチンギスカンひきいるモンゴール、アッバース、サマーン、セルジュク諸朝のものと思われる残骸がつづいた。さらに掘り下げればそこからは、ササーン、クシャン、そしてバクトリア、セレウコス、アケメネス諸王朝の痕跡がつぎつぎと認められるはずであった。だが「視線をどこへむけてもただ空しいばかりであった。アケメネス朝の円柱のかけらも、ギリシアのアーキトレーブの破片も、ササーン朝アーチの断片すらもみつからなかった」。フーシェがバルフにみたのは「バクトリアの幻」だけであった。

「町々の母」、「地上の楽園」と近世のバルフの住民たちが言い伝えたのはいったいなんだったのであろうか。ゾロアスターの伝承の故郷、ストラボンのしるした壮大な拝火神殿のあった都、アルタクセルクセスがアナーヒター女神の像を建立した都、グレコ・バクトリアの諸王たちの都城、それらはすべて史家たちの戯れの筆がつくりだした影法師にすぎなかったのであろうか。一九五二年、フーシェは古都バクトリア発見の夢をいだいたままパリに没した。

第二次大戦後、フランス考古学派遣団を再編成し、バルフの発掘に挑んだのはダニエル・シュルンベルジェであった。彼もまたバクトリアの決定的発見には至らなかったけれども、この発掘によって出土した大量の土器はジャン＝カール・ガルダンの手にゆだねられ、彼の綿密な比較分析の作業によって前五世紀からチムール朝期までの各段階に分類され、ともかくバクトリア文化解明のための基礎が築かれることになったのである。

シュルンベルジェには考古学者として一つの確信があった。彼はいう、「自然科学は経験の確固たる規制のもとにあるが、人間科学はそうではない。そしてこのことが無意識のうちに歴史家たちにある種のコンプレックスを抱かせている。私のなかにもこうした感情がきわめて強かった時期があり、そのため歴史に背をむけたこともあった。しかしやがて歴史学には自然科学の経験にとってかわるなにものかがあると思うようになった。そのなにものかとはなにか、それこそ、考古学的〈発見〉の〈偶然性〉であると私は思う」。

一九五一年秋、彼の確信を裏づけるような報せが彼のもとにとどけられた。ヒンズー・クシュの北方、プリ・フムリの町より北北西に十数キロほどいったところに、旧道のかたわらの丘の麓からギリシア文字の刻まれたブロックが発見されたというのである。フーシェ以来あんなにもまち望まれていたギリシア文字がついにみつかったのだ、シュルンベルジェは現場へと急いだ。丘はクンドゥズ川の渓谷に岬のように突き出た丘陵であった。土地の人びとはそれをスルフ・コタル（赤い峠）とよび、またカフィル・カラ（異教徒の城）ともよんでいた。この丘の西側には古道が走っていたが、冬季には車馬の通行が困難であった。そこでアフガニスタン政府は、この峠を避けて丘の東側に新道を建設させる計画をたて、そのための土砂をこの丘から採取していたのである。それがギリシア文字ブロック発見のきっかけとなった。

シュルンベルジェは翌五二年の春からスルフ・コタルを発掘することを即決した。発掘はそれから六三年まで実に十一年の歳月を要することとなった。第一回の発掘のあと、シュルンベルジェはつぎのような書き出しの報告を『アジア学報』誌上におこなった。

「ヘレニズムは、きわめて異なった二つの形態をとりながら、二度にわたり相つぎアジアにひろがった。

スルフ・コタルの遺跡

第一波のヘレニズムのひろがりは、アレクサンドロスとその後継者たちによる軍事的な征服の結果もたらされたもので、東地中海地域よりアジアの内奥にむかって、前四世紀の末、つまりアレクサンドロスの時代から前二世紀の中ごろ、つまりインドを支配したギリシア諸侯のうち最高の王メナンドロスの時代に至るまでの間に起ったものである。いまメディアとペルシス地方に残る建築遺構(カンガワールの神殿址、フルハの神殿址、フラタダラ神殿址、イスタフルの神殿址)は第一波のヘレニズムのひろがりを示す道しるべとなっている。

ヘレニズムの第二波のひろがりは、仏教の平和的な征服によってもたらされるものだが、インドに発しアフガニスタンを経て中央アジアと東アジアにむかって、クシャン朝諸王のうちの最高の王カニシカの時代に起ったものである。インダス河からオクソス河へ、オクソス河から西域へとひろがるその道筋には、建築も造型芸術も数多く残り、ヘレニズムの痕跡をたどることができる。

しかし、この二度のヘレニズムのうねりの大きさにもかかわらず、第一のヘレニズムと第二のヘレニズムの関係はいぜんとしてわかっていない。文献がほとんどないこともあって年代に大きな穴があいているばかりでなく、遺構もわかっていないため地図上の位置も不詳なことがきわめて多い。ザグロスからパンジャブにわたる地域で、ヘレニズム的なものとして扱うことのできる重要な遺跡は二つしかない。一つはペルシア・セイスターンにあるクー・イ・フワジャの城址であり、いま一つはパンジャブにあるタキシラのジャンディアル神殿址である。

スルフ・コタルの拝火壇

ヘレニズムと融合した仏教がガンダーラからアフガニスタンへと、タキシラからバクトリアに至る古道にそってひろがった土地、あまたのギリシア的仏教の遺跡がひしめくこの土地に、なぜか今日までただの一つもヘレニズムの彩りを放つ遺跡がみつかっていないのである。

だがこのたび初めてこの種の遺跡がかつてのバクトリアの地にみつかったのだ。フランス考古学派遣団はいまその遺跡の発掘にとりかかったばかりである」

シュルンベルジェがどんなにスルフ・コタルの発掘に期待をかけていたのか、その熱い想いが伝わってくる。シュルンベルジェたちがスルフ・コタルの丘陵に掘り出したのは、クシャン朝のカニシカ大王（後二世紀）によって創建された神殿址であった。中心に方堂を設け、その周囲に走廊を配する建築形式《プラン》は、明らかに拝火神殿の形式である。この丘上でおこなわれた拝火の儀式は、ゾロアスター教の拝火儀礼というより、王権にかかわる火の祭儀ではなかったかと思われる。いずれにせよこの神殿がイラン的世界の一部を形成していることはまちがいない。しかし、そこからは同時に神殿の基部を飾る付け柱の柱頭や、断片的ながらエロスと花綱というギリシア的な装飾モチーフを表わすフリーズなども発見され、この神殿がイラン的なものとヘレニズム的なものの不思議な混淆からできあがっていることがわかる。装飾モチーフとしての花綱は「エーゲ海諸島とその周辺域に生れたものので、宗教儀礼と死者供養を象徴するものであった」（クリスティヌ・コスト）という。アジア世界にヘレニズムとともに伝えられたこの花綱モチーフは、セレウコス朝とバクトリア王国の時代をとおしてこの地に生きつづけ、新しい侵入者である遊牧の王朝のもとでも

カニシカの像

その姿を消すことはなかったのだ。

スルフ・コタルは待望のギリシア文字銘文を多く出土させたが、それらはいったい私たちになにを伝えたであろうか。発掘の初期、神殿の庭から三行のギリシア文字を刻んだ石板の断片が発見されたが、その末行に「パラメドゥ」（ΠΑΛΑΜΗΔΟΥ）というこの神殿と深いかかわりがあったと思われる人の名がしるされていた。神殿の建築者か、発案者か、仕事を請負った者か、あるいは建立の事業を推進した者の名か、それらをきめる手がかりはないが、パラメドゥはパラメデスの属格で明らかにギリシア人の名前である。イラン的な拝火神殿とギリシア人の名、この組み合わせこそスルフ・コタルの遺跡の特徴を示すものである。上の二行はギリシア語ではなく、東イラン語をギリシア文字に転写したものである。キュリエの意見によればこの東イラン語はおそらくトハレスターンの言語、つまりトハラ語であろうという。いずれにせよ、ヒンズー・クシュの北側ではクシャン朝に至ってもなおギリシア文字がひきつづき使用されていたことをスルフ・コタルの銘文は語ってくれているのである。

一九五七年、スルフ・コタルから石灰岩の大きな碑文が出土した。いわゆる「カニシカ大碑文」である。縦一・一〇メートル、横一・三三メートル、厚さ二五〜三〇センチの石板には二十五行にわたって崩し字体ギリシア文字がびっしりと刻まれている。碑銘の彫師はていねいに鑿《のみ》をふるっている。

碑文は完全な解読には至っていないが、幾人もの言語学者が挑み、試訳をおこなっているおかげでその概要を知ることができる。カニシカの名をもつ神殿がそこに建てられたこと、このアクロポリスに水がなくなり神々がその座を去られたこと、王に忠誠をつくす心清らかな総督ノコンゾコがここにきて井戸を掘り、石の柱を建てたこと、そのおかげでアクロポリスにふたたび繁栄がよみがえったこと、この碑銘がミフラーマーンとブルズミフルプフルによってしるされたこと、以上が碑文の内容のあらましである。

カニシカ大碑文

アンドレ・マリクによると、崩し字体のギリシア文字を仮借してここで語られている言語はエテオ・トハラ語であるという。エテオ・トハラ語とは、中世ペルシア語(パフラヴィ語)、パルティア語、ソグド語、

ラバタク碑文（タテ 50 cm × ヨコ 90 cm・石灰岩）

ホレズム語、サカ方言につぐ第六の中世イラン語のことである。トハラ語はトハレスターン（玄奘のいう覩貨邏国）、つまり古きバクトリア地方において語られ、書かれた言語をいう。玄奘は七世紀のトハレスターンを正確に書きとめている。覩貨邏国は「ここ数百年末、王族は嗣《あとつぎ》をたち、豪族力をきそいあい、おのおの君主をほしいままに立てている。川に依《よ》り険に拠《よ》り、二十七国に分れている」、「文字のなりたちは二十五言あり、それらが組み合わさって次第に語彙、文章ができ、これを用いて必要に備えている。書は横読みし、左から右に向かう。記録も漸《ようや》く多く、窣利《ソグド》よりもはるかに広まっている」（水谷真成訳『大唐西域記』）。二十五言とはギリシア語アルファベット二十四文字に、クシャン朝ギリシア語銘文にみえる特別の一文字（sh の音価をもつという）を加えた二十五文字のことを指しているのであろう。玄奘の慧眼には驚くばかりである。と同時にギリシア文字の残存の力にも驚かされる。マリクによると大碑文の書体はまた、パルティア時代イランに流布した崩し字ギリシア語書体の系に直接つながっているという。

後三世紀の初頭、ササーン朝の侵攻によって廃墟と化してしまったとはいえ、スルフ・コタルはグレコ・バクトリアの確実な存在の一端をクシャン文化を通して私たちにひきわたしたといえよう。

一九九三年、スルフ・コタルの北東三〇キロの所にあるラバタクで偶然に発見された碑文、いわゆるラバタク碑文は王朝の歴史と宗教に新たな光を当てるものとして世界を驚かせた。ギリシア文字を使用してバクトリア語で記されたこの碑文はクシャン朝文化の解明に多大な貢献をしているとのみ今は書きとめるに留めたい。

## 4 アイ・ハヌム（月姫の丘）

スルフ・コタルの発掘もそろそろ終りがみえかけたころ、一九六三年、思いもかけない報せがシュルンベルジェに届けられた。アム河（オクソス河）畔でコリント式柱頭の破片が発見されたというのである。彼は教えられた場所へ急行した。そこはアム河とコクチャ河の合流点にあり、背後に小高い丘陵を負い、アム河の対岸に切り立つ山陵を有する要害

アイ・ハヌムの遺跡よりオクソス河とコクチャ河の合流地点をのぞむ

の地であった。土地の人びとはここをウズベク語でアイ・ハヌムと呼んでいた。丘陵の麓にひろがる縦約二キロ、幅一・五キロ余の平地、練達の考古学者の眼には、ここがすばらしい遺跡であることはすぐにわかった。翌年さっそくシュルンベルジェはアイ・ハヌムの試掘にとりかかった。そして彼はパリへ第一報を送った。「私たちを待ちもうけている仕事はきっとすばらしいものとなるだろう。中央アジアに消えたギリシアが眼前に蘇るはずである。このギリシアはあまりにも完全に姿をかき消してしまったので、その存在を疑う者すら現われたほどであった。アジアの文化の歴史のなかでもっとも知られていないこの極東のギリシアが、いままさにここアイ・ハヌムで初めてその雄姿を現わそうとしているのである」と。本格的な発掘は、ポール・ベルナールの指揮のもとで一九六五年から始まり、一九七九年のソ連軍によるアフガニスタン侵攻でやむなく中断するに至るまでほぼ十余年つづけられた。この発掘によって、フーシェが夢み、シュルンベルジェが想い描いたバクトリアがついにその姿を現わしたのであった。文書と古銭にたよってたどられたバクトリアの歴史は、ここで初めてその歴史の内実を私たちに明かそうとしたのである。それはまた同時に古代バクトリアの全体像の解明にむけての考古学による挑戦の幕開けでもあった。

アイ・ハヌムとは「月姫」の意である。ウズベクのこの呼称はしたがって一六世紀以降のものである。古代においてここがどんな名称で呼ばれていたかは、いまなおわかっていないが、プトレマイオスのいう「アレクサンドレイア・オクシアナ」すなわちオクソス河畔のアレクサンドレイアである可能性は十分あるといってよい。

事実、アイ・ハヌムは発掘がすすむにしたがって期待にたがわずギリシア的な都市の姿をしだいにあらわにしていった。丘陵とオクソス河との間には天然の障壁の欠如を補うかのように城壁が築かれ、その中央に市中へ入る門がつくられていた。「城壁をめぐらしたバクトリア」というエウリピデスの言葉が思わず浮ぶ。この城門をくぐるとまっすぐな大路が丘陵のすそにそってコクチャ河の河岸までのびており、アイ・ハヌムの町はこの道を主軸として形成されている。町の主要な建造物はこの軸線の西側、オクソス河ぞいにある。都市プランは基本的には碁盤目状のいわゆるヒッポダモス式をとっているが、地勢がそれを許さないところでは、それを自由に崩して地勢に適応することを優先しているかぎりで、ペルガモン式をも併用しているといえる。

大路の西側では、宮殿をふくんだ行政区、居住区、神殿、体育場《ギュムナシオン》、祀廟《ヘローン》、泉がつぎつぎと掘り出された。大路の東側、丘陵の西斜面では円形劇場、武器庫の存在が明らかとなった。要塞はもっとも高い丘陵（アクロポリス）の南端につくられていた。ディオン・クリュソストモスはギリシアの都市《ポリス》の典型的特徴を示すものとして「広場《アゴラ》、劇場、体育場、柱廊」を挙げているが、アイ・ハヌムは広場《アゴラ》をはじめそのほとんどすべてをととのえていたといえよう。宮殿のプロピュライア（列柱門）の北東で一つの祀廟《ヘローン》が発掘され、その前房《プロナオス》からギリシア語碑文が出土した。横六五センチ、高さ二八センチ、厚さ四六センチの白い石灰岩のこの台石には書体の異なる二様のギリシア文が左右並べて刻まれていた。左側の碑文は二つの二行連句よりなる短詩《エピグラム》であった。

コリント式柱頭

「古《いにし》えの賢者の言葉が捧げられたり
名高き人の金言が　聖なるピュトーにて。

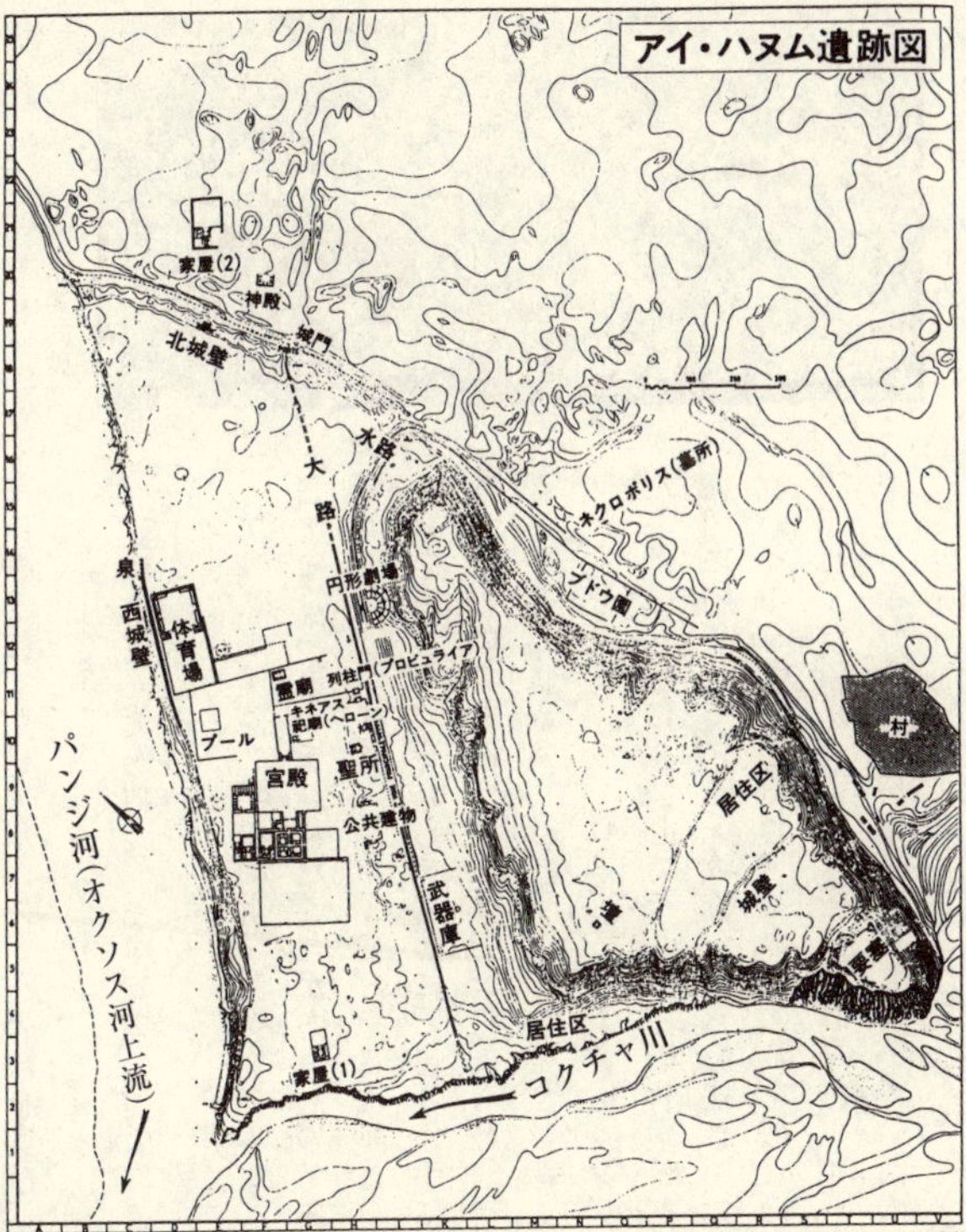
アイ・ハヌム遺跡図
家屋(2)
神殿
城門
北城壁
水路
大路
ネクロポリス(墓所)
ブドウ園
円形劇場
泉
西城壁
体育場
列柱門(プロピュライア)
霊廟
キネアス記廟(ヘローン)
プール
聖所
宮殿
公共建物
武器庫
村
居住区
城壁
居住区
家屋(1)
コクチャ川
パンジ河(オクソス河上流)
〔リジェによる図〕

ギリシア語碑文

そこにてクレアルコス　その言を選び
心して写しとるものなり
はるけく光を放つ　キネアスの聖所にこれを建てん」

アリストテレス学派の哲学者クレアルコスがいつの日にかここアイ・ハヌムを訪れたことがあったのであろう。彼は聖なるピュトー、つまりデルポイで、そこに献じられていた七聖人の寸言を書写し、それらをもとにし自分の手になる寸言を右側に刻ませたのであろう。プラトンによると七賢人（ミレトスのタレス、ミュティレネのピッタコス、プリエネのビアス、アテナイのソロン、リンドスのクレオブゥロス、ケナイのミュソン、スパルタのキロン）たちは「ともに相会してデルポイの神殿におもむき、かの万人の口に膾炙《かいしや》している〈汝みずからを知れ〉〈分を超《こ》えるなかれ〉という句を書きしるし、もってこれを彼らの智慧の初物《はつもの》としてアポロンに奉納した」（『プロタゴラス』・343）という。クレアルコスはそれらの句を書写し持ち歩いていたのであろう。キネアスの聖所とはここの祀廟《ヘローン》のことにほかならない。したがって祀廟《ヘローン》にまつられた主はキネアスという名の者であったことがわかる。そして祀廟《ヘローン》が町の中心（アゴラだったかもしれない）に建てられたということは、ここにまつられた人物が、この町にとってもっとも重要な者であったことを示している。キネアスはおそらくアイ・ハヌムの創建者であったのであろう。キネアスの名はアレクサンドロスの遠征に加わったギリシア人の中にはみえない。とすれば彼はアレクサンドロスのつぎの世代の人ということになろうか。ルイ・ロベールは「歴史的、地理的視点からギリシア人の人名研究をおこなえば、彼の出身地をほぼ確定することができる」とし、アッティカのキネアス、エジプトのキネアス、テッサリアのキネアスの三グループの存在を指摘し、またアレクサンドロスにしたがったテッサリアの軍人たちの役割にも検討を加えた。そして彼は「オクソス河畔のこの町の創建者にしてかつその骨を棺に納めた祀廟《ヘローン》の主キネアスはテッサリアの人であり、おそらくセレウコスのテッサリア士官の一人であっただろう」と結論している。

さてこの碑文の右側に刻まれた寸言《マクシム》とはつぎのようなものであった。

「幼き者は行儀よき者となり
青年とならば自制知る者となり
壮年とならば正義知る者となり
老年とならば若者の良き相談者となれ
さらば汝、悔なき死をえん」

クレアルコスはソロイの人で、アリストテレスに深く学び、「逍遥学派《ペリパトス》の哲学者のだれにも劣るものではなかった」という。師アリストテレスもまた、青年と壮年と老年の性格を論じたとき（『弁論術』）、七賢人のピッタコス、キロン、ビアスの寸言を引いて、彼らの寸言の重要さにふれている。プラトン、アリストテレスと受けつがれた七賢人の寸言の研究をクレアルコスが意識したことは明らかである。しかも師アリストテレスが教え育てたアレクサンドロスのバクトリア攻略が機となって創建されたギリシア人の町を訪れたクレアルコスであってみれば、智者たちの言葉は自然と想いおこされたのであろう。それにしてもどのような道筋をたどり、なんのためにクレアルコスはオクソス河畔の町にやってきたのであろうか。デルポイで寸言の写しをとったクレアルコスはまずオロントス河畔にセレウコスが開いた町アンティオキアに至ったものと思われる。彼はそこでセレウコスがリュシッポスの弟子エウテュキデスに製作させたアンティオキアの守護女神テュケーの青銅の像をみたであろうか。テュケーの像はヘレニズムの時代に「成功、繁栄、豊饒のシンボル」として東方世界において大いに人気を博したのである。アンティオキアからティグリス河畔のセレウキアに至る。セレウキアは、西方世界と東方世界の商業・文化の交流の中心とすべくセレウコスが築かせたヘレノ・マケドニアの第二の首都であり、ユダヤ人の移民も積極的におこなわれた多民族の都でもあった。セレウキアからザグロスの狭路を抜けメディア以来の古都エクバタナにむかい、そこよりカスピの門を越えてバクトリアに至る、

土塊に残されたパピルス文書の筆跡：
アリストテレス『哲学について』

これがクレアルコスの道程であったにちがいない。一人の哲学者がデルポイのメッセージをたずさえておこなったこの大いなる旅こそ「ヘレニズムの最初の世代の驚くべき多様な活動」（ロベール）の一つであったであろう。彼はオクソス河畔よりヒンズー・クシュを越え、パンジャブにまで足を踏みいれたと思われる。アレクサンドロスと同じように彼もまたそこでバラモン僧や裸の哲学者《ギュムノソピスタイ》たちと対話をおこなったことだろう。「哲学探求の旅」、これこそ彼の旅の目的であると同時に、「彼の生きた時代、彼の学派の求めたものであった」。

宮廷の図書館址では、土塊に写

泉の水の落し口

ったギリシア文字が発見された。パピルスに書写された文字が、パピルスが融解して文字のみが土に残されたのである。その文字はアリストテレスの『哲学について』の未知の小片であることを教えてくれる。

オクソスの河岸にしつらえられた泉の水の流れも体育場《ギュムナシオン》もまたギリシアの証《あか》しであった。泉の水の落し口として使われた顎ひげの老人の頭部がみつかった。それはアッティカ喜劇『ディスコロス』(メナンドロス作)に登場するあのお喋りな料理人の面影を彷彿《ほうふつ》とさせる。禿頭は奴隷のあかしである。

体育場《ギュムナシオン》はギリシアにおけるのと同じようにここでも「身体訓練や日ごとの入浴のためばかりでなく、市民たちの語らいの場であり、ときには生真面目《きまじめ》な討論の場となり」(『プラトンの学園』)、体育と知育を同時におこなう教育の場として重要な役割を果していたであろう。プラトンは体の動きと魂の動き全体を「体育術」と呼んでいる。アジアの奥地でギリシア風に生きるには体育場《ギュムナシオン》は欠かすことのできないものであった。町の北西部、河岸に近いところからギリシア語銘を刻んだ高さ八九センチ、幅四八・五センチ、厚さ四三・五センチの方形の石柱が発掘された。銘文によってこの石柱は、ストラトンなる者の二人

の子、兄のトリバロスと弟のストラトンがヘルメスとヘラクレスの二神に奉献するもので
あったことがわかる。ヘルメスは雄弁を司る知育の神であり、ヘラクレスは体力を司る神
であり、ギリシアではこの二柱の神を体育場《ギュムナシオン》に合祀して崇拝するのが慣《なら》わしであった。
その後の発掘によってこの碑石が出土した場所が、体育場《ギュムナシオン》であったことが明らかとなったのである。不幸にしてヘルメスとヘラクレスの像はすでに失われていた。しかし別の場所から銅製のヘラクレスの小像の出土をみている。それはギリシア化した中央アジア全般にいえることだが、この地域におけるヘラクレス信仰の強さを裏書きしている。デュメジルのようにいえば、ヘラクレスは「汎ギリシア的な唯一の神」であったのである。この銅製のヘラクレス像は髭《ひげ》がなく、左手に棍棒をもち、右手で頭上の葉冠にふれている。この型のヘラクレス像は、獅子の皮の付加はあるが、それ以外はほとんど同型で、デメトリオス(I世)、アガトクレス、リュシアス

ヘルメスとヘラクレスの名を刻んだ石
(上から4行目)

といった バクトリア諸王のコインに表出されている。アイ・ハヌムのこの小像がモデルであったのかもしれない。型取りされた土製の女性の胸像も出土しているが、デメテール、あるいはテュケーの像なのかもしれない。

女性の胸像

アイ・ハヌムはまことに「東方アジアにおけるヘレニズム原動の地」(シュルンベルジェ)であった。ポール・ベルナールによるとアイ・ハヌムの歴史は四つの時期に分けられるという。第一期はアイ・ハヌムの草創にかかわるわけだが、それはアレクサンドロスがバクトリアに滞在したとき(前三二九〜三二七年)、あるいはアレクサンドロスがバビロンに没したとき(前三二三年)からセレウコスI世が東方アジアの覇権を手中に収めるとき(前三〇五年)までの間であったと思われる。アイ・ハヌム創建の着想はアレクサンドロスであり、建設の実行はキネアスであったと考えることもできる。アイ・ハヌムは初めからギリシア都市として、中央アジアの重要なアレクサンドレイアとして建設されたのであった。第二期は、セレウコスI世の権力がバクトリアをふくむ東方の諸領《サトラペイア》におよび、息子アンティオコスを副王としてこの地域の統治にあたらせたとき(前三〇三〜二八一年)から、アンティオコスの即位のときあたり

キュベレ女神の金箔銀盤

までとする。第三期はコリント式柱頭の様式から前二世紀の前半、グレコ・バクトリアの王デメトリオスI世からエウクラティデスI世治政の時期にあたり、第四期はこれ以降からグレコ・バクトリアの権力が遊牧民の侵入によって終止符がうたれる時期にあたる。火災の跡や建造物の使用目的の変更など、アイ・ハヌム崩壊の結末を示す証拠が多くある。

アイ・ハヌムの遺跡は、アレクサンドロスの中央アジアへの進軍を契機にして生み出された一つのギリシア都市の運命を、その始まりより終りまであますことなく伝えているのである。アンティオコス（I世）がストラトニケとともに治め、ヘレニズムの新しい力としたバクトリア、やがては独立して隣邦パルティアとともに中央アジアにヘレニズムを深く根づかせたグレコ・バクトリア、その凝縮した歴史を私たちはアイ・ハヌムにみいだすことができるのである。

いまだ発掘の終了をみない多層的な文化のすべてを語りつくすことはできないが、最後に小アジアのプリュギアの女神キュベレを表わしたメダイヨンにふれてしめくくりとしよう。

直径二五センチのこの伝統の技を駆使して金箔を貼った（ペタロン）銀製円盤には、二頭の雄獅子によって引かれる二輪車上に立つキュベレ女神の姿が表わされている。キュベレは獅子の母であった。女神の前には有翼のニケが立ち、手に突き棒をもって獅子の手綱をあやつる。二輪車は小さな花々でおおわれた岩を積み上げた道をゆく。小花はキュベレからこよなく愛されたアティスがみずからの手で去勢した血潮から生れでたすみれの花だろう。腰を締める長い衣裳を身にまとい、ポロス冠をかぶるキュベレに仕える二人の祭官の姿がみえる。一人は車後にしたがい左手で大きな傘をひろげ女神の上にかかげ、爪足立って歩いている。もう一人は車の前方、階段上にある祭壇のわきに立って火炉《テュミアテリオン》で香を焚いている。祭官たちが裸足なのは祭祀の清浄と場の聖性を象徴しているのであろう。空には太陽と三日月と星辰が輝いている。太陽は頭光を放つヘリオスの胸像によって表わされている。放光のヘリオス胸像はロドスの貨幣やトロイアのアテネ神殿のメトープにもみられるものである。バクトリアのプラトン王の貨幣では四頭立て二輪戦車に乗るヘリオスが表わされており注目される。このメダイヨンは「古《いにし》えの母神」の密儀の場にかかげられたのであろうか。

ヘリオスの胸像と有翼のニケ、前足を一本高くあげて堂々と歩む獅子と権威を象徴する傘、遠近法の消去と女神や祭官の固定的な姿勢、それらはそれぞれにギリシア、西アジア、オリエントの混成的な寄与を示すものである。アイ・ハヌムはヘレニズムの圧倒的な主導のもとにありながらも、なおギリシアとアジアの文化が混り住む多元的な世界の構成の努力を放棄することはなかったのだ。

アイ・ハヌムの発掘は、グレコ・バクトリアの初期から末期に至る全諸相を明らかにした点で画期的であった。

## 5　タフティ・サンギン（石の玉座）

アイ・ハヌムの発掘は大きな反響をよんだ。中央アジアの砂中より忽然と姿を現わしたギリシア人の都に、忘れ去られようとしていた歴史の想い出がいっきに吹きだした。とりわけオクソス河（アム河）の北方のバクトリアを国土として保有するソヴィエト（当時）の考古学者たちは多大な刺戟をうけた。彼らが「オクソスの遺宝」のまだ確定されない出土地域に着目したのもうなずける。カニンガムはかつてオクソスの遺宝の出土地をアフガニ

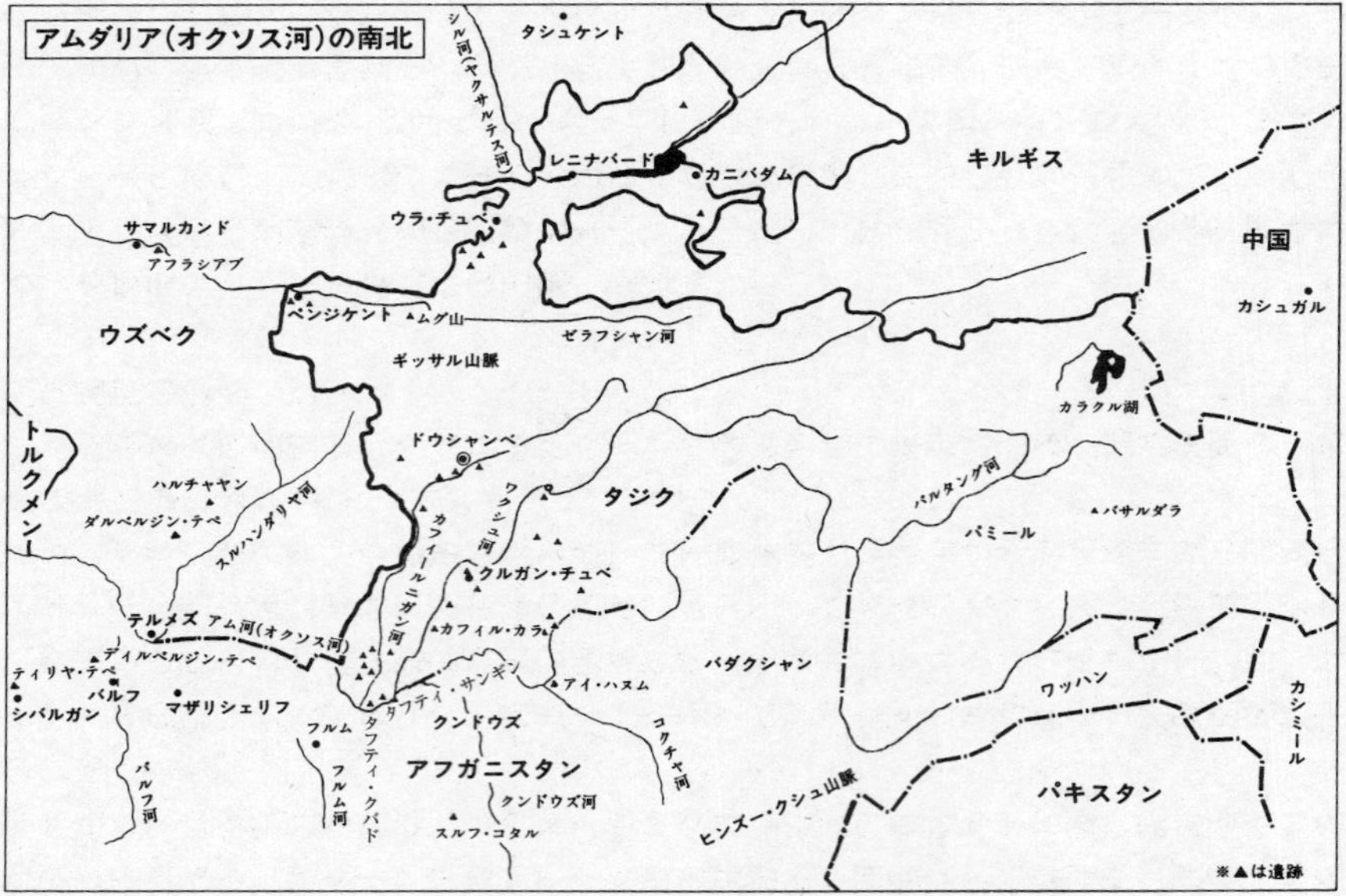
アムダリア(オクソス河)の南北
シル河(ヤクサルテス河)
タシュケント
レニナバード
カニバダム
キルギス
ウラ・チュベ
サマルカンド
アフラシアブ
中国
カシュガル
ペンジケント
ムグ山
ゼラフシャン河
ウズベク
ギッサル山脈
カラクル湖
トルクメン
ドウシャンベ
ハルチャヤン
スルハンダリヤ河
ダルベルジン・テペ
ワクシュ河
タジク
バルタング河
パサルダラ
パミール
カフィールニガン河
クルガン・チュベ
テルメズ
アム河(オクソス河)
カフィル・カラ
ディルベルジン・テペ
ティリヤ・テペ
バルフ
シバルガン
マザリシェリフ
タフティ・サンギン
アイ・ハヌム
バダクシャン
ワッハン
カシミール
フルム
タフティ・クバド
クンドウズ
コクチャ河
アフガニスタン
バルフ河
フルム河
クンドウズ河
スルフ・コタル
ヒンズー・クシュ山脈
パキスタン
※▲は遺跡

スタンのフルムとタジキスタンのコバディアンとの中間にある古市タフティ・クバド（カワードの玉座）ではないかと推定した。記録によると一八七九年、一人のロシア人旅行者が、この古址でちょっとした発掘をしたという。土地の人びとがそこで古物を多くみつけたということを聞きつけたからだ。オクソスの遺宝が発見されたのは一八七七年であるから、土地の人びとの話と符合するが、もしそうだとすればオクソスの遺宝はカニンガムの推定どおりタフティ・クバドより出土したということになる。一八八九年、ロシア人将校ホコティッロがここを訪れたとき、「この遺跡は人里離れているが、そこの人びとはつねに宝探しをしている」と書きしるしている。なお獲物を求める掘りかえしがつづいていたことがわかる。第二次世界大戦の前後、一九二八年と一九五六年の二度にわたって組織的な考古発掘が、タフティ・クバドとその北方五キロのところにある古址、タフティ・サンギン（石の玉座）の二ケ所でおこなわれたが、陶片以外に大したものは出土しなかった。「宝物」はすでに掘りつくされてしまったのであろうか。

アイ・ハヌムの発掘の輝かしい成果は、ふたたびロシアとタジキスタンの考古学者たちにバクトリア発掘の意欲をかきたてた。オクソス河の北方、ダルヴェルジン・テペにおけるプガチェンコヴァの発掘（一九六二～六三年、一九六七～六八年）、オクソス河の南方、アフガニスタンのディルベルジン・テペにおけるクリグリコヴァの発掘（一九六九年）はその表われの一つであった。タジキスタンの考古学者たちは盗掘で荒れはてたタフティ・クバドより、まだ十分な発掘に至っていなかったタフティ・サンギンの再調査をすることをきめた。一九七六年、新たに結成された南タジク共和国考古学調査団はタフティ・サンギンにおける発掘を開始した。

タフティ・サンギンはオクソス河の右岸、ワクシュ川との合流点にある。ワクシュ川はいまではオクソス河（アム河）の支流をさすが、古くはオクソスもふくめた河の総称であった。玄奘は「縛芻」大河と書きとめている。ワクシュはイラン古語ワクシァより派生した語で「かさが増えるもの」、「ふくれるもの」という意味であるという（マールクヴァルト）。アル・ビルーニー（一一世紀）はワクシュとは流れを見張る天使の名であったという。ホレズム出身のビルーニーはワクシュ河にまつわる古い信仰の伝承を知っていたのであろう。この流域の文化の深さをうかがわせる。

タジック共和国（当時）の考古学者たち（隊長リトヴィンスキー）は古い町の中央に位置する城塞（一六五メートル×二三七メートル）から発掘を始めた。この城塞の中央の土丘がもっとも重要な神殿址であった。神殿のまんなかに四本の円柱に囲まれた方形の間《ま》があった。神殿の三方（西・南・北）は二本の回廊によって閉ざされ、東にのみ入口があり、入口は列柱の玄関となっている。典型的な拝火神殿の構造である。ここより出土した祭壇に刻まれたギリシア語碑文によってこの神殿がオクソスの河神に献じられたものであることがわかった。さらにここの地下四、五メートルのところから神殿への奉納品がまとまって発見された。これらはタフティ・サンギン古址の年代を考えるうえで重要な手がかりを与えてくれる。十シーズンにわたる発掘で出土した遺物はじつに五千点におよび、年代は前五世紀のアケメネス朝からバクトリアの崩壊とその後を継いだクシャン朝初期（後一世紀）にまでおよぶという。

神殿の中で発見されたもののうちでもっとも古いものの一つは象牙でできたアキナケス剣の鞘《さや》である。スキタイにとってアキナケス剣は戦神《いくさがみ》アレスの神体そのものであった。ペルセポリスの浮彫りにはさまざまなアキナケス剣をみることができる。アキナケス剣はペルシア、メディア、尖帽のサカ、ソグディアナと民族によって特徴を異にしていて同一のものはほとんどない。その中でタフティ・サンギンの鞘はどちらかといえばメディアのものにいちばんちかいといえる。鞘は金や銅といった金属製のもののほかに、革、木、骨、象牙といったものも使われたのである。パルテノンの宝蔵の中にはギリシア語銘文のある鞘が残っており、それには「金の柄の鉄製アキナケスと金塗られし象牙の鞘」としるされているという。ペルシアよりもたらされたものだろう。オクソスの遺宝にも王の獅子狩を描いた金製のアキナケスの鞘があったことが思いだされる。

鞘の全面に大きな獅子の立像が表わされているが身体は側面で、顔は正面で捉え描いている。ふさふさと長いたてがみはペルシア獅子（Felis leo persica）であろう。前肢の付け根に表現されたおたまじゃくし状の図様は、動物の身体のうちでもっとも躍動的な部位で

オクソス河にのぞむオクソス神殿址
(タフティ・サンギン遺跡)

アキナケス剣の象牙の鞘

ペルセポリスの浮彫り
に見えるアキナケス剣

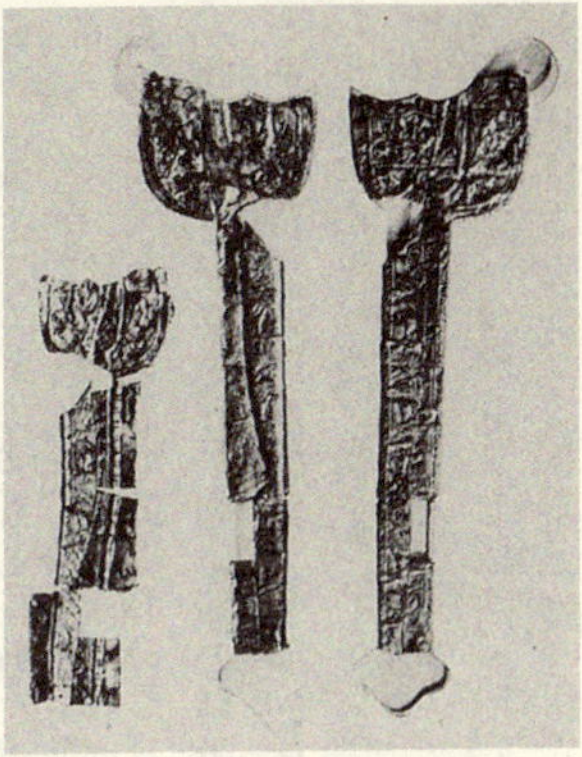

アキナケス剣の金製の鞘
（オクソスの遺宝）

あることを強調するアッシリア以来の特徴的な表現パターンである。獅子はその逞しい前肢でがっちりと枝角のまだら鹿を捕えている。四肢を屈曲した小さな鹿はおびえているかのようだ。正面を睨《にら》み、牙をむき、四肢をまっすぐに伸ばして立つ獅子、横を向き体をちぢめる小さな鹿、この極端な対照的表現は政治的・宗教的な意味がたくされているからであろう。獅子は政治権力の象徴であると同時に、聖なるものの化身であった。仏陀は釈迦族の獅子であり、キリストがユダの獅子であり、アリーがアッラーの獅子であるように。鹿はすると制圧された民ということであろうか。鹿をサカ族のトーテムとする説、あるいはサカの語根サクは鹿の意という説、それらの説が的を射ているとすれば、鹿を捕える獅子という図像はアケメネス朝のサカ族に対する勝利の象徴表現と考えることができるだろう。この象牙の鞘はその勝利を祝って神殿に奉納されたアキナケスの宝剣のそれであったのであろうか。鞘の鐺《こじり》の部分をつくる丸く体を縮める羊はなにを示すのであろうか。この種の鐺はペルセポリスにもみられるものだ。鐺に遊牧民のステップ芸術から借用したモチーフ「丸まった動物」を用いることは、アケメネス朝の初期にすでにできあがった型であり、したがってオクソスのアキナケス剣の鞘もそのコピーにすぎないと考えることもできよう。しかし、鐺にはかつて動物闘争のモチーフが使われ、それがのちに強者に食われる餌食の動物のみ鐺に残されたという経緯もあったという（ベルナール）。するとやはり、この丸まった羊も鹿とともに征服された遊牧の民を象徴するものと捉えることもできなくはない。ペルセポリスの浮彫りの中で、つがいの羊をダレイオスに献じているのはソグディアナの民であったことが思い出される。

勝者と敗者を大小および正面と側面の動物図像で表わす表現法はきわめてアケメネス的であり、動物図像を寓意的な人間図像にかぎりなく近づけているところは、鞘の縁にめぐらされたオボロ装飾とともにきわめてイオニア的といえよう。このオクソス神殿のアキナケスの鞘は前五世紀、アケメネス・バクトリアのものと考えられている。

同じような奉納剣《マカイラ》の象牙の鞘の断片（柄頭《つかがしら》）がみつかっているが、こちらの方はなんとアレクサンドロスの頭が彫刻されている。アレクサンドロスの頭上で大きく口を開けた獅子、たてがみが後方になびき、獅子の前足を胸のところでしっかりと「ヘラクレス結び」にしている。ここに表わされているのはヘラクレスと一体化した半神アレクサンドロスなのである。彼はつねづねアキレスを母方の祖、ヘラクレスを父方の祖として敬っていた。高さ三・三センチ、幅二・八センチの小像ながら細部を十分見分けることができる。

アレクサンドロスの肖像は大きくつぎの五つのタイプに分けることができるという。(1)少年としてのアレクサンドロス、(2)戦士かつ競技者としてのアレクサンドロス、(3)哲学者・政治家としてのアレクサンドロス、(4)神格化した英雄、あるいは神そのものとしてのアレクサンドロス、(5)理想像としてのアレクサンドロス。オクソスのアレクサンドロス像は第四の型に属している。コインにもすでにこの型の表現はみられていて、マラカンダ（サマルカンド）における巨大獅子退治の伝説とともに、ヘレニズム初期には人気のあった図像であったにちがいない。アレクサンドロスのこの肖像を彫ったのはまちがいなくグレコ・バクトリアの職人たちであっただろう。前三世紀のものである。

アレクサンドロスを表わす象牙の柄頭

象牙のもう一つの剣柄《つか》飾りもグレコ・バク

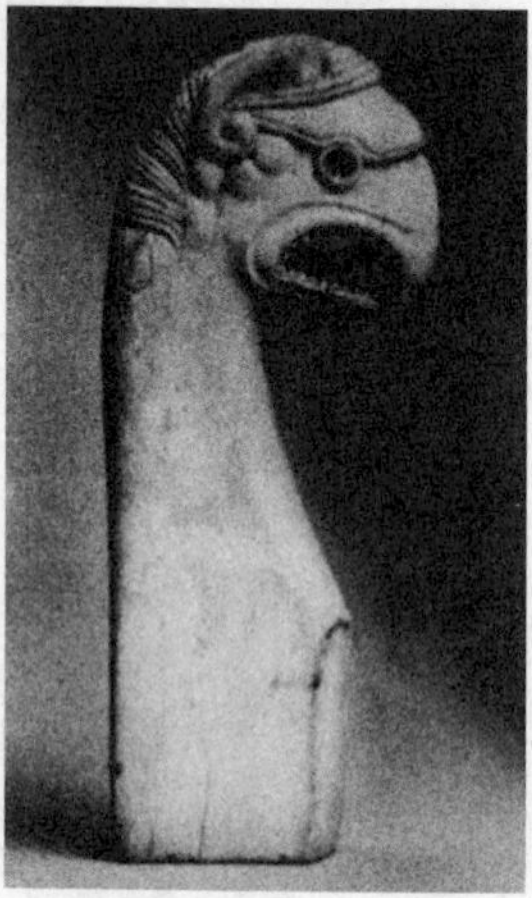

象牙製のグリフィン
（前5〜4世紀）

ヘラクレスを表わす
象牙の剣柄の装飾

トリアの工房でつくられたものとして注目される。柄の部分にシレノスをねじ伏せるヘラクレスが彫り出されている。右手に棍棒をふり上げ、左手にシレノスの髪の毛をつかむヘラクレスは、獅子の皮を着ている。例によって獅子の前足を首のところで「ヘラクレス結び」に結んでいる。捕えられたシレノスはいつものように裸でひざまずいている。シレノスとの戦いの激しい動きの一瞬をみごとに捉えている。「動的な記録」、これこそヘレニズムのもっとも得意とするレパートリーの一つであった。前四世紀の作とみなされている。

最後にオクソスの神殿から出土した傑作にふれて終りとしよう。それはあのギリシア語碑文をともなった基壇とその壇上に据えられた青銅のシレノス・マルシュアス像である。

基壇に刻まれた四語のギリシア語奉献銘は、「アトロソーケースはオクソスの河に誓願をささげた」と読まれている。この銘文によってタフティ・サンギンの神殿がオクソス河、つまりその河神にささげられたものであることがわかったのだ。アトロソーケース（Atrosōkēs）は像の奉献者の名である。それは宗教的な内意をふくんだイラン名である。

アトロソーケースという名を、リフシッツは火のイラン名アータル（ātar）と力を意味するサワ・カ（sava-ka）によって合成された名前と考えた。つまりアトロソーケースとは「火の力を持つ者」の意で、明らかに拝火儀礼を想定させる「ゾロアスター的名称」であるというのである。中央アジアの河の神オクソスにささげられた神殿、そこでおこなわれた拝火儀礼、水と火のこの結合もまたイラン宗教の核心にふれるものであった。しかしそれにしてもアトロソーケースはなぜこの神殿に双笛を吹く奇妙な人物の銅像など献納したのであろうか。

老いたる顔、子供のような体をし二本の竪笛を吹くシレノスは、プリュギアのケライナイの近くを流れる河マイアンドロスの河神マルシュアスである。ギリシアを代表するアポロンのひく竪琴《キタラ》と楽の音《ね》をきそって破れ、皮はぎの極刑をうけたマルシュアスの話は、ギリシア神話ではあまりにも有名である。マルシュアスとはギリシア語動詞 marnamai（闘

マルシュアスとアポロンの楽の争い
（ルーヴル美術館所蔵の石棺）

う）から派生した名称で、彼の行為そのまま「闘う者」の意であるという。そして彼マルシュアスが、小アジアのもっとも古い土地神キュベレ女神の忠実な従者であったこともよく知られているところだ。エウリピデスも「偉大なるキュベレにつき……プリュギアの甘き調べの笛の音を添《そ》える」（『バッコスの信女』）と唄っている。マルシュアスの吹く二本の笛は土地の言葉でエリュモス（elymos）と呼ばれていたのを、ギリシア人たちはアウロス（aulos）と聞きとめた。プリュギアのアウロス（双笛）は、一本はまっすぐで高音を発し、一本は先に曲った角をつけたもので低音を発したという。エリュモスとはもともと曲ったものという意味で、プリュギアの双笛の一本が曲った角をつけている特徴を指し示す名称であった。プリュギアのこのエリュモス＝アウロスをモデルとしたギリシアのアウロスは曲った角をつけた一本を排し、いずれもまっすぐな二本の竪笛とした。それがパン牧羊神の吹くあの双

マルシュアスの銅像と基壇

笛なのである。そして双笛の呼称もまたアウロスからシュリンクス（syrinx）へと変るのである。

高音と低音を吹き分けることのできるこのアウロス笛は、実は宗教儀式以外のところでは使用されなかったこと、ギリシアにおいてはディオニュソスの祭儀にのみ使用されたことをいいそえておく必要があるだろう。そしてそのディオニュソスの祭儀もまた小アジアの神韻《しんいん》いたるところにただよう鬱蒼たる森や山と密にかかわっていたことを想いめぐらせば、アウロスそのものがすでに深く小アジア的なものの象徴であったことがわかろう。さらに立ち入ったマルシュアスの談議については拙論「ゴルディオスの結び目」（『ディアナの森』所収）をみていただきたい。

さて問題はなぜこの古きプリュギアのマルシュアスが、原郷マイアンドロスの流れを離れて、オクソスの流れのほとりにまでやってきたのか、ということである。二つの理由が考えられた。一つはマイアンドロス河とオクソス河はいずれも豊かに砂金を産することで共通していたがゆえに同一視されたのであろうというものであり、一つはいずれも笛をつくるのに適した河辺の葦《あし》の豊かさゆえに同一視されたのであろうという意見であった。しかしこの二つの理由からだけではいったいだれが二つの河を同一視し、重ね合わせたのかという問いに答えることはできない。ポール・ベルナールは別の考え方を提起した。マルシュアスの伝説に親しいマイアンドロス流域に住んでいたギリシア人（イオニア人）たちのバクトリアへの移民という考え方である。マイアンドロス河の下流域には古くからのイオニア人の町があり、そこの住民は「マグネシア人」と呼ばれていたのである。グレコ・バクトリアの王、かのエウテュデモス（I世）がポリュビオスによって「マグネシアの人」であった（『歴史』XI・39・1）とされていたことが思い出されよう。エウテュデモスは小アジアからのマグネシア移民の出であったのである。

小アジアのマイアンドロスと中央アジアのオクソスを繋ぐ接点に浮び上る人物がいるとすれば、それはセレウコス（I世）の子アンティオコス（I世）であろう。アンティオコスはマイアンドロス河に注ぎこむ支流マルシュアス河の源流にちかいところに一つの町を創建した。町の名は、バクトリアの雄スピタメネスの娘で、のちセレウコスとスサで結婚したアパメ、つまりアンティオコスの母にちなんでアパメイアとされた。このアパメイアにアンティオコスはケライナイから多くの住民を移住させたとストラボンは伝えている。「アパメイアはアジアきっての交易の町である」と同時に、「マルシュアスとアポロンの果し合いの場のあったところ」と書きそえられている。セレウコスの妃であり、子アンティオコスの母という二重の光につつまれたアパメの名をつけられたこの町は、アパメの名を付せられることでアパメの生地バクトリアの思い出をまず小アジアにひきよせたともいえよう。かつてアケメネス朝ペルシアの植民地でもあったこの地域は、いまギリシア人の移住によって「たがいに交わり、たがいに知り合う仲」となったことであろう。

交易の新都アパメイアに溢れかえる人びとの中で、ついに富への機を逸したギリシア人たちが多くいたであろうことは想像にかたくない。植民の歴史は昔も今もその事実を語っている。アンティオコスがそれらの余剰の人びとに中央アジアの肥沃な「約束の地」への移民をすすめうながしたことも、彼がおこなったセレウコス帝国のヘレニズム的再編成の施策からいっても、十分ありえたことであろう。とりわけ母の生地バクトリアでのイラニズムとヘレニズムの融合策は、アンティオコスのもっとも力をこめたものの一つであったにちがいない。小アジアのケライナイのアパメイアと母アパメの故郷バクトリアを人間の血で繋ぐこと、それは混血の王の夢でもあっただろう。そして実現をみたこのケライナイのアパメイアからの移民たちこそ、かつて彼らの住んだ地を流れた清き流れ――マルシュアス河――の水源をなす湖にまつわる古き伝説と信仰をはるかオクソスの河畔にまで運んだ人びとではなかったろうか。オクソスの神殿に献じられた双笛を吹くマルシュアスの像が、彼らの手になったものであることはもはや明らかである。するとあのイラン起源の名をもつ奉献者アトロソーケースはその名の意味するように本当に「拝火」の徒であったのであろうか。ベルナールの意見は否定的である。なぜなら、オクソスの神にささげられた神殿が、そのプランは別として、イラン的な拝火儀礼の場であったという確定的な考古学的物証はなにもないからだという。考古学者らしい慎重さ《モデスティ》である。だが私はもっと先へ想像の翼をひろげたい。固有名詞の意味論的分析のみによって、儀礼の内容を読みほどくことはできないにしても、文化論的な文脈《コンテキスト》の中へその分析をつつみこむことはやってみる必要があろうかと思う。

アルタクセルクセスⅡ世がアナーヒター女神の名を刻ませたアケメネス朝の最初の王であり、この女神の像を帝国の主要な六つの地方に建立した話にはすでにふれたが、彼はその像の一つをバクトリアにも建てたがリュディアのヘルモス河（カリアのあのマイアンドロス河と西に並流しともにエーゲ海にそそぐ）のほとりサルディスにも建てたのである。サルディスにまつられたこの女神をめぐる祭祀がおそらく小アジアにおけるアナーヒター女神信仰の流布の拠り所になったと思われる。アナーヒター女神には双子の神ナーンハイスヤ（ゾロアスターの宗教改革によってこの双子の神は悪魔《ダエーワ》の地位におとしめられた）がともなったが、ナーンハイスヤは水を支配するハウルワタートと植物を支配するアムルタートと同一視されたことから、アナーヒター女神もまた水と植物を支配する豊穣の神とみなされたのである。そしてまたスウェーデン神話学者ウィカンデルによるとアナーヒターの古い祭祀は深く拝火儀礼と結びついていたという。ペルセポリスの拝火神殿フラタダラは王がアナーヒター女神のために建立したものという。水と火を祭祀の重要な契機としてふくむ神はアナーヒター女神であったことがわかる。かのオクソスの河神がほかならぬこのアナーヒター女神であったことはおおいにありうることであろう。とすればオクソスの神殿とはオクソス河に化身したアナーヒター女神をまつる神殿であり、したがって拝火神殿であったと推

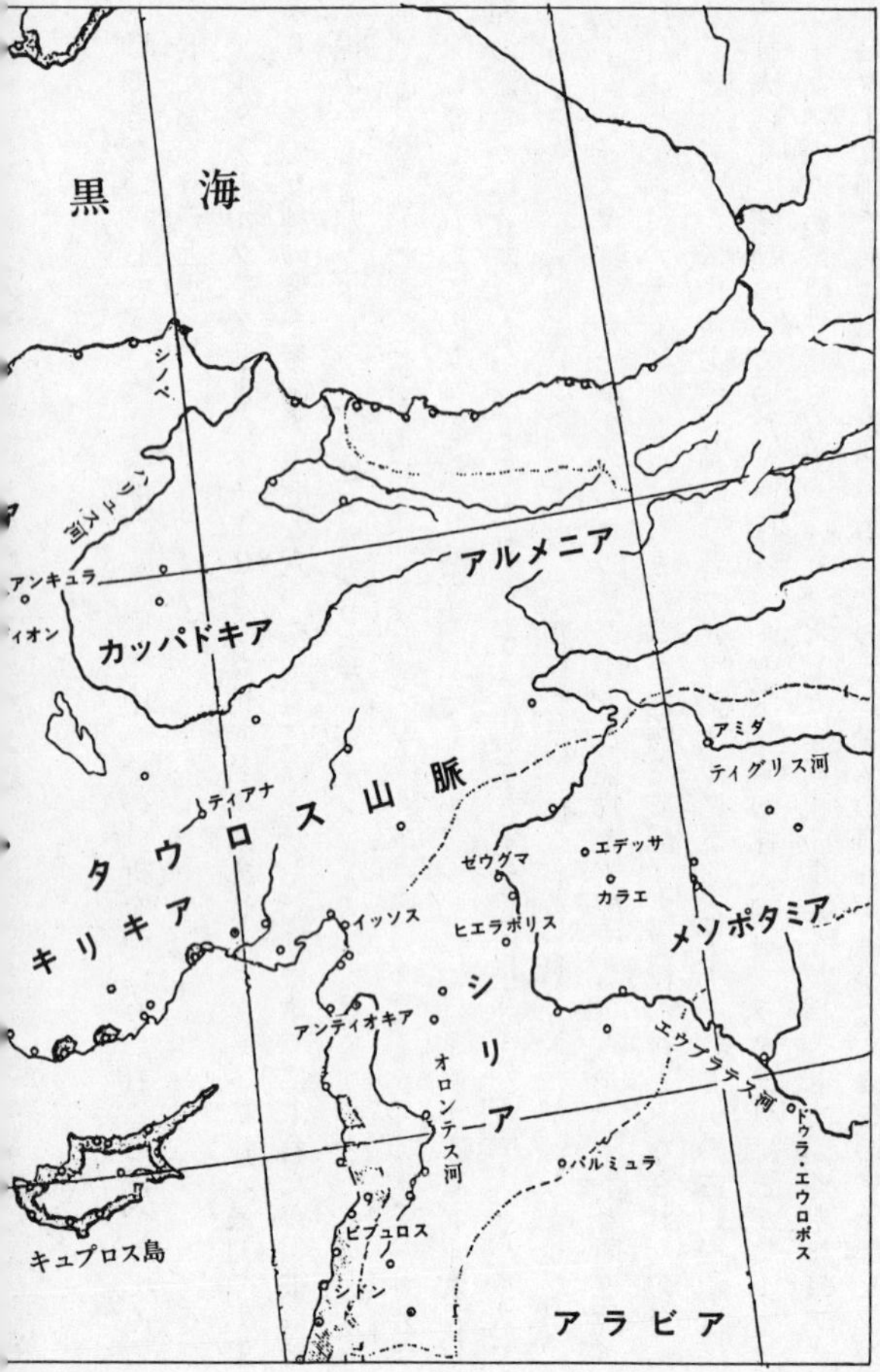
黒　海
シノペ
ハリュス河
アンキュラ
ィオン
カッパドキア
アルメニア
アミダ
ティグリス河
タウロス山脈
ティアナ
キリキア
イッソス
ゼウグマ
エデッサ
カラエ
ヒエラポリス
メソポタミア
シリア
アンティオキア
オロンテス河
エウフラテス河
ドゥラ・エウロポス
パルミュラ
ビブュロス
シドン
キュプロス島
アラビア

古代の小アジア
トラキア
マケドニア
アクシオス河
ペラ
タソス島
テッサリア
トロイア
ミュシア
レムノス島
エーゲ海
レスボス島
ペルガモン
マケストス河
ヘルモス河
デルポイ
サルディス
マグネシア
スミュルナ
リュディア
エペソス
マイアンドロス河
サモス島
アテナイ
コリントス
アルゴス
アパメイア
ケライナイ
マグネシア
ミレトス
カリア
ピシディア
リュキア
クサントス
ロドス島
クレタ島
地中海
サンガリオス河
ビテ
プリュギア
イプ
パンピ

定することもできよう。さて一方、小アジアでひとたびは大いなる信仰をかちとったアナーヒターー女神は、この地方の強烈な土俗祭祀キュベレ女神と習合することになる。アナーヒター女神＝キュベレ女神、これは小アジアで生きた人びとならだれもが知っていた等式であったろう。中央アジアへ移住したマグネシアの人びと――マグネシアはマイアンドロス河畔にもヘルモス河畔にもあった――やアパメイアの人びとが、オクソスの河神アナーヒターとキュベレを重ね合わせ、そしてその神をまつる神殿に、キュベレのもっとも忠実な扈従《こじゆう》として女神とともに野を徘徊し、この大母女神のために〈母の調《しらべ》〉なる曲を得意の二本の竪笛で吹きつづけたマルシュアスを神前にささげたと考えたらどうだろう。そういえばオクソス左岸のアイ・ハヌムの遺跡からもキュベレ信仰を裏づけるあの金箔銀製のメダイヨンが出土していたではないか。オクソス河をはさんだ左岸（南）と右岸（北）で思いがけなく日のめをみたキュベレにまつわる二つの遺品が、いまたがいに照らし合い、ここ中央アジアの臍《へそ》バクトリアでかつて熱烈な崇拝者たちが生きた信仰の刹那を、忘れ去られた時の暗闇からほのかに浮びあがらせようとしているのだ。

マルシュアスの像は、基壇に刻まれたギリシア文字の書体から前二世紀のものとされている。グレコ・バクトリア崩壊の前夜のことである。オクソスの神になにを祈念したのであろうか。

# 結び

仏教の大きな影響のもとに文化をいとなんできた私たちは、仏教文化の淵源ということに深く関心をいだいてきた。わが国から海を渡って中国へその母斑の思想を求めて旅立った最澄や空海、中国から砂漠と高山をよぎって原典の法を求めた法顕や玄奘たちの異域への壮絶な旅にいまなお変らぬ熱いまなざしを注いでいる。ガンダーラ文化への興趣はこのまなざしの延長上にあることをだれもが感じとっている。そしてガンダーラにおいてイランとギリシアとインドの文化とが仏教を縦糸にして融合し、不思議な文化の織物をつくりだしていることに驚きの声を発しもした。それらの異質の複数の文化を繋ぎ合わせたのは、異域を移動してやまなかった動的な人びとの集団であったことを知り感嘆の息をのみもした。

二〇世紀の初頭、ガンダーラ文化の世界に深くわけいった人たちは、ガンダーラにおける複数文化の融合の原点は、ガンダーラに先立つバクトリアの文化にあるのではないかと思いはかった。しかし、バクトリアの故地は大国が私益を優先して身勝手にひいた国境線に引き裂かれて容易にちかづくことができなかった。

第二次大戦後、ひきつづくきびしい冷戦による対立にもかかわらず考古学は活動を再開した。ほぼ半世紀にわたるアムダリア（オクソス河）の南北におけるさまざまな発掘によって、私たちはかつてのバクトリアの地が、すでに先史時代から灌漑農業がおこなわれていた豊かな土地柄であったことを知った。青銅器時代すでにバクトリアではラピス・ラズリの発掘をおこない、オリエント世界との交流が始まっていたこともわかってきた。そしてここから、この経済基盤のゆとりのゆえにバクトリアはアケメネス朝ペルシアの重要な太守領となり王家と太いきずなでつながったこと、やがてアレクサンドロスがやってきてその肥沃な大地にヘレニズムの種を播き、それを引き継いだセレウコスの王朝がその種を芽ぶかせ育てたこと、セレウコス朝の羈絆《きはん》を脱し独立したパルティアとグレコ・バクトリアがそれぞれにイラニズムとヘレニズムを受け継ぎ、たがいに抗争もし交流もして新しい複合文化を生みだしたこと、などを私たちは語った。独立して力をためたグレコ・バクトリアが、デメトリオス（I世）のとき初めてヒンズー・クシュを越えでてインドへとひろがり、ヒンズー・クシュの南北を支配するグレコ・インド・バクトリアという大国にのしあがったこと、だがやがて国の拡張が権力の分立を招き、分国したこと、まもなくヒンズー・クシュ北方のバクトリアはつぎつぎと押しよせる遊牧の民族に圧倒され、ついに歴史から姿を消すが、インド・グリーク朝はなおもしばらく余命をたもったということを、私たちは細々とした資料をたよりにたどった。それでも私たちは、考古学のおかげでターンが『バクトリアとインドのギリシア人』を書いたときより、ナラインが『インド・ギリシアの諸王』を書いたときよりもすこしは広い地平を眺めみることができるようになった。アイ・ハヌムとタフティ・サンギンというオクソス河南北の二つの遺跡の発掘が、前四世紀の末から前二世紀の中葉まで、つまりグレコ・バクトリアの興亡の全時期を明らかにしてくれたからである。アフガニスタンのディルベルジン・テペとティリヤ・テペの発掘はさらにバクトリアの終末と新しいバクトリアの主《ぬし》クシャンの登場という歴史の断絶と接合の一瞬の姿をかいまみせてくれた。だがバクトリアの人びとが歩いた歴史の総量からいえば、まだ私たちはそのほんのわずかな部分しか知っていない。インド・グリーク朝の盛衰に至ってはまだほとんどなにもその実像を知らないとすらいえる。

ターンはバクトリアの芸術について、「いつの日かバクトリアが発掘されるときまではなにも知るすべがない」と嘆いたが、すくなくとも私たちはバクトリアの人びとの想像の力を思いやることのできる素材《オブジェ》だけは考古学者たちから贈られている。例えば、タフティ・サンギンから発掘されたアキナケス剣の象牙づくりの鐺《こじり》の不思議な造形をながめているとさまざまな想いが走る。

もしこれがアキナケス剣の鐺だとすれば、このような合成動物が鐺に使われた前例はなく、バクトリア独自の意匠ということになる。女性の胸像を中心に、疾駆する馬の前肢、空飛ぶ鳥の翼、水かきわけ曲転する魚体、この異様な組み合わせはどこからくるものであ

アキナケス剣の象牙の鐺

ろうか。視点を変えれば、トリトン（人間+魚）、ヒッポカンポス（馬+魚）、ニケ（女+鳥）の重ね合わせの像だといえなくもない。ただ中心の女性が右手にもった珠《たま》によって、この途方もない合成像の意味を伝えているようにみえる。女性が左手にとる櫂《かい》はトリトンの持物としてなじみのものだ。上にかかげた右手には巻貝の笛をもつのがトリトンの慣《なら》わしであった。だがこの女性が右手に握るのは宝珠である。私はこの宝珠は水中にあって「光明」を放つというあの摩尼《マニ》珠ではないかと思う。摩尼珠とは「水中の火」でもあったという。「水中の火」とはインド・イランのいわゆる「フワルナフ」のことであり、水と火の結合の象徴としてそれは神の栄光のもう一つの姿であった。空飛ぶ鳥翼によって象徴される天界、大地を蹴って走る馬脚によって象徴される地上界、水中を泳ぐ魚体によって象徴される地下界、この宇宙的な三界の交点に神の化体である宝珠を据えることで、バクトリアの人びとはオクソスの神の新しい世界を伝えようとしたのではあるまいか、と私はひそかに思う。宝珠をかかげるのが女性であるのはオクソスの神が女神であったことのつつましい証しではないだろうか。

異なるものをつなぎとめ、それを新しい意味世界へと変形する力、これこそたえず異文化と出合い交流したバクトリアの歴史がきたえはぐくんだ力であった。そして、バクトリアは、このバクトリア的想像力とでも呼びたい文化複合の力業《ダイナミズム》によって、中央アジアをたえず鼓舞しつづけてきたのではなかっただろうか。

## 文中に主として用いた邦語文献


伊藤義教『古代ペルシア』岩波書店
ヘロドトス『歴史』(松平千秋訳) 岩波文庫
アッリアノス『アレクサンドロス東征記』(大牟田章) 金沢大学文学部論集
プルタルコス『英雄伝』(河野与一訳) 岩波文庫
プルタルコス『食卓歓談集』(柳沼重剛編訳) 岩波文庫
オーレル・スタイン「インダスに至るアレクサンドロスの道」(前田龍彦訳『アレクサンドロス古道』所収) 同朋舎
シルヴァン・レヴィ『インド文化史』(山口益訳) 平楽寺書店
大牟田章『アレクサンドロス大王』清水書院
『中村元選集』第十六巻「インドとギリシアとの思想交流」春秋社
ロマン・ギルシュマン『イランの古代文化』(岡崎敬・糸賀昌昭・岡崎正孝訳) 平凡社
藤田豊八『東西交渉史の研究』西域篇 荻原星文館
桑原隲蔵『東西交通史論叢』弘文堂書房
『エリュトゥラー海案内記』(村川堅太郎訳) 生活社
『ミリンダ王の問い』(中村元・早島鏡正訳) 平凡社
『プラトン全集』第六巻 岩波書店
塚本啓祥『アショーカ王碑文』第三文明社

山崎元一『アショーカ王伝説の研究』春秋社
辻直四郎『サンスクリット文法』岩波書店
白鳥庫吉『西域史研究』岩波書店
田辺勝美『ガンダーラから正倉院へ』同朋舎
金倉圓照『印度中世精神史』岩波書店
玄奘『大唐西域記』（水谷真成訳）平凡社
史馬遷『史記』（野口定男他訳）平凡社
マッソン『埋もれたシルクロード』（加藤九祚訳）岩波新書

# あとがき

ひとつの王国の興亡がこれほどながく人びとの関心を惹きつけ、歴史・考古の専門家たちの興趣をも掻き立てつづけた例はそれほど多くはない。国が失われてから二千年をゆうに越えるのに、なお得体の知れぬ光芒を放ち、未知の謎をなげつづけ、東西南北の文化の奔流の深層にあって摩尼珠のように輝きを失わない王国の興亡に関心を抱かないものはいないだろう。その謎を解き明かすべく挑まれた二〇世紀の発掘も未完のままで、バクトリア王国の全体像を引き寄せるには至っていない。

この王国の興亡の歴史をさらに掘り下げるには、バクトリアの首都バクトラの発掘と古代バクトリアを南北に分けて貫流する大いなるオクソス河（現在のアフガニスタンとウズベキスタン、タジキスタンを南北に分かつ大河アムダリヤ）沿岸に存在する古跡や、これまで開放されてこなかったバクトラの都を左右に分けて流れくだり、オクソス河にそそぐバルフ川の流域に散在する遺跡の調査が進められる必要がある。調査がすすめばバクトリアがザリアスパ（千の町）と別称された謎も解きほぐせることもできよう。歴史の深層にたちいたるには、なによりもこの地域における持続する平和と安寧が必要である。

ユーラシアの多元的文化の枢軸をなす王国の盛衰を描くには、地中海世界とアジア世界との相互の愛憎をできるかぎり壮大な規模で描くことで歴史を動かす根源の力に触れることが必要であると考え、それを試みた。ギリシア・ローマの歴史家たち、ヘロドトスやポリュビオスを多用したのはそのためであり、また神話学者ジョルジュ・デュメジルや言語学者エミール・バンヴェニストの論考をいくつも活用したのもそのためである。

しかしなんといってもアイ・ハヌム遺跡を発掘したポール・ベルナールとの出会いがなかったら『バクトリア王国の興亡』を書くことはなかっただろう。一九七七年夏、はじめてアイ・ハヌムの発掘現場を訪れ、ポール・ベルナールの案内で現場をつぶさに見てまわり、コクチャ河に接する遺跡の西端に仮設された研究棟で講義をうけた。なにひとつ言いしぶることなく詳細に発掘の現状を語る学究のひたすらな姿に深い感動をおぼえた。ポール・ベルナールとはその後いくども逢う機会があったが、忘れることのできないのは、モンペリエでともに過ごした一夕であった。私は港町セットにポール・ヴァレリーの記念館を訪れたのちモンペリエに帰り、夕刻の散歩にでたとき、広場のカフェでひとり静かに盃を傾ける彼の姿をみつけ、語り合ったことである。彼の古典に関する知識は限りなく、どんな質問にも反問にもよどみなく答えてくれた。そして後にかならずその質疑で話題となった事項についての自分の論考をおくってくれた。フランソワ・ラブレーが生きたモンペリエでのこのひとときの語らいが本書を書き起こす推力となった。

二〇〇二年、バーミヤンの大仏破壊の衝撃がまだ強く残っていたとき、東京藝術大学で《アフガニスタン悠久の歴史》展が開催され、同時に奏楽堂においてアフガニスタンの古代文化をめぐる国際シンポジウムがおこなわれた。フランスから参加してくれたのは、ギメ東洋美術館のピエール・カンボンとフランス・アフガニスタン考古学派遣団（通称DAFA《ダファ》）の代表ポール・ベルナールであった。司会は私がつとめた。熱気に溢れたこのシンポジウムの記録が残されている。ポール・ベルナールはアイ・ハヌム遺跡の惨憺たる現状を語るとともに、私の質疑に対し詳細にして実に的確な答えを返し、会場の聴衆に大きな反響をよんだ。この熱気をはらんだ応答の記録は東京藝術大学に残されている。

展覧会場にお出でいただいた天皇・皇后両陛下にポール・ベルナールは、一九七一年にアイ・ハヌム遺跡を当時皇太子・皇太子妃として訪問されたおりの写真を献上した。

それからしばらくして彼は美術史家アンドレ・シャステルの後を継いで金石文学士院（アカデミ）の会員に推挙され、その研究領域の象徴としてアキナケス剣を帯びることになった。二〇一四年、DAFAはアイ・ハヌムの発掘を回顧する小冊『アイ・ハヌム発見五〇年』をポール・ベルナールに捧げた。アイ・ハヌムを最後のフィールドとしたポール・ベルナールは二〇一五年十二月一日、静かに世を去った。ブルーのシャツを愛用したポールのフィールドに立つ姿をアフガニスタンでもう見ることはできないが、彼が切りひらき書き記したバクトリア王国の歴史に関する数々の論述は不滅の頁として残りつづけるだけではなく、ポール・ベルナールの多彩な論考は未来にわたって古代バクトリアとヘレニズムの意義を解き明かす燭光としてその輝きを失うことはないだろう。

もうひとつ偶然の動機もあった。チューリッヒのリートベルク美術館で開催された〈オクソス秘宝展〉(一九八九年)がそれである。当時スタロビンスキーの本を読んでいて、その主題の一つとして扱われていたヒュッスリの〈夢魔〉をみるためにチューリッヒを訪れたのだが、たまたまリートベルク博物館に立ち寄り、そこで思いもかけず大英博物館所蔵の黄金の逸品に出合うことになったのである。私の中に残存しつづけた澱みがぐらりと動いた一瞬であった。

私にとって『バクトリア王国の興亡』は、ヘレニズムを吸収しながら、その残墟の中から新たな生命を育み、古きを再編成し、自己を他者のなかに発見し、その光をさらに遥か東方へと投げ返すクシャン・バクトリアへの序章の一部を形成するものである。仏教は経典を基軸に布教・流布したことは間違いないが、図像はもっと多様に多声をともなって生まれ、変容をかさね、伝承されていく。近年アフガニスタンの北方ラバタクで発見されたバクトリア語碑文は、いかんなくクシャン朝の特性を表しているし、ティリヤ・テペから出土した黄金製品の数々は、クシャンの揺動とヘレニズムとの複雑な関係を映し出している。クシャンはグレコ・バクトリア王国の歴史が暮れて羽ばたく梟である。しかし飛び立つには〈思考が溺れてしまう無限の波間〉(アガンベン)をかい潜らなければならない。機熟して『クシャン・バクトリアの盛衰』を書くことができる日が来るまで、『バクトリア王国の興亡』がその序章としてより多くの人びとの手に渡り、口の端にのぼり、なお残光を放ちつづけることを願っている。

ながい逡巡のすえ旧版『バクトリア王国の興亡』を書いたのは一九九二年のことで、アフガニスタンがまだ出口のない激しい内戦のさなかにあり、遺跡の荒廃がすすんでいると聞いたからである。またためらいは、いずれも未訳とはいえヘレニズム研究の大家ウィリアム・ターンの名作『バクトリアとインドのギリシア人』（一九三八年）とナラインの力作『インド・ギリシアの諸王』（一九五七年）があり、いまさらなにを加えることがあろうかと考えたからでもあった。それでも日の目をみたのは亡友安田理夫さんのお陰であった。

そしていまここに王名や地名などの読みを訂正し、書き急いだところをたし、字義通り増補改訂新版として〈ちくま学芸文庫〉の一冊として甦ることになったのは、ひとえに編集の海老原勇さんの支援によるものであり、深く感謝申し上げます。

二〇一八年十二月

前田　耕作

# バクトリア王国略年表

| 西暦 | ギリシア・ローマ | 西アジア | 中央アジア〔バクトリア〕 | 南アジア | 東アジア | 日本 |
|---|---|---|---|---|---|---|
| 前9C 850 | ホメロスの叙事詩の形成 | シャムシ・アダトⅤ世（823〜811）妃サンムラマト＝セミラミス<br>アダト・ニラリⅢ世（810〜783） | セミラミスの統治（？） | | 周宣王即位（827） | 縄文文化後期 貝塚・土偶 |
| 前8C 776 753 | オリンピックの開始<br>ローマの建国<br>アテネによるアッティカ統一<br>ヘシオドスの登場 | サルゴンⅡ世（721〜705）<br>センナケリブ（704〜681） | | | 周朝、洛陽に遷都（770）<br>春秋時代始まる（722） | |
| 前7C | プサンメティコスⅠ世（663〜609） | エサルハッドン（680〜669）<br>アッシュルバニパル（668〜631）<br>ニネヴェ陥落＝アッシリアの滅亡 | ゾロアスター（630〜553）<br>ゾロアスター始祖伝説 | | | |

| 西暦 | ギリシア・ローマ | 西アジア | 中央アジア〔バクトリア〕 | 南アジア | 東アジア | 日本 |
|---|---|---|---|---|---|---|
| 前6C | サッポーの活躍<br>アイソポスの死(560) | バビロンの捕囚<br>キュロスII世(558～530)<br>リュディアの滅亡(546) | ウィシュタースパの入信(588) | 釈迦(563～483) | 孔子(552～479) | |
| 530 | ピュタゴラス派の活動<br>アイスキュロス、ソポクレス<br>ピンダロス | カンビュセス(530～522)<br>ダレイオスI世(521～485)<br>首都スサに移す(520) | ダレイオスI世の第十二行政区に入る<br>ダレイオス、バルケ人をバクトリアに強制移住させる | | | |
| 前5C<br>490 | マラトンの戦い | ペルシア戦役の終り(492) | | | 呉越の争い | |
| 480 | サラミスの海戦 | クセルクセスI世(485～465) | | ラージャグリハにて第一結集(480) | 春秋時代終る(481) | |
| 472 | エウリピデス『ペルシア人』<br>フィディアス、パルテノンの神殿 | アルタクセルクセスI世(465～427) | | | 晋・韓・魏・趙の分裂<br>墨家の墨子(470～390) | |

| | 前4C<br>397　323　312 |
| --- | --- |
| (447～435)<br>オリンピア・ゼウスの神殿<br>(470～456)<br>ヘロドトスの『歴史』<br>プラトン生れる(427) | ソクラテス刑死<br>プラクシテレス<br>アリストテレス<br>マケドニアのピリッポス(359～336)<br>アレクサンドロス大王(336～323)<br>アレクサンドロスバビロンに死す<br>オリンピアスの処刑(316)<br>ラミアの戦い |
| ペルシア戦役の終り(419)<br>アルタクセルクセスⅡ世(404～359)<br>スサの再建 | アルタクセルクセスⅢ世(358～337)<br>アルセス(338～336)<br>ダレイオスⅢ世(336～330)<br>ペルセポリス炎上<br>セレウコス朝の成立<br>セレウコスの東方遠征(305)＝ |
| | アレクサンドロスのバクトリア攻め(329～327)<br>バクトリアの反乱 |
| | マガダ王アジャータシャトルの即位<br>ジャイナ教祖マハーヴィラ没(372)<br>パーニニの文法(350ごろ)<br>ヒュダスペスの戦い(326)<br>マウリヤ朝の成立(317)<br>チャンドラ・グプタの即位 |
| | 戦国時代の始まり(403～221)<br>儒家の孟子(390～305)<br>道家の荘子(365～290) |
| | 縄文文化晩期<br>石剣・石棒 |

| 西暦 | ギリシア・ローマ | 西アジア | 中央アジア〔バクトリア〕 | 南アジア | 東アジア | 日本 |
|---|---|---|---|---|---|---|
| 304<br>301 | アレクサンドロスⅣ世の暗殺〔エジプトにプトレマイオス朝始まる〕<br>ユークリッドの幾何学 | チャンドラ・グプタと和議<br>メガステネスのインドへの派遣（300）<br>イプソスの戦い（333） | | ジャイナ教、白衣派と空衣派に分裂（300） | | |
| 前3C<br>250 | アンティゴノス朝興る（294）<br>デメトリオスの覇権<br>〔アレクサンドレイアの大灯台の建設〕<br>ケルト族の侵入（280〜279）<br>アンティゴノス・ゴナタスの即位（276）<br>〔ハンニバル戦争〕 | セレウコスⅠ世の暗殺（281）<br>＝<br>アンティオコスⅠ世の即位<br>ケルト族小アジアに渡る（278〜277）<br>アルサケスⅠ世<br>パルティアの独立 | ディオドトス<br>バクトリアの独立を求める（250） | ビンドゥサーラの即位（293）<br>ヴァイシャーリーにて第二結集（280）<br>アショーカの即位（268）<br>伝導師の派遣（261ごろ） | 『楚辞』<br>屈原の自殺（278） | 弥生文化前期<br>弥生式土器<br>水稲栽培 |

|  |  |  |  |  |  |
|---|---|---|---|---|---|
| 217 | 第一次マケドニア戦争（ローマ対マケドニア） | （249）ティリダテス即位（248）アンティオコスⅢ世の東方遠征（212～205） | エウテュデモスの即位（235）〔冒頓単于の匈奴統一（209）〕 | カーティヤーヤナ、アショーカ王石柱法勅を刻ませる　パータリプトラにて第三結集（251）　ストゥーパの建立（242） | 秦の始皇帝の天下統一（221～210）　秦の滅亡（206） |
| 200 | 第二次マケドニア戦争 |  | デメトリオスⅠ世の即位（200） | アショーカ王没（231） | 前漢による統一（202） |
| 前2C |  |  |  |  |  |
| 171 | エラステネス没　第三次マケドニア戦争 | ミスラダテスⅠ世の即位（171）　ミスラダテスⅠ世「諸王の王」を称す | エウクラティデスの即位（171）　メナンドロス（155～130） | マウリヤ朝滅亡（180）＝シュンガ王朝の成立 | 呉楚七国の乱 |
| 168 | ピュドナの戦い |  | メナンドロスとナーガセーナ比丘との対論 | サンチー第一塔の建立 | 武帝（140～87）　張騫を西域に派遣（139） |
| 150 | デメトリオスⅠ世没 |  | ストラトン（130～95） | パタンジャリ | 司馬遷（135～93） |
| 146 | アカイア戦争 |  | 〔遊牧民の移動〕 | バールフトのストゥーパ（150） |  |
| 140 | マケドニア、ローマの属州となる | アンティオコスⅦ世、パルティアに | ヘリオクレスⅠ世（155～140） |  | 張騫、大夏（バクトリア）に至 |

| 西暦 | ギリシア・ローマ | 西アジア | 中央アジア〔バクトリア〕 | 南アジア | 東アジア | 日本 |
| --- | --- | --- | --- | --- | --- | --- |
| | | 破れ死没（130）<br>ミスラダテスII世即位<br>シースターンにスキタイ系サカを討つ | スキタイ・サカの侵入<br>大月氏の侵入<br>グレコ・バクトリアの衰亡<br>アンティマコスII世（130～125）<br>リュシアス（120～110） | 『般若経』の原型なる | る（129）<br>張騫西域より帰る（126）<br>匈奴渾邪王の降伏（121） | |
| 前1C<br>64 | サモトラケのニケ<br>ミロのヴィーナス | フラーテスIII世即位（69）<br>ローマ、シリアを併合<br>オロデスII世（57～37）<br>スーレーナス、カルラエでローマの | アミュンタス（85～75）<br>ヘルマイオス（75～55）<br>バクトリアの滅亡 | シュンガ朝滅亡（75）＝カーヌヴァ朝成立 | 高句麗の勃興（100ごろ）<br>匈奴日逐王漢に降る＝西域都護を置く（60）<br>東西二匈奴分裂 | 弥生文化中期土器の地方色つよくなる |

| | | | | | | |
|---|---|---|---|---|---|---|
| | | クラッススを破る（53）パルティア、アンティオキアを攻める（53～51） | | | （54） | |
| 31 | アクティウムの海戦［ウエルギウスの死］（19） | パルティアとローマ、アルメニアで衝突（35～33） | | アーンドラ朝北インド支配 | 大月氏の使者中国に仏教を伝える | 朝鮮より青銅器の移入 |
| 2 | オクタヴィアヌスによる統一 | フラーテスⅢ世暗殺 | クシャン朝の勃興（35） | マヌの法典 | | |
| 後1 | | クー・イ・フワジャ（宮殿と神殿） | クジュラ・カドピセス［丘就郤］ | | 王莽、新を建てる（8～22） | |
| 17 | ティトゥス・リウイウス（正史家）の死 オウィディウス（詩人） | | | | 光武帝後漢を興し洛陽に都する（25）高句麗、後漢に入貢（32） | |
| 56 | タキトゥス生る | | ウィマ・タクトゥ | 聖トマス、インドに布教？（50） | 光武帝、奴国の使者に印綬を与える | 倭の奴国、後漢に使をおくる（57） |
| 57 | | | | | 「漢委奴国王」金印？ | |
| | ネロ帝オリンピックに参加（67） | | ウィマ・カドピセス［閻膏珍］ | | 竺法蘭（67） | |

| 西暦 | ギリシア・ローマ | 西アジア | 中央アジア〔バクトリア〕 | 南アジア | 東アジア | 日本 |
|---|---|---|---|---|---|---|
| 70 | ローマの平和（〜253） | ドウラ・エウロポス（コノンのフレスコ） | | | 班超、西域諸国を制する（94）甘英、条枝国の海港セレウキアに至る（97） | |
| 112 | トラヤヌス帝の記念碑の建立 | | | ガウタミープトラ（86〜114） | 班固の『漢書』なる | |
| | | | カニシカ即位（128） | | ローマ皇帝マルクス・アウレリウス・アントニヌス（安敦）の使者が海路で漢に至る（166） | |
| 135 | イェルサレムの破壊 | | | | | |
| 180 | コンモドゥス帝 | | | | | |

本書は一九九二年一月二十日、第三文明社から刊行された。

文庫化にあたり、一部加筆のほか一部の固有名詞の表記を改め、若干の図版を追加した。

インドの思想　川崎信定

多民族、多言語、多文化。これらを併存させるインドという国を作ってきた考え方とは。ヒンドゥー教や仏教等、主要な思想を案内する恰好の入門書。

旧約聖書の誕生　加藤隆

旧約聖書は多様な見解を持つ文書を寄せ集めて作られた書物である。各文書が成立した歴史的事情から旧約を読み解く。現代日本人のための入門書。

神道　トーマス・カスーリス　衣笠正晃訳　守屋友江監訳

日本人の精神構造に大きな影響を与え、国の運命をも変えてしまった「カミ」の複雑な歴史を、米比較宗教学界の権威が鮮やかに描き出す。

ミトラの密儀　フランツ・キュモン　小川英雄訳

東方からローマ帝国に伝えられ、キリスト教と覇を競った謎の古代密儀宗教。その全貌を初めて明らかにした、第一人者による古典的名著。(前田耕作)

空海コレクション1　空海　宮坂宥勝監修

主著『十住心論』の精髄を略述した『秘蔵宝鑰』、及び顕密を比較対照して密教の特色を明らかにした『弁顕密二教論』の二篇を収録。(立川武蔵)

空海コレクション2　空海　宮坂宥勝監修

真言密教の根本思想『即身成仏義』『声字実相義』『吽字義』及び密教独自の解釈による『般若心経秘鍵』と『請来目録』を収録。(立川武蔵)

秘密曼荼羅十住心論(上)　空海コレクション3　福田亮成校訂・訳

日本仏教史上最も雄大な思想書。無明の世界から抜け出すための光明の道を、心の十の発展段階(十住心)として展開する。上巻は第五住心までを収録。

秘密曼荼羅十住心論(下)　空海コレクション4　福田亮成校訂・訳

下巻は、大乗仏教から密教へ。第六住心の唯識、第七中観、第八天台、第九華厳を経て、第十の法身大日如来の真実をさとる真言密教の奥義までを収録。

鎌倉仏教　佐藤弘夫

宗教とは何か。それは信念をいかに生きるかということだ。法然・親鸞・道元・日蓮らの足跡をたどり、鎌倉仏教を「生きた宗教」として鮮やかに捉える。

**初学者のための中国古典文献入門**　坂出祥伸

文学、哲学、歴史等「中国学」を学ぶ時、必須となる古典の基礎知識。文献の体裁、版本の知識、図書分類他を丁寧に解説する。反切とは？ 偽書とは？

**シュメール神話集成**　杉勇・尾崎亨訳

「洪水伝説」「イナンナの冥界下り」など世界最古の神話・文学十六篇を収録。ほかでは読むことのできない貴重な原典資料。豊富な訳注・解説付き。

**エジプト神話集成**　杉勇・屋形禎亮訳

不死・永生を希求した古代エジプト人の遺した、ピラミッド壁面の銘文ほか、神への讃歌、予言、人生訓など重要文書約三十篇を収録。

**宋名臣言行録**　朱熹編　梅原郁編訳

北宋時代、総勢九十六名に及ぶ名臣たちの言動を大儒・朱熹が編纂。唐代の『貞観政要』と並ぶ帝王学の書であり、処世の範例集として今も示唆に富む。

**資治通鑑**　司馬光　田中謙二編訳

全二九四巻にもおよぶ膨大な歴史書『資治通鑑』のなかから、侯景の乱、安禄山の乱など名シーンを精選。破滅と欲望の交錯するドラマを流麗な訳文で。

**十八史略**　曾先之　今西凱夫訳　三上英司編

『史記』『漢書』『三国志』等、中国の十八の歴史書をまとめた『十八史略』から、故事成語、人物にまつわる名場面を各時代よりセレクト。（三上英司）

**アミオ訳 孫子**（漢文・和訳完全対照版）　守屋淳監訳・注解　臼井真紀訳

最強の兵法書『孫子』。この書を十八世紀ヨーロッパに紹介したアミオによる伝説の訳業がついに邦訳。その独創的解釈の全貌がいま蘇る。（伊藤大輔）

**プルタルコス英雄伝**（全3巻）　プルタルコス　村川堅太郎編

デルフォイの最高神官、故国の栄光を懐かしみつつローマの平和を享受した〝最後のギリシア人〟プルタルコスが生き生きと描く英雄たちの姿。

**和訳 聊斎志異**　蒲松齢　柴田天馬訳

中国清代の怪異短編小説集。仙人、幽霊、妖狐たちが繰り広げるおかしくも艶やかな話の数々。日本の文豪たちにも大きな影響を与えた一書。（南條竹則）

ちくま学芸文庫

# バクトリア王国《おうこく》の興亡《こうぼう》
## ヘレニズムと仏教《ぶっきょう》の交流《こうりゅう》の原点《げんてん》


二〇一九年三月十日　第一刷発行

著　者　前田耕作（まえだ・こうさく）
発行者　喜入冬子
発行所　株式会社　筑摩書房
東京都台東区蔵前二―五―三　〒一一一―八七五五
電話番号　〇三―五六八七―二六〇一（代表）
装幀者　安野光雅
印刷所　株式会社精興社
製本所　加藤製本株式会社




ISBN978-4-480-09902-0 C0122